TEATRO
CONTEMPORÁNEO

SECOND EDITION

Edited by

ELENA PAZ
Director, The Language Lab, New York City

GLORIA F. WALDMAN
York College, City University of New York

Special assistance by

Dolores Santos de Henry
New York City Board of Education

HEINLE & HEINLE PUBLISHERS, INC.
Boston, Massachusetts 02210 U.S.A.

PRODUCTION EDITOR
Phyliss Greenberg

COVER AND TEXT DESIGN
Carol H. Rose

Manufactured in the United States of America.

ISBN 0-8384-1233-5

10 9 8 7 6 5 4 3 2 1

Contenido

Preface

Teatro Contemporáneo offers a wide range of Latin American theater representing vanguard and traditional tendencies from absurdist and existential through *costumbrista* works. Thus, it offers a unique selection of the various directions that Latin American drama has taken over the years.

The multidimensional nature of *Teatro Contemporáneo* consists of nine plays with essay questions and supplemental grammar, vocabulary, and topical exercises. The text is accompanied by recorded versions of entire performances, with original cast members on location in the respective countries. These features assure the use of *Teatro Contemporáneo* as a rich teaching tool in general survey courses in Hispanic literature or more specialized courses in Latin American theater. The exercises, both objective and subjective, make the text suitable for university and high school readers at the intermediate and advanced levels.

The new edition of the highly successful *Teatro Contemporáneo* is particularly timely, given the renewed interest of Hispanic scholars and other readers in present-day Latin American drama. The literary "boom" of the 1960's fostered a fascination with Latin America. Fiction and poetry proliferated, but what about the theater? It too was experiencing an apotheosis. Given the multimedia nature of the theater, however, texts were often published *after* a play made its impact on the public.

Producer-editor Elena Paz, author, and executive director of the experimental Language Lab in New York City, has preserved the immediacy and impact of the theater by recording all nine productions with the original stage casts. In the new edition of *Teatro Contemporáneo,* each play is complemented by essay questions and/or skill exercises prepared by Dr. Gloria Feiman Waldman, author and professor of Hispanic language and literature at York College of the City University of New York and Dolores Santos de Henry, bilingual/ English as a Second Language specialist and teacher trainer in District 282 of the New York City public school system.

This diversified theater package is now structured for an integrated language/literature program. *Teatro Contemporáneo* particularly appeals to students and readers who turn to literature as a link to contemporary currents of thought. The series is a source of positive reinforcement for those learning Spanish who want to explore new ideas. Just as the plays are eclectic in nature, so are the exercises, which build upon and develop a deeper knowledge and understanding of multiple Spanish language skills. These include comprehension, vocabulary building, composition, and conversation.

The format of *Teatro Contemporáneo* offers nine dramatic selections, each accompanied by theme-related questions. The latter, useful for discussion and composition, is intended to stimulate interest and assist the student in developing a facility for critical interpretation. Supplemental skill exercises often follow. Finally, an end vocabulary provides definitions of difficult words and expressions found in the plays.

We are confident that this expanded edition can successfully recreate the excitement of the living theater for our readers and simultaneously illuminate the literary text.

E.P.
G.F.W.

TEATRO
CONTEMPORÁNEO

JOSÉ MARTÍNEZ QUEIROLO

RÉQUIEM POR LA LLUVIA

Monólogo

A ANTONIO ORDÓÑEZ

Este monólogo fue estrenado por su autor en el Salón de Actos de la Facultad de Filosofía y Letras de la Universidad de Guayaquil, el 2 de septiembre de 1960, bajo la dirección de Emilio Díaz.

NOTA PRELIMINAR

José Martínez Queirolo es uno de los dramaturgos más destacados del Ecuador. Aunque dentro de la línea del teatro popular, sainetesco, su obra adquiere en ocasiones auténtico sentido social. Entre sus obras destacan las siguientes: *La casa del qué dirán*, estrenada en 1963; *El baratillo de la sinceridad* (1963); en 1965 se estrena su obra *Goteras* y, en el mismo año, *Montesco y su señora*. *Réquiem por la lluvia* es un monólogo estrenado en 1960. En él, el marido de una lavandera que acaba de morir arremete, lleno de amargura, contra las circunstancias económico-sociales que determinaron la muerte de su mujer. Obsesionado también por su propio sentido de culpabilidad oscila el personaje de este intenso monólogo entre la acusación contra sus semejantes y la expresión de desprecio hacia su propia miseria.

Antonio Ordóñez, primer actor del Ecuador y actualmente director del Teatro Artístico en la Casa de la Cultura Ecuatoriana de Quito, interpreta el monólogo con hondura y sobriedad, salvando las dificultades del género con oficio de actor y con la sensibilidad y el sentido de responsabilidad del ser que sabe identificarse con los problemas del mundo que habita.

(*Abrumado por el peso de un atado de ropa, un hombre avanza por la calle. Viste un terno negro que le viene grande, luce una barba de algunos días y está ebrio. Al llegar a la plaza pública, deposita su carga sobre el pavimento y extrae una botella de aguardiente cuyo contenido consume mientras habla.*)

Soy
«el marido de la Jesusa»...
Jesusa, la lavandera...,
esa que lava a 3 sucres los pantalones
y a 1,50 las camisas,
esa que tiene una mano especial para la plancha
y que deja la ropa limpia, inmaculada...
¡Sí, la Jesusa!

Yo,
como ocurre con los consortes de las estrellas del cine, soy conocido gracias a mi mujer.
Me llaman: «el marido de la Jesusa».
—¡Allá va el marido de la Jesusa!—dicen unos cuando me ven;
y otros:
—¡Allá va el borrachín que vive con la Jesusa!
En efecto,
ese,
el borrachín,
soy yo.
Y si hoy he venido a este lugar
a interrumpir, por un momento, vuestra diversión,
es para comunicarles
que mi esposa,
la Jesusa,
ha muerto.

. . . .

Pero, ¿por qué guardáis silencio?
¿Acaso este miserable viudo no merece recibir de ustedes una miserable frase de condolencia?
¡Vamos! ¡Venid con vuestros abrazos, venid con vuestros palmoteos en la espalda!
¡Venid con vuestras máscaras!

—¡Cuánto lo siento!
—¡Qué desgracia tan grande!
—¡Dios le tenga en su gloria!
—¡Resignación!
—¡Valor!

Pensé que todos ustedes asistirían al entierro; que, como cuando
    muere alguien de importancia, uno de ustedes tomaría la
    palabra...; que, por lo menos, enviarían una delegación, una
    ofrenda floral, una tarjeta...
Una tarjeta, una tarjeta en la que se leyera:
«Clientes de la Jesusa, Sociedad Anónima,
expresan a usted su sentido pésame».
Pero nada,
nadie...
Sólo yo, mis chicos, unas cuantas vecinas,
y el sol,
¡ese sol que asiste siempre al entierro de las lavanderas!

Y vuestra indiferencia resulta imperdonable cuando se piensa
    que, durante muchos años, ustedes han sido mis íntimos
    conocidos...
¡Sí, íntimos!
Aunque sólo sea porque conozco vuestras prendas íntimas...
desde un par de calcetines rotos hasta...
¡Bueno! ¡No os inquietéis, que no voy a decirlo!
Jesusa, esa, la que se ha muerto,
me hizo prometer que guardaría siempre
lo que ella consideraba... ¡su «secreto profesional»!

Se nos fue esta mañana...
Había amanecido en el patio lavando vuestra ropa
y estaba preocupada por la demora del sol...
—¡Sol! ¿Por qué no sales a tus horas, sol?
De repente, cayó junto a la tina como un soldado frente a su
    trinchera.
¡Todo fue tan inesperado!

(*A un espectador cualquiera:*)

(—¡Señor! Yo no acostumbro a ponerme la ropa de los clientes
    pero, su terno estaba allí, en el armador, listo para la en-

trega, y, ante, la urgencia del caso, pensé que a usted no le importaría que yo... Pero no se preocupe, no... Me he cuidado mucho de no manchar las solapas con mis lágrimas y de no arrugar las hombreras con el peso... usted sabe..., ¡de la caja!)

La enterramos en el cerro...
Al salir del cementerio, una de las vecinas me dijo:
—¡Tú mataste a la Jesusa! ¡Tú la mataste!
Y es por eso que estoy aquí,
porque no la maté yo solo,
la matamos entre todos
y,
señoras y señores,
las culpas
hay que compartirlas.

.   .   .   .

¡Cuánto daño le hicimos!
Yo, bebiendo; y ustedes, sin beber.
Yo, haciéndole hijos sin compasión; y ustedes, obligándola a lavar, por una miseria, vuestra ropa.
Y ella, en cambio,
con el enorme vientre apoyado en la tina,
¡lavando y cantando!,
¡lavando y cantando!,
(Canta:) ¡Se acabó el jabón
qué vamos a hacer!
¡Se acabó el jabón
no hay ná que perder!
¡Yo no tenía trabajo y ella lo tenía demasiado!
Como una fiera enjaulada me pasaba el día dando vueltas entre montones de ropa sucia... ¡Montones de ropa sucia llenando los cuatro rincones de mi hogar!
Porque, dos veces por semana, la Jesusa regresaba de vuestras casas acarreando a la mía toda la porquería de la ciudad... una vez en el cuarto,
las inmundicias se clasificaban por montones.
¡El montón de la familia Ramírez!
¡El montón de la familia Martínez!
¡El montón de la familia Aguirre!

(Recoge del suelo una prenda imaginaria.)

¿Y estos sostenes?
¿De qué montón cayeron estos sostenes?
¿Serán de doña Rosa?
¡No!
Los sostenes de doña Rosa son sostenes con relleno.
Estos parecen más bien, por su forma,
los sostenes de la niña Pichusa...
¡Ah, los sostenes de la niña Pichusa!

(Arroja la prenda a la tina y finge lavarla mientras canta: «Se acabó el jabón, etc.»)

¡Y ya no se podía vivir más en aquel cuarto!
¡Y respirar aquel aire nos asfixiaba!
Los montones de ropa sucia creciendo, creciendo siempre hasta
    alcanzar el techo, y mis chicos muertos de hambre, tre-
    pando, buscando, escarbando...

Porque, a veces, olvidabais algo en los bolsillos de vuestra ropa...
Gomas de mascar, monedas, cigarrillos...
y, a veces también,
cosas comprometedoras que yo coleccionaba...
¡Ustedes saben!
Llaves falsas, drogas, cartas adúlteras...

(Extrae del bolsillo una arrugada misiva que lee a continuación:)

«Amado mío: Mi esposo se va de viaje. Esta noche, por fin,
    estaré sola. No dejes de venir, mi tierno, mi apasionado
    amante.»

(Haciendo pedazos la misiva:)

Porquerías que, en manos de cualquier chantajista profesional,
    hubieran significado una fortuna,
pero que, en las mías,
sólo significaban pretextos para acercarme a vuestras casas a
    solicitar trabajo...
siendo honrado,
¡cualquier clase de trabajo!

(*Se desplaza rápidamente, atareado en el ejercicio de los oficios que nombra:*)

—¿El de... guardián? ¡Mi acaudalado amo, puede usted dormir tranquilo! ¡Me pasaré toda la noche custodiando sus bienes y enseñando los dientes como un perro! (*Ladra y gruñe.*)
—Jardinero. (*Muy afectado.*) ¡Ah, señora! Los narcisos amanecieron resfriados y las rosas están con paludismo, pero este clavel..., ¡este clavel espera deshojarse en sus manos!
—Cargador. (*Rudo.*) ¡Está bien, patrón, cargador! Eche un quintal, dos quintales, tres quintales. ¡Écheme otro, patroncito, por favor!

Pero todo inútil.
Cuando, cansado y humillado regresaba por las noches a mi hogar,
los montones de ropa sucia me esperaban.
¡Y eran los dueños de esos ternos los que me despreciaban!
¡Y eran los dueños de esos ternos los que...!

(*Propinándole patadas al atado.*)

—¡Fuera! ¡Fuera! ¡La ropa sucia se lava en casa de cada cual! ¡Fuera!
Y escupía la ropa de sus mujeres,
la seda sucia
que nunca pude comprar yo para la Jesusa.

Un día,
un día me desnudé y tiré mis ropas a la tina.
—Yo soy tu marido, ¿entiendes? ¡Tu marido! ¡El único cuya ropa tienes obligación de lavar! ¡Aquí está mi ropa! ¡Toma! ¡Lávala!
Y me quedé, en cueros, tendido sobre el petate.
Y así permanecí durante varios días, porque cuando ella me traía la ropa, a la menor manchita la llenaba de insultos.
—¡Ah, desgraciada! A mí no me lavas bien, ¿no? ¡Mira esta mancha! ¡Mira esta arruga! ¡A la tina, otra vez, a la tina!

(*Canta, muy compungido, «Se acabó el jabón, etc.»*)

Y así,

hasta que la Jesusa se enfermó.
¡Yo nunca le había visto enferma a la Jesusa! ¡Yacía allí, sobre
el petate, como un árbol derrumbado!
¡Qué silencio en el cuarto!
¡Ya nadie lavaba! ¡Ya nadie cantaba!
Y, a nuestro alrededor, la ropa se amontonaba, se amontonaba...
Parecía que iba a terminar por cubrirnos a todos y asfixiarnos.

repentirse

(*De rodillas, delante del imaginario cuerpo de Jesusa:*)

—¡Jesusa! ¡Jesusa! ¡Ya voy a cambiar! Por nuestros hijos, Jesusa,
te lo juro! ¡Ya voy a cambiar!

(*Abandonando la botella con propósitos de enmienda, trata de colo-
carse el atado sobre la cabeza.*)

Y, a la mañana siguiente,
salía en compañía de mis criaturas,
a distribuir la ropa por la ciudad.
¡Así! ¡En perfecto equilibrio!
—¡Ropa! ¡Ropa! ¡A quitarse la sucia y a ponerse la limpia!
—¡Ropa! ¡Vengan a ver al marido de la Jesusa!
—¡Vengan a ver al borrachín que vive con la Jesusa!
—¡Ropa! ¡Rooopa!

(*Furioso por un súbito recuerdo, deja caer el atado mientras dice:*)

Y así hubiera continuado si no hubiera sido por el asunto ese de
la vieja y de la enagua colorada...
—¡Dígale a la Jesusa que me mande la enagua colorada!
¡Que recuerde que la niña Pichi tiene el sábado una fiesta en el
Tenis Club y que para bailar necesita la enagua porque sin
enaguas no puede bailar!
—¡Usted disculpe, señora! ¡Asegura la Jesusa que la enagua no
se encuentra en su poder, que usted no la ha enviado en el
atado y que no consta en la lista!
—¡Mentira! ¡Lo que pasa es que la Jesusa es una ladrona! ¡Me
quejaré a la pesquisa! ¡Me quejaré!
—¡Como usted quiera, señora, pero páagueme!
—¡No! ¡No le pagaré hasta que no me devuelvan la enagua colo-
rada! (*Llamando:*) ¡Nicuchoo! ¡Nicuchoo!
Pensé que llamaba al perro, pero salió el marido. Muy noble,

muy digno, muy distinguido. ¡Como si yo no conociera sus trapos sucios!

—¡Basta ya, hija! ¡No te rebajes al nivel de esta clase de gente!

—¡Sucio! ¡Te mudas de ropa cada 30 días! ¡Sucio!

Esa misma tarde estuvieron los pesquisas en el cuarto. ¡Lo registraron todo! ¡Hasta obligaron a las vecinas a levantarse las faldas para chequear el color de las enaguas!

(*A los imaginarios pesquisas:*)

—¡Pobres, pero honrados! A ver... ¡Llévame, pues, llévame! ¿Crees que te tengo miedo? ¡No me detengas, Jesusa, no me detengas! ¡Déjame!

Ya nos iban a llevar a todos a la cárcel, cuando apareció la sirvienta de la vieja...

—Dice mi patrona que aquí se le manda la enagua *colorá*...; que era que a ella se le había olvidado de meterla en la funda de la ropa sucia, y que aquí se la manda... y que la lave rápido... que recuerde que *ña* Pichi tiene el sábado una fiesta en el Tenis *Clú* (*bailando al compás de lo que dice*) y que para bailar necesita la enagua, porque sin enaguas no puede bailar; que para bailar necesita la enagua, porque sin enaguas, no puede bailar.

(*Pausa. Recoge la botella y bebe en silencio.*)

Ahora dicen que fui yo el que la maté, yo solo.

Las vecinas correrán la noticia por el barrio. Desde mañana seré para todos: «¡el borrachín ese que mató a la Jesusa!»

Es que la gente no sabe, no se da cuenta.

¡Y es tan fácil echarle la culpa a uno!

Es cierto, es cierto que me propasé con esto (*el contenido de la botella*), que, como no tenía dinero para comprarlo, me puse yo también junto al montón a registrar vuestros bolsillos, a disputar con mis chicos los pequeños hallazgos... y que cuando, por casualidad,

—¡por casualidad!—, aparecía algún billete, se los arrebataba y salía a la calle, a la cantina.

Es cierto, es cierto que empecé a pegarle a la Jesusa, que muchas
    veces le arranqué los cordeles y le hice caer la ropa recién
    lavada sobre el lodo...
Pero todo esto lo hacía porque la quería,
¡porque me daba rabia verla así, lavando todo el día vuestra
    ropa!
Después,
me arrojaba junto al montón y allí me dormía
—¡me sentía tan sucio!—
con la esperanza de que al día siguiente
ella me recogiera a mí también, como a uno de vuestros trapos,
    y me echara en la tina y me lavara.

Y esta mañana la maté, la matamos...
¡Cayó junto a la tina como un soldado frente a su trinchera!
¡Estaba tan enferma!
Últimamente, ya no cantaba.
¡Lavaba y tosía!,
¡lavaba y tosía!
¡Le dolían los ovarios, los huesos, la cintura!
¡Sus manos ya no eran manos!,
¡pero qué limpia, qué limpia dejaba vuestra ropa, qué limpia!

Ahora, dizque hay esas máquinas que lo lavan todo.
¡Mete usted una pastilla de jabón, aprieta un botón y listo!
(*Con voz de propagandista:*) ¡Lavan y secan! ¡Lavan y secan!
Las madres de familia meten a sus hijos con ropa y todo dentro
    de las máquinas y los mocosos salen limpios, rozagantes.
¡Lavan y secan!
¡Lavan y secan!
¡Pero no se van a comparar con la Jesusa!
La prueba es que la señora Smith,
esa, esa gringa que está al fondo...
(—¡Señora Smith, no se esconda! ¡Usted tiene una máquina de
    esas y, sin embargo, ha sido hasta ahora una de nuestras
    mejores clientes!)

¡Porque la Jesusa era incomparable!
¿Qué mancha podía resistir a sus manos?
¡Sin usar lejía ni otras sustancias que destruyen la ropa!
¡Ella lavaba limpio a limpio!
¡Nada de jabones que lavan solos, mientras las lavanderas se

acuestan a fumarse un cigarrillo!
Una buena lavandera
—y la Jesusa lo era—
no cree en semejantes sandeces.
Se pasaba la vida fregando, restregando, raspando...
¡No había mancha, por innoble que fuera, que se le resistiera!
¡Manchas de tinta, de pus, de sangre! ¡Manchas sin nombre que
  no pudimos nunca descifrar!
¡Lavaba, hervía, almidonaba, planchaba, zurcía!
¡A 3 sucres los pantalones y a 1,50 las camisas!
Con lo caros que están el jabón, la leña, el almidón y hasta el
  sol...
—¡Sol! ¿Por qué no sales a tus horas, sol?

(*Está llorando. Saca del bolsillo un pañuelo con el propósito de
llevárselo a los ojos, pero...*)

¡Este pañuelo, este pañuelo tampoco es mío! ¡Lo he tomado, sin
  duda, del montón! Lleva las iniciales K. J. C.... ¿El señor
K. J. C. está presente? (*Llamando:*) ¡K. J. C.! ¡K. J. C.!
¡Que se acerque el señor K. J. C. a reclamar su pañuelo!

(*Furioso, al pañuelo:*)

¡Trapo sucio! Trapo inmundo que he estado a punto de lavar
  yo con mis lágrimas!... ¡Que sepa tu dueño que seguirás
sucio, sucio porque ya se le fue la lavandera!...

(*Arroja el pañuelo al suelo y lo pisotea.*)

¡Sí, sépanlo todos! ¡La Jesusa se ha ido! ¡Ya se nos fue la lavandera! ¡Inútil será que saquen avisos en los periódicos buscando reemplazo! ¡«Se necesita lavandera»! ¡«Se necesita
lavandera»! ¡Ahora va a tener que lavar cada cual sus trapos
sucios!

(*Abre el atado y empieza a arrojar, enloquecido, las prendas que
contiene.*)

¡Trapos sucios! ¡Trapos inmundos! ¡Trapos manchados por vuestros cuerpos! ¡Lacras que se ocultan a la vista de todos!
¡Huellas de pecados sin nombre que ninguno se atreve a
confesar! ¡Pieles de víboras! ¡Pieles de víboras!

(*Con una prenda sucia entre las manos:*)

¡Vamos a darle duro con el jabón!
¡A raspar! ¡A fregar!
¡A lavar! ¡A cantar!   – para olvidarse de la miseria

(*Cayendos lentamente de rodillas:*)

Porque la Jesusa,
—mi Jesusa—,
se ha ido.
Ya se nos fue la lavandera.
¡Ella está allá arriba, lavando en gran escala!
¡Ella está controlando la salida del sol!
Por eso, desde ahora,
el cielo estará más limpio;
las nubes, como recién lavadas.
Sólo aquí abajo estará sucio
—¡sucio, sucio, sucio!—,
porque el verano es largo...
y nosotros... como las víboras...
tenemos que mudar de piel!

(*Llamando:*)

—¡Lluvia! ¡Jesusaaa! ¡Lluviaaa...!   para limpiar el mundo
                                           esperanza
(*Cae sollozando sobre el suelo y queda tendido como un trapo más
entre el montón. Cuatro o cinco criaturas, con retazos de luto
en las solapas, se le acercan y, después de recoger los trapos,
lo obligan a levantarse y se lo van llevando calle abajo.*)

TELÓN

A. CUESTIONARIO

1. ¿Por qué se siente culpable el marido de Jesusa? porque *era un de los culpables*
   ¿De qué se arrepiente él?
2. Describa la personalidad de Jesusa.
3. ¿Por qué dice el marido que todos tienen la culpa por la muerte de Jesusa? ¿Quiénes son «los otros»? *los que en realidad no necesitaban su trabajo*
4. ¿Qué tipo de secretos se revelan en los montones de ropa sucia? *Llaves falsas, drogas, cartas adúlteras*

B. TEMAS DE DISCUSIÓN Y COMPOSICIÓN

1. Comente sobre la situación económica de Jesusa y su familia.
2. ¿Qué aprendió Ud. sobre la relación entre los ricos y los pobres a través del monólogo?

ALONSO ALEGRÍA

EL CRUCE SOBRE EL NIÁGARA

Pieza en seis escenas y un prólogo

Para MARTA

NOTA PRELIMINAR

Alonso Alegría, peruano, se perfila como un serio hombre de teatro. Su conocimiento del arte de la escena, además de desde el punto de vista literario desde la perspectiva del director y del escenógrafo, se evidencia en sus actividades de los últimos años. En 1966 recibió el título de Master en la Escuela de Arte dramático de Yale University; en 1967 colaboró en el Festival Shakespeare de Nueva York y fue jefe de escena con el Teatro de Repertorio de Yale. Su extraordinaria habilidad como dramaturgo se manifiesta espléndidamente en 1965, año en que ganó el Premio Nacional de Teatro de Perú para su obra *Remigio el huaquero*, y tres años más tarde recibió el premio Teatro Universitario de San Marcos para obras en un acto.

Dentro de la línea más puro del teatro moderno, en el que lo anecdótico sirve como trampolín para la exposición de temas y preocupaciones universales, Alonso Alegría ha escrito en *El cruce sobre el Niágara* una obra de marcado valor contemporáneo. Blondin es un personaje histórico, al menos en cuanto a los datos externos de su personalidad se refiere; partiendo, pues, de la realidad, Alegría compone una especie de alegoría en la que explora con franqueza, con ternura, con simplicidad, las diferentes dimensiones de las relaciones humanas en las que el individuo, pugnando siempre por mantener su propia identidad, busca la identificación, la comunión con otros. Cuando uno está al borde del fracaso, la confianza de los demás, el apoyo moral de sus semejantes le hace remontar sus limitaciones personales, sobreponerse a las circunstancias y alcanzar el éxito. Así Blondin, el equilibrista en constante búsqueda de modos de superación de sus anteriores hazañas, encuentra en Carlo la fuerza del idealismo que le conduce a la ejecución de su definitiva hazaña.

Otro tema principal de la obra es el afán del individuo por superar las limitaciones físicas que su condición le impone, rebelándose así contra un destino que limita allí donde el espíritu pide que desaparezcan las fronteras.

16

PERSONAJES

BLONDIN. 45 años. Alto, atlético, bien parecido, con algo romántico en su figura. Práctico, dulce de palabra, gran conocedor de las personas.

CARLO. 18 años. Pequeño, flaco, aparenta quince. Con ojos inteligentes, llenos de suspicacia, pero de pronto es capaz de creer en algo y darse íntegramente. Le es muy difícil admitir cualquier sentimiento.

VOCES. En la cuarta escena se oyen las de un panadero llamado WILLIS, un BOMBERO y también VECINOS, además de una MULTITUD al final de la pieza.

ESCENOGRAFÍA

Un pequeño departamento de un dormitorio y baño en una casa de pensión. Cama, mesa de noche, escritorio, silla, ropero. No da sensación de pobreza.

Puerta al pasillo, puerta al baño, ventana de alféizar bajo que da a la calle.

Todo esto realizado muy livianamente y sin atenerse a ningún realismo estricto; en las últimas dos escenas se usará solamente cámara negra.

TIEMPO

Alrededor de 1870.

17

PRÓLOGO

Blondin (1824–1897). Equilibrista y acróbata francés, nacido en San Omer, Francia, el 28 de febrero de 1824 y muerto en Londres el 19 de febrero de 1897. Verdadero nombre, Jean François Gravelet. Cuando tenía cinco años de edad fue enrolado en la Academia de Gimnasia de Lyons, y después de seis meses de entrenamiento como acróbata hizo su primera presentación pública como «El Pequeño Prodigio». Debió especialmente su fama y fortuna a su idea de cruzar las cataratas del Niágara sobre un alambre de trescientos treinta metros de largo a una altura de cuarenta y ocho metros sobre las aguas. Logró esta proeza por primera vez en 1859, repitiéndola luego una serie de veces y en cada oportunidad con una nueva variación teatral: con los ojos vendados, dentro de un saco, empujando una carretilla, sentándose a la mitad para preparar y comer una *omelette*, llevando a un hombre a cuestas, sobre zancos, etc. En 1861, apareció en Londres en el Palacio de Cristal, dando saltos mortales en zancos sobre un alambre templado a cincuenta y un metros sobre el suelo.

Su última aparición se realizó en Belfast, en 1896 a los 72 años de edad. Un año más tarde muere en Londres de una afección bronquial.

(Enciclopedia Británica, edición 1921, volumen 3, página 740, segunda columna.)

Escena Uno

(*Luz sobre* BLONDIN *sentado al borde de la cama, que ha sido minuciosamente preparada para acostarse. Parece que se hubiera quedado pensando en algo. Pasa un momento en silencio,* BLONDIN *inmóvil. Se oye un toque seguro a la puerta.*)

BLONDIN: ¿Quién?

CARLO (*fuera de escena*): ¿Se puede?

BLONDIN: ¿Quién es?

CARLO: ¿Se puede pasar?

BLONDIN: Ya es tarde. Ya me estoy acostando. ¿Quién es?

CARLO: Quiero decirle algo importante. Usted no me conoce.

BLONDIN: Bueno. Pase. (*Puerta abre, no cierra. Se queda sentado tal como está, sin moverse.* CARLO *entra y se para junto a la puerta después de cerrarla.*) Ah, quieres un autógrafo. Ya es tarde, no es hora de pedir autógrafos. ¿Tienes lapicero?

CARLO: Ya tengo su autógrafo.

BLONDIN: Ah, ya tienes. Bueno. (*Pausa. Lo mira.* CARLO *está muy formalito, parado solemnemente.*) Bueno, ¿qué te trae por aquí a esta hora entonces?

CARLO: Quiero decirle una cosa. (*Pausa.*)

BLONDIN: ¿Cómo te llamas?

CARLO (*muy bajito*): Carlo.

BLONDIN: ¿Carlos?

CARLO: No. *Carlo*. Sin «ese».

BLONDIN: ¿Carlo qué? (*Tiempo.*)

CARLO: Carlo, nada más. Carlo.

BLONDIN: Muy bien. Carlo. (*Pausa.*) Me viste freír la *omelette* y quieres felicitarme personalmente. Hiciste una apuesta con tus amigos, ¿no? Quieres darme la mano. (*Estira la mano cordialmente.* CARLO *quieto.*)

CARLO: Ocho huevos no más, ¿no?

BLONDIN (*sorprendido levemente*): ¿Cómo sabes?

19

CARLO: No fueron doce. Habían anunciado doce, pero fueron ocho. Lo vi por el catalejo. Yo me hice un catalejo bueno. Los conté. Fueron ocho huevos.

BLONDIN: Correcto, sí. Ocho no más.

CARLO: Pero habían anunciado doce. Una docena. La docena de la muerte. Fue una trampa.

BLONDIN (*muy «en serio» con el muchacho*): Sí, ¿no?

CARLO: Una... una estafa. Cinco dólares la entrada. Si anuncian una docena de huevos, y después dan sólo ocho...

BLONDIN: Una estafa. (*Se ríe.*) Sí, verdaderamente, un fraude. (*Ríe.*) Pero hubieras podido irte al lado del Canadá. Ahí es gratis.

CARLO: No tengo papeles.

BLONDIN: ¿Menor de edad?

CARLO: Sí.

BLONDIN: Y además, no te darían...

CARLO: Permiso no necesito. Menor de edad. No tengo pasaporte todavía, nada más.

BLONDIN: Muy bien. (*Pausa.*) ¿Eso es todo?

CARLO (*un poco nervioso*): Sí, pues. Yo vine a decirle eso. Que era una estafa. Todo lo que se promete hay que cumplirlo. Sobre todo si se anuncia, si se cobra entrada. La gente es muy estúpida. Nadie más que yo se dio cuenta. Todos pegaban de gritos, como unos imbéciles... las mujeres son las más imbéciles. Usted lo sabe... usted sabía que nadie se iba a poner a contar. Por eso lo hace. Pero yo sí me puse a contar. A mí no me interesa si usted se mata.

BLONDIN: Chico, eres un loco.

CARLO: ¿Loco? Usted es el loco. Yo me puse a contar, con el catalejo. A usted le sudaban las manos, le temblaban las piernas. No pudo terminar de romper la docena. Tiró cuatro al río. Nadie lo vio mas que yo, porque estaban tan... usted los impresiona con sus trucos.

BLONDIN (*sin rabia, suavemente*): Lárgate de aquí, muchacho.

CARLO: Porque es verdad.

BLONDIN: Lárgate, muchacho, o te saco a patadas.

CARLO: La próxima vez, cumpla lo que promete, nada más.

BLONDIN (*todavía sin perder el humor ni alzar la voz*): ¿Por qué?

CARLO: Porque yo lo voy a estar mirando por el catalejo.

BLONDIN: Muy bien, muy bien.

CARLO: Hay que cumplir lo que se promete; lo que se anuncia, peor todavía.

BLONDIN: Entendido... Vete.

CARLO (*después de una pausa*): No crea que me emociono y que por eso no me doy cuenta. Yo le he visto todos sus cruces. Desde el primero, cuando yo tenía... cuando estaba chico. Todos se los he visto.

BLONDIN (*con interés*): ¿Cuántos he hecho?

CARLO: Catorce.

BLONDIN: ¡Ja! Trece.

CARLO: Con el de ayer, con el de la *omelette*, son catorce.

BLONDIN: Bueno. (*Tiempo.*) Catorce. ¿Y?

CARLO: ¿No ve? Eso es lo que le digo. Que usted a mí no me va a impresionar como a los otros. Porque yo sé mucho de esto, porque le he visto muchas veces. Yo sé cuando le va a ir bien. Cuando va a estar tranquilo. Yo sé lo que importa el viento. Yo estuve esa vez que le cortaron el cable templador. Yo estaba cerca.

BLONDIN: ¿Quién fue? ¿Sabes?

CARLO: Sí, claro. Un tipo con barba y patillas.

BLONDIN: ¿Cómo se llamaba?

CARLO: Tenía barba y patillas. Un poco canoso. Estaba con un saco a rayas azules y blancas.

BLONDIN: Su nombre.

CARLO: No sé.

BLONDIN: Le viste la cara.

CARLO: No. No estaba tan cerca. Cerca, pero no tan cerca. Después se fue corriendo, cuando lo persiguieron los policías.

BLONDIN: ¿Tú llamaste a la Policía?

CARLO: Yo... (*Casi va a mentir.*) No. Llamó una chica.

BLONDIN: Lástima. Ahora podría deberte la vida.

CARLO: Y para qué quiere deberme la vida a mí.

BLONDIN: A ti... no, a cualquiera, no interesa. Un tipo cualquiera... deberle la vida a alguien... debe ser muy emocionante. Ya vete, chico. Tengo que acostarme.

CARLO: Buenas noches.

BLONDIN: Buenas...

CARLO: Pero cuídese, pues. Cuídese y lo que le dije. Cuando anuncia una docena, aguante. Aguante ahí, aunque le tiemble todo, y rompa y bata y cómase la docena completa. Porque si no...

BLONDIN: Porque si no voy a desilusionar al pobre Carlo, ¿no? Y Carlo no vendrá nunca más a ver todos mis cruces, ¿no? ¡Qué pena!

CARLO (*muy picado*): No va a venir nadie, porque se van a

dar cuenta, tarde o temprano, de que usted los está estafando. ¡Porque yo se lo voy a decir! ¿Me entiende?

BLONDIN: Buenas noches, Carlo.

CARLO: Buenas noches. (*Da media vuelta.*)

BLONDIN (CARLO *abre la puerta*): Ven otro día si quieres. Ahora lárgate.

CARLO: Hasta mañana.

BLONDIN: Bueno, hasta mañana, si quieres, pero ahora... (*Pero* CARLO *ya se ha ido cerrando la puerta en silencio y* BLONDIN *se queda mirando al vacío, sorprendido. Inmediatamente, apagón rápido.*)

Escena Dos

(*Inmediatamente se hace luz. La mañana siguiente.* BLONDIN *se está secando la cara. Se acaba de afeitar. Tocan a la puerta. Ahí está parado* CARLO, *muy tieso, con un libro bajo el brazo.*)
BLONDIN: Ah. Carlo. (*Cordial. Se nota que ha dormido bien.*) Pasa, pasa. Muy bien, muy bien, gracias, ¿y tú? (*Sigue peinándose tranquilamente.*) Y, cómo está el día... ¿hay sol?
CARLO: Sí. Un poco. Le quiero enseñar este libro.
BLONDIN (*sin mirarlo*): ¿Un libro? Ya no leo mucho. Antes sí. ¿Qué es, la Biblia? No serás mormón, ¿no?
CARLO: No es la Biblia. La Biblia no le interesa a usted. A usted le interesa algo que tenga que ver con su arte. Por eso le traje este libro.
BLONDIN: A ver...
CARLO: Se lo voy a enseñar. Es un libro de gimnasia. Tiene todo tipo de ejercicios. Para fortalecer las piernas, los brazos, el tórax. También ilustraciones. Los hombros, las manos, las muñecas. Todo pues. Tiene todos los ejercicios, uno por uno, para cada parte del cuerpo. (*Parece en verdad un vendedor de libros soltando su retahíla.*) Se comienza con ejercicios generales para tonificar todos los músculos. Gimnasia general, gimnasia cualquiera. Pero después viene lo bueno. (BLONDIN *sigue las explicaciones, mirando el libro, verdaderamente interesado.*) Hay que tener mucha constancia, eso sí. Ese es el problema. Aquí, en este dibujo se puede ver cómo son los tríceps antes de los ejercicios y cómo quedan después. Distinto, ¿no? Claro. Y así, todos los ejercicios para todos y cada uno de los 385 músculos más importantes del cuerpo humano. ¿Qué le parece?
BLONDIN: Muy bonito. ¿Cuánto cuesta?
CARLO: No mucho.
BLONDIN: ¿Tienes plata?
CARLO: ¿Para qué?
BLONDIN: Para comprarte el libro.

23

CARLO: Se lo regalo.

BLONDIN: ¿Qué?

CARLO: Se lo regalo. A mí no me sirve.

BLONDIN: ¡Cómo!

CARLO: Ya me sé todos los ejercicios. Ahora le puede servir a usted.

BLONDIN: ¿Tú crees?

CARLO: Claro. También tiene un montón de ejercicios de equilibrio y de concentración. (*Abre nuevamente el libro como tratando de convencerlo.*) En el Apéndice. Le puede servir, ¿no es cierto? Ejercicios de Yoga, también.

BLONDIN: Claro. Claro. Muy interesante. (*Toma el libro.*) Gracias.

CARLO: ¿Le parece bien?

BLONDIN: Sí.

CARLO: Bueno pues. Que le sirva. Gusto de haberlo visto de nuevo. Si quiere cuando lo termine, hablamos. Muchas gracias. Buenos días. (*Da media vuelta.*)

BLONDIN: Espera un rato. (CARLO *gira.*) Oye, dime... (*Pausa.*)

CARLO: ¿Qué?

BLONDIN: Tú dices que has visto todos mis cruces.

CARLO: Claro.

BLONDIN: Y te parece que no los hago bien. Te parece que puedo mejorar.

CARLO: No es eso.

BLONDIN: ¿Te parece que me estoy poniendo débil? ¿Flojo?

CARLO: Comercial.

BLONDIN: ¿Qué dices?

CARLO: Comercial. Sensacionalista. La vez anterior, ¿recuerda? Lo de la carretilla. ¿Quiere que le diga mi opinión sincera?

BLONDIN: A ver...

CARLO: No vale un pito. Cruzar con carretilla no es más difícil que cruzar sin nada. Hasta ayuda.

BLONDIN: No, porque no se puede usar la pértiga. La carretilla...

CARLO: Hace tres años que no usa pértiga. No usa pértiga desde la quinta vez que cruzó. ¡Me va a decir a mí! Yo le he visto todos sus cruces.

BLONDIN: Oye, mira...

CARLO: Cruzar con carretilla es como tener tres piernas. ¿Qué más quiere? Y lo de los ojos vendados igual. Nunca ha estado más tranquilo. La venda le ayudaba muchísimo incluso. ¿Va a decir que no? Usted siempre tiene los ojos fijos en el lado del Canadá, fijos en un punto. Y se fía únicamente de los pies, al tacto. ¡Me va a decir a mí!

BLONDIN: Mira, hijito, de los dos, yo soy Blondin, ¿no es cierto? No me vengas a dar lecciones de cruzar el Niágara. No sé cómo te aguanto todo esto...

CARLO: Si no quiere mi opinión sincera, entonces le diré que usted es el hombre más valiente del mundo.

BLONDIN: Bueno, ¿soy o no soy?

CARLO: Yo no sé si será. No conozco a todos los hombres valientes, así que no puedo comparar. Pero lo que le digo es que la gente se traga sin pensar todo lo que usted les da. Y usted lo hace a sabiendas, es decir, cosas espectaculares pero que en verdad no tienen nada del otro mundo. Como lo de la *omelette*. Está bien quedarse en el medio, parado, balanceándose contra el viento... estaba usted a un ángulo de 30 grados con la vertical... sostenido por el viento... cansa las piernas. (*Tiempo.*) Pero en fin, aparte de eso, de quedarse ahí parado, y en cualquier momento puede cambiar el viento. (*Tiempo.*) ¡Está bien! Pero no fue ni siquiera diez minutos... ni cinco minutos. Y usted no partió ni frió los doce huevos, como había anunciado, sino...

BLONDIN (*interrumpe*): Sino ocho no más.

CARLO: Lo que le dije. Lo de la *omelette* está bien para el público en general. Pero, usted no se siente orgulloso, ¿no?

BLONDIN: No.

CARLO: ¿Cuánta plata hizo?

BLONDIN: Tres mil ochocientos dólares.

CARLO: No está mal. (*Pausa.*)

BLONDIN: Bueno, pues. Entonces ¿a ti te parece que debo hacer qué cosa?

CARLO: No sé... Algo más sincero. Algo que de verdad ponga a prueba su cuerpo, su habilidad, su coraje. Para eso le traje el libro. Para que piense en alguna proeza que valga la pena.

BLONDIN: ¿Como qué, por ejemplo?

CARLO: Pasar corriendo. Pasar en un pie. Pasar caminando de manos.

BLONDIN: ¿Estás loco?

CARLO: Un día fríe usted una *omelette*. Otro día se afeitará. Otro día leerá un periódico. Las cosas que todo el mundo hace en su casa, usted sobre un alambre encima del Niágara. Y el público por supuesto se emociona, pero es tan fácil como hacerlas sobre el suelo.

BLONDIN: Ni creas.

CARLO: Para usted sí.

BLONDIN: Bueno. (*Tiempo.*) ¡Así que ahora hay que pasar corriendo!

CARLO: Claro. Para eso le traje el libro. Para que se prepare bien.

BLONDIN (*no del todo irónico*): Muchas gracias. Lo leeré cuidadosamente. (*Pausa.*)

CARLO (*mirándolo fijamente, pero como si nada dijera*): Usted podría volar.

BLONDIN: ¿Cómo?

CARLO: Usted quizás es el único hombre que llegue a volar un día. Si es que se entrena. Mire. Si quiere volar, si se lo propone... un día podrá cruzar el Niágara, pero sin alambre.

BLONDIN (*sin ninguna ironía*): ¿Tú crees?

CARLO: Mire. Usted se está pegando a ese alambre cada vez más. Se detuvo para lo de la *omelette*; y lo que es el colmo, se echó sobre el alambre para lo de la siesta. ¡Le falta poco para cruzar sentado! Pero de eso no se trata, se trata de cruzar cada vez más lejos del alambre, más libre, más liviano. Yo lo miro por el catalejo... el alambre a veces brilla con el sol y no se ve. Sólo se lo ve a usted, parado en el vacío, caminando en el aire casi... pero siempre se nota que se apoya, que pesa, un poco, ya no tanto. Usted recién está aprendiendo a sustentarse solo... le falta mucho, claro, pero podría, créamelo, podría salir andando de repente y llegar al Canadá como si nada, ¡sin alambre, sin pértiga, sin peso ni nada! Eso sí que sería... Usted sería un pájaro, un dios.

BLONDIN (*sonriendo*): Ah, ¿sí?

CARLO: ¿No lo había pensado? Es posible para usted.

BLONDIN: Sí lo había pensado, lo he pensado. Pero eso no tiene nada de raro. Todo el mundo quiere volar, ha querido volar de chico. A veces, a medio camino, cuando no siento más que el rugido del río, el espacio abierto a todos lados, y estoy solo ahí, solito ahí y no hay nada por ninguna parte, nada más que el aire brillante y el sol, cuando hay sol... me parece que puedo caminar fuera del alambre, para todos lados, quiero salirme del alambre e irme caminando, por el aire, rápidamente, paso a paso, caminando río arriba, caminando sobre el río, los árboles, llegar al mar, cada vez más arriba, en zig-zag, caminar por dondequiera, detenerme a descansar, suspendido, y luego caminar una vez más, como si el cielo y el espacio estuvieran cruzados por mil alambres invisibles e infinitos, y yo puedo caminarlos todos, y yo voy buscando el alambre que me llevará más lejos, para caminar eternamente por el cielo, cada vez más cerca del sol.

CARLO (*tiempo*): Claro. Lo que le dije. Por eso.

BLONDIN: A veces se me ocurre que es posible. Y me detengo. Miro a todos lados pero sigo por mi alambre. Y llego a tierra firme.

CARLO: Es que todavía no está preparado.

BLONDIN: ¿Tú crees que me alivia?

CARLO: ¿Qué?

BLONDIN: Llegar a tierra firme.

CARLO: Por supuesto que no. Usted se siente mejor en el aire. Es su elemento natural. Usted puede volar.

BLONDIN: Mentira. Me alivia. Como a cualquiera.

CARLO: ¿Tiene miedo? Digo, que si por ahí piensa en caerse.

BLONDIN: No, no pienso en caerme. Ni tampoco pienso en salirme del alambre todo el tiempo. A veces no más. Por lo general pienso en lo que estoy haciendo, en el paso siguiente, en el trecho que me falta. Pienso en el viento. En mis piernas y mis brazos, a veces, no siempre. Pero más pienso en... no sé, a veces, se me vienen recuerdos de todas partes... imaginaciones. Personas que he visto, cosas que me han dicho. Cuando era chico, cosas que hace tiempo había olvidado, o que casi no recuerdo después, como si las hubiera soñado, no sé si ocurrieron o no. Se me vienen con toda nitidez, oigo voces, hablo, oigo voces, música, a veces canto un poco.

CARLO: Está contento.

BLONDIN: Claro... y me demoro. Por eso me tardo a veces. Llego a tierra aliviado porque... porque al medio del alambre a veces siento un cosquilleo por las venas, una risa que me... como si me burbujeara la sangre, una alegría increíble, muy de adentro, y me dan ganas de...

CARLO: ¿De qué?

BLONDIN: A veces me dan ganas de tirarme. (*Tiempo.*) De tirarme.

CARLO: Sí.

BLONDIN: Tú no sabes lo que es eso. Y de repente ya no quiero.

CARLO: Claro.

BLONDIN: Me da un miedo atroz tirarme, por supuesto. Entonces me concentro, me aferro al alambre con los pies y sigo adelante y llego lo más pronto que puedo. Y salto del alambre con alivio.

CARLO: Lo he visto. He visto la llegada, catorce veces. Siempre el gentío inmenso, todos lo abrazan, le dan café, lo besan las mujeres... la última vez lo besaron cinco chicas. Todos lo aprietan, lo estrujan.

BLONDIN: Y me pagan. Miles de dólares.

CARLO: Claro. Pero cuando lo vean caminar por todo el cielo sin alambre...

BLONDIN: Seré un dios, ¿no? (*Se ríe alegremente.*) ¡Qué tontería!

CARLO (*con confianza creciente*): No. Es posible. Escuche. Yo tengo un método. Primero se prepara, con el libro que le he traído. Se prepara bien. Es decir, no sólo las piernas, sino todos los 385 principales músculos del cuerpo. Hasta que cada uno esté muy fuerte y sobre todo liviano, como una cuerda de violín, ¿sabe? Entonces comienza usted, poco a poco. (BLONDIN *lo escucha interesado, sonriendo.*) Primero pasa un poco más rapido que ahora. Otra vez, más rápido, con pasos más largos. Otra vez más, casi corriendo, con pasos muy, muy largos. Otra más corriendo, pero ya flotando un poco, posándose apenas, ya el alambre sólo le sirve para darse impulso con una pisada de cuando en cuando. Eso es para aprender a apoyarse en el aire con todo el cuerpo. (*Se están mirando a los ojos.* BLONDIN *escucha.*) Luego, cuando ya eso lo tiene bien sabido, pasa en un pie, es decir, no dando saltos, sino apoyando un pie en el alambre y el otro en el aire... ya para entonces sabe apoyarse en el aire con un pie nada más... con la pértiga si quiere, al principio, para que se ayude, pero después ya no. Y así cruza usted un par de veces, primero un pie, el derecho, en el aire. Luego el izquierdo. Y entonces ya está usted listo... y de repente, en una de esas, los dos pies en el aire un ratito, y vuelta al alambre... todo hay que hacerlo poco a poco, porque es peligroso... luego una caminada más larga y entonces, al final, después de entrenar mucho así, usted camina no más un día, se va por un costado caminando, como usted cuenta, hacia donde quiera, por donde quiera. Con este método usted lo puede lograr. Es cuestión de paciencia y constancia. (*Pausa.*) ¿Que le parece?

BLONDIN: Me parece que estás loco, hijo.

CARLO: ¿Por qué? Si usted mismo me ha dicho que a veces...

BLONDIN: Son locuras, hijo, cosas que se le ocurren a uno ahí arriba. Es imposible, ¿no te das cuenta?

CARLO: Para el común de las gentes, sí. Para usted, no.

BLONDIN: Para cualquiera. La ley de la Naturaleza...
CARLO: ¿Qué tiene que ver? ¿Acaso no vuelan los pájaros?
BLONDIN: Vuelan. No caminan sobre el aire.
CARLO: ¡Es lo mismo! Los pájaros están hechos para volar y vuelan. Los hombres para caminar, y caminan. Porque no tienen alas. No va a querer que le salgan alas, ¿no? No. Eso sería mucho pedir. Pero caminar sobre el aire, usted sí puede. Si quiere.
BLONDIN: Estás completamente loco, hijito. Lo supe el momento que te vi... ¿Cuántos años tienes?
CARLO: Voy a cumplir veintiuno.
BLONDIN: Quince.
CARLO: Dieciocho.
BLONDIN: ¿Cumplidos?
CARLO: Sí.
BLONDIN: ¿Quieres ser un equilibrista?
CARLO: No. Yo soy científico.
BLONDIN (sin ninguna burla): Sí. Se te nota.
CARLO (un poquito de orgullo): Por eso le digo que si usted no trata de cruzar el Niágara sin alambre, es porque no quiere. No quiere o no me cree lo que le digo.
BLONDIN: Perdón pero no te creo. A la ley de la gravedad no hay vuelta que darle.
CARLO: Toda ley tiene una excepción que la confirma.
BLONDIN: ¿Y por qué he de ser yo la excepción?
CARLO: ¿Y no es el único que ha hecho equilibrio sobre el Niágara? ¿Cruzando catorce veces? Eso es lo más excepcional que hay.
BLONDIN: Pero soy de carne y hueso y no tengo alas ni me van a crecer; peso setenta kilos y si no está el alambre debajo me caigo al río sin remedio, aunque entrene mil años, con o sin tu método. De modo que...
CARLO: ¿No quiere intentarlo?
BLONDIN: No.
CARLO: Muy bien. Me parece normal. Es decir, no esperaba convencerlo. Era una idea no más, una idea factible. Pero me pareció, cuando lo vi, que más le interesaba el... otras cosas, y no convertirse un día en pájaro, en más que pájaro.
BLONDIN: Así es.
CARLO (resignado): En fin... Por lo menos... Mire, le pido una cosa. Por lo menos deje ya de hacer trucos publicitarios. Deje de freírse y comerse omelettes. Haga algo que verdaderamente... (Tiempo.) Usted sabe a lo que me refiero. Todo el mundo lo

aplaudirá igual. Le pagarán igual, no saben nada. Pero no habrá ningún truco barato. Y usted estará más contento. (BLONDIN *lo mira fijamente.* CARLO *habla con total sencillez.*) Cosas que a usted mismo lo hagan asombrarse y preguntarse después: ¿cómo lo hice?, ¿cómo pude? Esas son las cosas que valen la pena. Lo demás es pura farsa.

BLONDIN: Muy bien. Acepto tu consejo.

CARLO: ¿Se queda con el libro de todos modos?

BLONDIN: Sí. ¿Puedo?

CARLO: Claro. (*Tiempo.*) Muy bien. Muchas gracias por la conversación. Me alegro de que por lo menos a usted solito ya se le hubiera ocurrido mi idea. (*Pausa.*) Por loca que le parezca. (*Tiempo.*) Adiós. (*Da media vuelta y sale rápida y tranquilamente. Cierra la puerta detrás suyo, sin estruendo ninguno.* BLONDIN *se queda sonriendo, mirando la puerta un corto momento. Luego mueve la cabeza. Oscuro.*)

Escena Tres

(*El mismo escenario. Dos días más tarde.* BLONDIN *sentado ante un pequeño escritorio. Está leyendo detenidamente el libro que le trajo* CARLO. *Hay una botella de licor y dos vasos preparados sobre el escritorio. Pasa un corto momento y se oye un toque seguro a la puerta.* BLONDIN *de pie.* CARLO *entra.*)

CARLO: ¿Cómo dio conmigo?

BLONDIN: Pasa, siéntate. Aquí, mira. (BLONDIN *se sienta. Están frente a frente.*)

CARLO: ¿Cómo me encontró?

BLONDIN: Muy fácil. Miré en los avisos del periódico. En «Científicos». Ahí estaba tu nombre: Carlo Nada Más.

CARLO: Hablemos en serio...

BLONDIN: En serio: me pasé todo ayer y hoy buscándote y preguntando. Al final te identificaron. «El chico que está escribiendo el libro sobre Blondin», me dijeron.

CARLO (*furioso*): ¿Quién le dijo eso?

BLONDIN: ¿Por qué?

CARLO: ¡Es una mentira!...

BLONDIN: Bueno, así me dijeron...

CARLO: ¡Es una burda mentira! A mí usted me interesa como *hobby*... es decir, me interesa pero no como para escribir un libro.

BLONDIN: Algo es algo...

CARLO: Me interesa el equilibrismo desde un punto de vista científico. Me interesa la posibilidad de que el hombre pueda volar, como le interesaría a cualquiera. Pero usted, como persona...

BLONDIN: Te tengo sin cuidado.

CARLO: Usted lo ha dicho...

BLONDIN: Mejor. (*Un tiempo.*)

CARLO: ¿Para qué me buscó?

BLONDIN: Quiero hacerte una propuesta.

CARLO: ¿De qué tipo?

31

BLONDIN: Profesional.
CARLO: Hágala usted.
BLONDIN: Tienes que pensarlo muy bien.
CARLO: No se preocupe.
BLONDIN: Es muy peligroso.
CARLO: Entiendo. Usted quiere que pasemos juntos sobre el Niágara. Y yo trepado a su espalda.
BLONDIN (*un tiempo*): ¿Cómo lo sabías?
CARLO: Es lógico.
BLONDIN: ¿Por qué?
CARLO: No sé. Se me ocurrió en este instante. Pura casualidad.
BLONDIN: Pensé que te parecería...
CARLO: ¿Inaudito? De ninguna manera.
BLONDIN: Entiendo. Te parece lógico.
CARLO: Por supuesto.
BLONDIN: Entonces, ¿te animas?
CARLO: Estoy animado.
BLONDIN: ¿Seguro?
CARLO: Más que usted.
BLONDIN: Muy bien. Entonces vamos a...
CARLO: ¿Dos pértigas o sólo una para usted?
BLONDIN: Sólo una pértiga. (*Silencio.*)
CARLO: Mejor sería dos...
BLONDIN: ¿Cada uno con su propio equilibrio? (*Pausa.*)
CARLO: ¿Usted tiene familia?
BLONDIN: No.
CARLO: Yo tampoco.
BLONDIN: ¿Eres huérfano?
CARLO: Casi. (*Pausa.*)
BLONDIN: Hay que entrenarse mucho.
CARLO: Una pértiga para cada uno. Ser peso muerto no me convence.
BLONDIN: Pero eso sería...
CARLO: Yo sé lo que le digo.
BLONDIN: ¿Qué es lo que sabes?
CARLO: ¿Usted tiene mujer?
BLONDIN: Mujeres.
CARLO: ¿Nada especial?
BLONDIN: No. Ahora ya no.
CARLO: Yo tampoco. (*Silencio.*)
BLONDIN: ¿Sabes a qué velocidad corre el río?
CARLO: Treinta y cinco kilómetros por hora.

BLONDIN: ¿Y la altura?

CARLO: Cincuenta metros sobre el río. Cuarenta y ocho metros, para ser exacto, a la mitad.

BLONDIN: Descontado el pandeo del cable.

CARLO: Así es. (*Pausa.*)

BLONDIN: ¿Cuántos años tienes?

CARLO: Dieciocho.

BLONDIN: ¿Y no tienes chica?

CARLO: Tenía.

BLONDIN: ¿Qué pasó? (*Tiempo.*)

CARLO: ¿Para cuándo tiene pensado el cruce?

BLONDIN: No sé. En el verano. Cuando estemos bien seguros.

CARLO: Habría que entrenarse mucho. Para funcionar como un solo hombre.

BLONDIN: Sí. (*Pausa.*)

CARLO: Adivinar cada movimiento, la contracción de cada músculo. (*Tiempo.*) Adivinar el momento de la caída, por si acaso.

BLONDIN: Sí.

CARLO: Adivinar los pensamientos, cada pausa, cada balance. Cada golpe de viento. (*Pausa.*) Tenía chica, pero se fue con otro... el otro tenía plata.

BLONDIN: Volvería para verte cruzar conmigo.

CARLO: No. Era una imbécil. Sólo le interesan los vestidos, las joyas.

BLONDIN: Vendría igual. Todo el mundo viene. Tú lo has visto.

CARLO: Esa no me interesa.

BLONDIN: ¿Qué te interesa?

CARLO: La ciencia. (*Pausa. Sin ser solemne*): Usted se da perfecta cuenta de su responsabilidad, me imagino.

BLONDIN: Sí.

CARLO (*igual*): Y a pesar de eso se atreve a proponérmelo. Se atreve a tomar mi vida en sus manos. En sus piernas, es decir. ¿Lo ha pensado bien usted?

BLONDIN: Por supuesto.

CARLO: También debe darse cuenta que yo puedo fallarle. Un movimiento en falso mío y nos vamos los dos al agua.

BLONDIN: Sí, lo había pensado.

CARLO: Lo tiene todo calculadísimo.

BLONDIN: Sí. (*Silencio. Se miran. Todo el siguiente diálogo es lento. Los dos piensan intensamente en el cruce, mirándose a los ojos.*)

CARLO: Pero es una locura, ¿no?

BLONDIN: Sí. (*Tiempo.*) Por supuesto. (*Silencio.*)

CARLO: ¿Por qué me lo propuso? ¿Cuándo se le ocurrió?

BLONDIN: Ayer. Tú me reprochaste lo de... (*No continúa. Se miran.*)

CARLO (*después de una pausa*): Bueno, en fin. (*Tiempo. Sonriendo.*) No es lo mismo que comerse una *omelette*, ¿no?

BLONDIN (*sonríe*): No. Es un poco distinto.

CARLO (*bromeando suavemente*): Quizás al medio... me provoque irme cantando por el aire... Sería una lástima. Usted tendría que terminar el viaje solo. Muerto de envidia.

BLONDIN: Me prendería de tus piernas. No me gusta quedarme solo en la mitad.

CARLO: Ha estado cruzando solito la vida entera.

BLONDIN: Ya lo sé.

CARLO: Dígame una cosa. ¿Cómo se le ocurrió cruzar el Niágara.

BLONDIN: Soy equilibrista desde los cinco años. Aburre hacer lo mismo toda la vida. Y la gente quiere verte cruzar algo cada vez más alto. Cada vez más peligroso. Poco a poco, ni lo notas, te acostumbras... llega un momento en que no te da miedo ninguna altura.

CARLO: ¿Usted nunca tiene miedo?

BLONDIN: Y si pusieran un alambre... si se pudiera colgar un alambre entre la luna y el sol, lo cruzaría igual, sin pensarlo dos veces.

CARLO: Y sin mirar para abajo...

BLONDIN: Así es.

CARLO (*sonriendo*): Un alambre entre la luna y el sol. No es mala idea, pero habría que llegar al sol caminando primero con un buen rollo de alambre bajo el brazo.

BLONDIN: A Ícaro no le fue tan bien que digamos.

CARLO: ¿Ícaro? Un idiota. Se vino abajo por no estudiar la teoría. Cualquiera se da cuenta de que el sol derrite la cera. ¡Y con alas! Una estupidez. La cosa es irse caminando. Y es tan fácil.

BLONDIN: Como quien vuela, claro.

CARLO: Pero por lo pronto lo del Niágara. Saber cómo es allí al medio, ¿no es cierto? Debe ser increíble.

BLONDIN (*interrumpe*): Carlo, eres un niño.

CARLO: Debe uno sentirse como para que ya nunca más...

BLONDIN: Mira, podemos morir los dos.

CARLO: Más seguro que muera yo, en todo caso. Un paso en

falso de usted y yo salgo disparado. Usted siempre se puede prender del alambre... con suerte.

BLONDIN: Por eso. No crees que...

CARLO: Hacerme adiós con la mano, volverse a trepar y seguir su camino.

BLONDIN: Bueno, tan fácil no sería...

CARLO: Salvo que yo me prenda de usted, para caer juntos.

BLONDIN: Cierto...

CARLO: Quizás por miedo... quizás por compañerismo.

BLONDIN: Muchas gracias. (*Tiempo.*)

CARLO: Le prometo caerme solo...

BLONDIN: ¿Lo garantizas?

CARLO: No desconfíe. Se lo aseguro. Será muy fácil cruzar.

BLONDIN: Mira, ¿tú has hecho equilibrio alguna vez?

CARLO: No. Pero en realidad el único problema es encontrar un método para el entrenamiento. Estudiar el asunto con cuidado. Con un buen método, y paciencia y constancia, no habría peligro ni dificultad. Ni más ni menos que si usted cruzara solo una vez más. Sería un paseo lindísimo.

BLONDIN: Eres un loco rematado.

CARLO: Usted no tiene fe en la ciencia, eso es lo que pasa.

BLONDIN: Llevo cuarenta años haciendo equilibrio y todavía no me parece un paseo. A veces sí, por momentos sí, ya te he contado. Pero casi siempre es trabajo, y sudor de manos y preguntarse si no será la última vez. Por lo demás...

CARLO: Eso será para usted.

BLONDIN: Es muy saludable tener un poco de sudor de manos.

CARLO: Para usted, que de pura costumbre en una de esas se olvida dónde está. Pero yo no, yo iré muy atento, muy atento... de pura novelería, nada más, por supuesto, porque ¿miedo?

BLONDIN: Oye, mira...

CARLO: ¡No!... Si logro encontrar el entrenamiento apropiado, no habrá ningún problema ni, menos, miedo. Todo es cuestión del método.

BLONDIN: El único método es la práctica. Hay un par de principios básicos, pero lo demás es práctica. Perderle el miedo a la altura. Conocer cómo se deja resbalar el viento, o se apoya uno en él cuando le conviene. Lograr un buen ritmo con las piernas; aprender a no detenerse; al comienzo detenerse es fatal. Después ya es fácil. ¿Tú sabes algo de eso? Se aprende sobre el alambre. Lo aprendes de mí. Yo te lo enseño.

CARLO: Por supuesto. Pero eso no puede ser todo. Hay la

ciencia y hay la experiencia. El método para entrenarse y la práctica sobre el alambre. Yo respeto la práctica; pero tampoco soy un empírico, ¿me entiende? Yo tengo confianza en el método que encontraremos para funcionar como un solo hombre. Y tengo confianza en usted, equilibrista desde los cinco años. ¿Qué mejor? Es un hecho. ¡Cruzamos juntos!

BLONDIN: Cruzamos juntos, y a la mitad te vas caminando por el aire, ¿no?

CARLO: ¡No! Para la otra hay que entrenarse mucho... de otra forma.

BLONDIN: Pero, con tu método resulta fácil, ¿no es cierto?

CARLO: No tenga miedo. ¿Cómo se le ocurre? Usted sí podría caminar por el vacío, yo no. Yo ni siquiera soy equilibrista.

BLONDIN: Lo que sí eres es un muchachito medio loco.

CARLO: Eso cree usted.

BLONDIN: Sí.

CARLO: ¿En serio?

BLONDIN: Sí, pues...

CARLO: ¿Por qué me lo propuso entonces?

BLONDIN: No sé. Porque eres liviano, quizás.

CARLO: ¿Nada más? (*Pausa.*)

BLONDIN: Carlo, Carlo, eres un niño. (*Pausa.*) Uno no puede responsabilizarse tanto por nadie. Tú no tienes por que tenerme esa confianza tampoco. Sin querer yo puedo...

CARLO: Usted es Blondin.

BLONDIN: Sí, pero no estoy seguro de que sea factible, siquiera. En un circo, sí, se ha hecho. Pero sobre el Niágara hay viento, tú lo sabes, muchísimo viento. Puede pasar cualquier cosa.

CARLO: Con mi método, no. Lo tendremos todo estudiado. Ningún problema. Déjeme que le explique...

BLONDIN: ¡Con ningún método! Caminar por el aire es posible. Cruzar con un hombre a cuestas como quien canta en el baño también... todo es posible...

CARLO: Simplemente es cuestión de...

BLONDIN: De ser suicida. No, Carlo, no, de ninguna manera. Yo no me puedo responsabilizar. Y tú no debes tenerle esa confianza a nadie. ¡Olvídalo! No hablemos más del asunto. Es absurdo.

CARLO: Sí. Yo tampoco quiero responsabilizarme por supuesto. Usted podría morir por mi culpa.

BLONDIN: De acuerdo. Olvídate.

CARLO: Olvídese... si puede. (*Pausa larga.*)

BLONDIN: Cuéntame más de esa muchacha.

CARLO: Dígame... usted soltó una cosa el otro día. Que le gustaría deberle la vida a alguien. A cualquiera.

BLONDIN: Sí.

CARLO: Dijo que sería emocionante.

BLONDIN: Sí.

CARLO: ¿Por qué?

BLONDIN: No sé. Lo dije sin pensar. (*Tiempo.*)

CARLO: ¿De verdad comenzó a ser equilibrista a los cinco años?

BLONDIN: Sí. En mi tierra. En Francia. En un circo.

CARLO: ¿Sus padres eran equilibristas?

BLONDIN: Sí... es decir, mis padres adoptivos.

CARLO: ¿Y sus padres verdaderos?

BLONDIN: Me abandonaron a los cuatro meses. (*Lentamente, como pensando más en otra cosa.*) Se fueron al pueblo una noche y el circo siguió camino. Me encontraron los guardianes, llorando solito a moco tendido. El director del circo pensó que nos darían el alcance, que volverían por mí. Yo pasé a integrar el carro de los equilibristas. Tuve muchos padres postizos, año tras año; ya ni me acuerdo cuántos.

CARLO: ¿Y sus padres verdaderos?

BLONDIN: No volvieron más. Así fue. No lo puedo entender. A los cinco años ya era famoso y mi retrato estaba en todos los periódicos de Francia. Podían haberme reconocido y volver corriendo a reclamar sus derechos de autor, por lo menos, ¿no te parece?

CARLO: Claro.

BLONDIN: Ya deben haber muerto. (*Tiempo.*) Me entrenaban los equilibristas de mi carro. Era parte de su contrato. Por lo general parejas con mucha prole. Pero yo era propiedad del circo. Un matrimonio sin hijos trató de adoptarme, llevarme consigo. El director —que estaba ganando millones— no quiso. Es natural. A los doce años ya era una mina de oro.

CARLO: Muy interesante. (*Pausa. Es siempre lento el diálogo.*)

BLONDIN: ¿Y tú?

CARLO: ¿Qué quiere que le cuente?

BLONDIN: ¿Tus padres?

CARLO: Mi padre murió. Mi madre se casó con otro. Yo vivo solo.

BLONDIN: ¿Te escapaste de tu casa?

CARLO: No. Me pusieron un departamento cuando cumplí los dieciocho. Para que me hiciera hombre, dijeron.

BLONDIN: ¿Y antes?

CARLO: Interno en un colegio.

BLONDIN: ¿Estás contento viviendo solo?

CARLO: Claro. Me pasan una pensión.

BLONDIN: ¿Cuánto pesas?

CARLO: Cuarenta y nueve kilos. Sin ropa.

BLONDIN: Ajá. (*Y luego argumentándole, como si* CARLO *le diera:* «*Por qué me lo pregunta*»): ¡No! Por nada, por nada...

CARLO: Mire usted, Blondin. Si quiere, cruzamos.

BLONDIN: Te dije que te olvidaras del asunto.

CARLO: ¿Y me pregunta cuánto peso? Usted no se puede olvidar ni yo tampoco. ¿Cuánto le pidió el último candidato? ¿Cincuenta por ciento?

BLONDIN: No se lo había propuesto a nadie. Se me ocurrió recién ayer, ya te dije.

CARLO: Y todo el dinero del mundo no quitaría el terror tampoco. Hay que desear hacerlo para ir tranquilo. Yo lo deseo. Y se lo hago gratis, mire.

BLONDIN: ¿Por qué lo deseas?

CARLO: No sé todavía. Quizás por ver si es posible. Porque tampoco puede usted disfrazar de hombre a un saco de papas, ¿no es cierto?

BLONDIN: No.

CARLO: Claro que no. El equilibrio tienen que hacerlo los dos. Juntos. Como una sola persona feliz. (*Tiempo.*) Yo estoy dispuesto a entrenarme todo lo que haga falta y a soltarme en caso de caída. No le queda más remedio que ir conmigo o con alguien como yo. O desistir de una gran idea.

BLONDIN (*sincero*): No hablemos más del asunto. Ya he desistido.

CARLO: Así, ¿no?

BLONDIN (*en serio*): Sí.

CARLO (*después de una pausa pensativa*): Nosotros nos comprendemos. Eso es muy importante. Lo que pasa es que en el fondo usted cree...

BLONDIN: No creo nada. Lo he pensado y ya no me interesa, eso es todo. No vas a cruzar conmigo, convéncete.

CARLO (*con énfasis*): Yo no voy a cruzar con *usted*. No, no. Mire. De lo que se trata aquí es de crear un tercer equilibrista. Ni usted ni yo cruzamos, ni los dos juntos tampoco, sino otro. Mitad y mitad de cada uno. Un tercer equilibrista, ese va a cruzar el Niágara.

BLONDIN: Carlo, mira...

CARLO (*sin oírlo*): Por eso es que necesitamos un entrenamiento de tipo completamente distinto al que usted imagina... tiene que ser mental, además de físico y técnico, para darle forma a ese tercer imbécil que arriesgará su vida por las puras. Tendrá que resultar un tipo fuerte, ¿no ve?, y bien coordinado, armónico. Sin conflictos en la personalidad además y sobre todo muy imbécil, eso es fundamental. Porque si se da cuenta de lo que está haciendo, del peligro en que nos pone a usted y a mí, a lo mejor se baja del alambre a medio camino o se tira al río de puro miedo. (*Tiempo.*) Podría llamarse Icarón.

BLONDIN: ¿Icarón?

CARLO: En honor de ese otro imbécil de las alas de cera, ¿de acuerdo? (*Tiempo.*) ¿Con el nombre, por lo menos?

BLONDIN (*riendo*): Muy bien. Icarón. Queda bautizado. (*Ríe suavemente en tiempo.* Luego): Pareces decidido.

CARLO: Solamente a entrenarnos. Después se vería. Todo depende de Icarón. Usted tiene que prometerme un par de cosas, antes de comenzar.

BLONDIN: Yo ya he desistido, no te olvides.

CARLO (*irónico*): Ah, sí, me olvidaba, me olvidaba... (*Pausa. Se miran sonriendo.*)

BLONDIN (*riéndose*): Bueno. Eres un loco. ¿Qué quieres que te prometa?

CARLO: Usted se da cuenta de que los dos no podemos. Es decir, que haría falta Icarón, sólo Icarón podría cruzar, ¿no?

BLONDIN: Sí. Eso es cierto. Muy compenetrados, no hay otra manera.

CARLO: Muy bien entonces. Primero, usted me promete que siempre aceptará mi entrenamiento para Icarón, por absurdo que le parezca a veces. Además me dará todas las instrucciones del caso sobre equilibrismo, para pasárselas yo también a Icarón, ¿me entiende? Y también, por si acaso, lo que haga falta para salvarme si quedamos colgados del alambre.

BLONDIN: Muy bien. ¿Cómo va a ser tu método?

CARLO: Todavía no lo sé. Tengo que pensarlo. (*Tiempo.*) La otra cosa.

BLONDIN: Di.

CARLO: La decisión de cruzar o no cruzar, ¿la tomo yo?

BLONDIN: Perfecto.

CARLO: ¿Yo decido si ya somos Icarón?

BLONDIN: Muy bien. Tú decides.

CARLO: ¿En serio?
CARLO: ¿Las dos condiciones?
BLONDIN: Las dos.
CARLO (*estirando la mano. En serio*): ¿Solemnemente jurado?
BLONDIN: Solemnemente jurado. (*Se dan la mano.*)
CARLO (*contento*): Muy bien. (*Se pone de pie. Simplemente*):
Comenzaremos mañana.
BLONDIN: Mañana, si gustas.
CARLO: Yo me alegro mucho. Desde los cuatro años mirando por el catalejo, y ahora... ¿Se da usted cuenta?
BLONDIN (*después de un tiempo*): Siempre habías tenido la idea.
CARLO: Sí. Desde chico. Convencido de que, rogándoselo, usted me llevaría a cuestas sobre el Niágara. Me moría de ganas. Mi padre nunca me dejó pedírselo. Yo pesaba poco, le decía. ¡Qué cara hubiera puesto ahora el pobre! No me dejaba por nada.
BLONDIN (*después de un tiempo. Comienza a disminuir lentamente la luz*): A los cuatro años, a mí me obligaron a cruzar. Llorando y pateando, y arañando al que me llevaba. (*Sonríe*): Y mojándole la espalda de puro miedo. (*Tiempo.*) A los cuatro años.
CARLO: Pero por eso es usted Blondin.
BLONDIN: Sí, y por eso tú eres un científico. Pero ya ves... (*Pausa. La luz los circunscribe.*) Quizás crucemos juntos un día. Pronto.
CARLO: Sí. (*Tiempo.*) ¿Yo decido?
BLONDIN: Tú decides. (*Oscuro. Están mirándose fijamente, casi sonriendo. Oscuro.*)

Escena Cuatro

(*Tres semanas más tarde. La escena es la misma.* BLONDIN *y* CARLO *han estado revisando* affiches, *grabados y recortes de la colección de* BLONDIN. *Los han ido sacando de un gran álbum y prendiéndolos con alfileres a las paredes. Hay una buena cantidad por todas partes, ya que han estado en eso largo rato.* CARLO *está sentado en la silla.* BLONDIN, *de pie, lee un volante para sí.*)

BLONDIN: Esto te va a gustar.

CARLO (*toca la trompeta con las manos encartuchadas sobre la boca. Una fanfarria larga y bonita*).

BLONDIN (*carraspea en broma y luego lee*): «Blondin, el equilibrista francés de fama internacional, dejará nuevamente estupefactos a sus espectadores con una proeza insospechada. Cruzará las cataratas del Niágara sobre un alambre, y al llegar a la mitad del trayecto, al peligrosísimo punto sin retorno...» (*Mira a* CARLO *y sonríe.*) Adivina... (*Tiempo. Continúa*): «... romperá, batirá, condimentará y freirá *una docena de huevos...*»

CARLO: ¡OCHO!

BLONDIN (*leyendo un poco más fuerte, con énfasis*): «ni dos, ni cuatro, *ni ocho,* sino DOCE huevos...»

CARLO: ¡OCHO! ¡Tramposo! ¡ESTAFADOR! (*Lo abuchea haciendo de multitud. Se ríe.*)

BLONDIN y CARLO (*riendo*): «... con los cuales preparará y luego comerá una *omelette* de espárragos a la francesa, ya conocida en París y el Viejo Mundo como la *Omelette* BLONDIN, proeza que le llevará 30 escalofriantes minutos detenido sobre el vacío, completamente a merced del viento y de sus músculos y espíritu.» (*Prende el recorte a la pared.*) «Nota: En caso de lluvia, esta sensacional hazaña será postergada hasta el próximo domingo, no siendo necesario devolver las entradas ya adquiridas.»

CARLO: ¡Claro! ¡Por qué! ¡Se podía perder plata!

BLONDIN: Ya sabía que te iba a gustar.

CARLO: Me hace acordar tiempos idos. Muy sentimental.

41

BLONDIN: ¡Mejor! ¡Mejor! Mira esto. Es de hace años.

CARLO (acercándose): ¿A ver?

BLONDIN (le muestra un grabado): Simpática mirada, ¿no?

CARLO: ¿Quien es ese viejo?

BLONDIN: Un holandés. El que me dio la idea del Niágara. Él cruzó volando. Pero en globo, no creas. Un loco rematado. Tenía su globo, lo inflaba con aire caliente, se iba volando. Se le ocurrió que yo pasara sobre el alambre. Hasta se entretuvo en dibujar un mapa, señalando la distancia más corta. Datos muy útiles me dio. Gran tipo. Ya murió.

CARLO: ¿Así que no fue idea original de Blondin?

BLONDIN: No. (Prende el grabado del holandés en un lugar de honor mientras CARLO busca otro recorte.)

CARLO: Mejor, porque entonces, si morimos, habrá a quien echarle la culpa. Eso siempre es agradable.

BLONDIN (se ríe): Me echas la culpa a mí. ¿Para qué ir más lejos?

CARLO: No. Yo soy el responsable. (Sigue mirando recortes.)

BLONDIN: Ten.

CARLO (tiempo): ¡Miren esto! ¡Pobrecito! (Lee): «Momentos en que Blondin, con las manos destrozadas por el cable, llega al punto inicial después de haber sufrido una caída casi a la mitad de su recorrido. Se vio imposibilitado de recuperar el equilibrio sobre el cable a causa de...»

BLONDIN: ¿De qué? Tú estuviste ahí, ¿no?

CARLO: Pero no se cayó, ¿verdad? Yo lo vi bajarse, con el catalejo.

BLONDIN: Claro que no. Son mentiras de los periódicos. Comencé de repente a bambolearme de un lado al otro. Yo había revisado todo antes de subir, pero de pronto me sentía como parado sobre una hamaca, sobre un columpio a cincuenta metros. No, no «sufrí una caída» como dice allí. Yo me bajé. Me prendí del cable, esperando irme a! fondo con todo en cualquier momento. Ya sospechaba lo del sabotaje. No podía ser otra cosa. Menos mal que la Policía ahuyentó al tipo, ese que tú viste, el patilludo, si no me cortaban el otro templador, y ahí sí... todo por las apuestas. (Tiempo.) Tuve que regresar prendido con las manos; me demoré dos horas y media, ¿te acuerdas? El cable se agitaba como un fuete, y yo hecho un mono me prendía trenzado a descansar. Me aferraba, la cabeza dándome vueltas, hasta que sentía que poco a poco se iba haciendo más y más corto el viaje del péndulo. ¡Yo era un péndulo! Al fin todo se quedaba quieto, y yo temblando, ojos cerrados, el cable junto a mi cara como un zumbido por el viento. Si hasta me parecía mojarme con la espuma del río... (*Tiempo*.) Entonces bajar despacito, poco a poco, suave para que el cable no me sienta; colgarse con las manos y avanzar lo más posible. Pero al ir cambiando el peso de brazo en brazo el cable comenzaba a sacudirse nuevamente, mecerse cada vez más hasta que ya no se podía. Si llegué a ver mis pies por encima de mi cabeza. Desesperado ajustarse otra vez al cable como fuera y el cable vuelto loco sobre el Niágara azotándose en todas direcciones. Al fin, todo se iba aquietando, poco a poco, minutos interminables, y yo ya no sabía dónde estaba el cielo, dónde estaba el agua... tanto que una vez comencé a regresar al medio del río. (*Tiempo*.) Dos horas increíbles. Aterrorizado.

CARLO: ¿Aterrorizado?

BLONDIN: Claro. Porque en ese momento, ya no era equilibrista. Y yo soy equilibrista, no hombre-mono. Sobre un cable bien templado te bailo un cancan si quieres. Pero ahí, prendido de un látigo de alfeñique, ya no dependes más que de tus brazos, y no tienes idea cuánto aguantarán. Ya no te sirve de nada tu experiencia de una vida. Te han quitado las armas, ¿entiendes? Te han cambiado las reglas del juego, y lo único que sabes es aferrarte y tener miedo. Eres de pronto un chimpancé cualquiera, colgando desesperado como cualquier otro hombre lo estaría.

CARLO: Claro. Entiendo.

BLONDIN: Como tú ayer, en el entrenamiento.

CARLO: Pero menos, ¿se fijó?, mucho menos. Es cuestión de darse cuenta de que a cincuenta metros sobre el río no es más difícil que aquí, sobre el suelo. (*Se trepa a un fierro que hay en la habitación. Es un tubo de cinco centímetros de diámetro y dos metros de largo, sostenido a unos treinta centímetros del suelo por patas a ambos extremos. Está perpendicular al proscenio.*) Todo es cuestión mental. Se lo dije al principio. (CARLO *se trepa rápida y fácilmente a los hombros de* BLONDIN.) Además, ayer me di cuenta de una cosa importante... y fíjese: creo que un poco más arriba, más cerca de su vértebra axial es mejor. Así. Mi peso se transmite directamente a su espina dorsal, ¿lo siente? Sin intermediarios musculares; y es más descansado para usted, ¿no? A mí cada vez me parece más cómodo, Blondin. (*Hace como que utiliza la cabeza de* BLONDIN *como almohada*.) Hasta podría echar una siestecita. Avíseme cuando estemos en el Canadá, ¿quiere? No pienso perderme la llegada triunfal. (*Bosteza en broma.*) BLONDIN: ¿Como un saco de papas? Cuidadito, que en una de esas...

CARLO: ¿Me caigo? Ya no, Blondin, esos tiempos pasaron. ¡Ahora caemos juntos! Es que ya le adivino los movimientos hasta dormido, va a ver usted; ya no me sorprende, haga lo que haga.

BLONDIN (*se ha quedado pensando en su relato*): Lo más emocionante, ¿sabes que fue? La llegada. Se habían quedado esperándome las dos horas y media, alentándome con gritos, con marchas de la banda, lo oía desde el cable. Me recibieron cantándome *La Marsellesa*. Sin la letra, no sabían la letra, sólo la música. Luego me enteré de algo que no puedo olvidar nunca. No habían apostado a que me caía. Un sujeto, seguramente de los que me habían cortado el templador, quiso apostar miles a que no llegaba. Nadie le paró las apuestas y lo sacaron a patadas entre todos. ¿Te das cuenta? Me conmovió muchísimo eso. Sí apostaban cuando yo era el gran Blondin, cruzando erguido sobre el cable, en plenitud; entonces sí: muchos apostaban miles de miles a que la prueba que había anunciado no la lograba... y muchos otros a que esa vez sí me caía y sí moría. (*Tiempo.*) Pero esos mismos, cuando me vieron colgado como un monito enfermo no apostaron. Y era una fija, te lo digo yo. Nueve contra uno que no llegaba. Pero no apostaron un solo centavo. (*Tiempo.*) Un muchacho me dijo: «Cómo íbamos a apostar, señor Blondin. Usted no lo sabe, pero nosotros lo estimamos mucho. Y no queremos que usted se nos caiga nunca». (*Tiempo.*) Y me pidió un autógrafo además. Con la fecha. (*Tiempo.*) Parece que cuando ves a un tipo a punto de morir, no apuestas a la muerte. En todo caso, apuestas a que vive, aunque estés seguro de perder. Es lógico, si lo piensas... pero esas cosas te emocionan... como hay tantas otras cosas lógicas que casi nunca suceden.

CARLO: ¿Como por ejemplo?

BLONDIN: Muchas cosas. Tirarse al mar a salvar a un ahogado. ¿Tú lo has visto alguna vez? (*Silencio.* CARLO *ha escuchado con atención.*)

CARLO: Bueno. (*Tiempo.*) Blondin. (*Tiempo.*) Arrancamos, ¿ya? Sin distraerse. Y hágalo un poco más difícil, para ver. Sobre todo el balance hacia atrás, con esta nueva posición, cómo resulta.

BLONDIN: Veremos. (*Toma la pértiga, se acerca al tubo.* CARLO *va tocando la trompeta, otra fanfarria.* La pértiga, *que es naturalmente larguísma, puede sobresalir entre cajas, y podrá quizás ser sostenida por un auxiliar de escena a cada lado, dandole así completa estabilidad sobre el tubo al actor que hace* BLONDIN.)

CARLO (*en anunciador público*): Y hoy, como habíamos programado, se presenta ante ustedes la pareja de equilibristas más temeraria del mundo. El Gran Blondin y El Pequeño Prodigio.

BLONDIN: Oye, así me llamaba yo. (*Se oye una sirena a lo lejos, que no se acerca, y un suave murmullo de gente en la calle.*)

CARLO: ¿Cómo?

BLONDIN: A los cinco años me anunciaban como El Pequeño Prodigio.

CARLO: Mejor, mejor. (*Hace de anunciador.*) El Gran Blondin y El Pequeño Prodigio cruzarán juntos las cataratas del Niágara. Sí, como lo oyen, para el asombro, el pánico, la estupefacción y la envidia de todos los presentes, cruzará Carlo sobre los hombros de Blondin. (*Tiempo.*) ¡Aplausos! (*Aplaude.*) ¡Bravo! (*Hace un rugido de multitud.*) Marchas militares. (*Comienza a cantar.* BLONDIN, *sonriendo, canta tambien al subir sobre el tubo.*) Ya estamos en equilibrio sobre el cable. El Gran Blondin tantea con los pies, verificando la tensión. Nadie se atreve a respirar. Carlo, seguro de sí mismo, mira a la multitud y agita alegremente la mano, reconociendo a sus innumerables amigos y familiares. (*Va haciendo el mimo de todo lo que dice.*)

BLONDIN: ¡Ah, no, no, no, mentira, mentira!

CARLO: ¡Y partieron! Blondin avanza con paso seguro. (*En su propia voz.*) Sí, Blondin, porque le adivino cada pestañeo, mi gran Blondin. (BLONDIN *se está moviendo a uno y otro lado, entrenándolo.*) Esta posición es estupenda, muy superior, es la definitiva, ¿no le parece?

BLONDIN: Sí.

CARLO (*en anunciador*): Ya están a la mitad, el cable tiene 330 metros de largo. Casi no se los ve. Pero... (*Pausa dramática.*) ¡Ambos están posados en el aire! ¡Vuelan sobre los furiosos rápidos! ¡Sí, se van río arriba! ¡Es increíble, señoras y señores, Blondin y Carlo se han salido del alambre y se van caminando por el vacío! Pero aquí regresan, regresan, retoman el alambre... ¿Habremos visto mal? ¿Será cierto que se fueron de paseo por el cielo? Ya casi no se los ve, están llegando al Canadá. (*A* BLONDIN): Blondin, ¿no oye la música? (*Comienza a cantar una marcha.* BLONDIN *canta también. Rugido de multitud.*) Los vítores: ¡Viva Carlo! ¡Viva El Pequeño Prodigio! (*En esta y en todas las partes similares el actor puede improvisar.*) ¡Las marchas militares ensordecen! (*Canta y* BLONDIN *también.*) ¡Viva Carlo! ¡Viva Blondin! ¡Viva El Pequeño Prodigio! (*Etc. y sigue cantando.*) (BLONDIN *y* CARLO *dan vivas y cantan muy fuerte. Se ha ido oyendo cada vez más cerca la sirena, a la que inconscientemente tratan de ahogar con sus gritos y canciones. También se han ido oyendo cada vez más los murmullos y gritos excitados de curiosos y vecinos en la calle. De pronto se distingue claramente un grito que se ha venido escuchando entre la sirena y las canciones.*)

WILLIS (*fuera de escena*): ¡Señor Blondin! ¡Señor Blondin! (*Es un grito desesperado, lanzado por enésima vez.* BLONDIN *y* CARLO *se detienen, se callan, y oyen claramente por primera vez la sirena y el grito.*) ¡Señor Blondin! ¡Señor Blondin! (*Tiempo.* BLONDIN *deja caer la pértiga y se acerca rápidamente a la ventana con* CARLO *a cuestas.*)

BLONDIN y CARLO (*juntos*): ¡Qué pasa!

WILLIS (*fuera de escena, muy impaciente*): ¡Señor Blondin! ¿No ve usted? ¡Señor Blondin! ¿NO SE DA CUENTA? ¡En qué está pensando! (*Hay mucho ruido de gente y otras sirenas de bomberos a lo lejos. A gritos*): ¡Se está incendiando mi tienda! ¡Mi panadería, señor Blondin! ¡Bajen! ¡Rápido! ¡Salgan! ¡Van a estallar los balones de petróleo! ¡Bajen! ¡BAJEN! (*A gritos, con rabia, imperiosamente*): ¡Salga de ahí, señor Blondin! ¡No sea tan loco! ¡Esto no es el Niágara! ¡Baje usted ya...! (BLONDIN *y* CARLO *se demoran todavía un instante a la ventana, pero luego se mueven rápidamente, y con muchísima coordinación, por todo el dormitorio,* CARLO *siempre sobre los hombros de* BLONDIN.)

BLONDIN: Caray, pobre Willis. Nos quedamos sin panadería.

CARLO: Esto vuela de un momento a otro. Hay que apurarse. (*Van recogiendo affiches y grabados de las paredes cada uno a su nivel.*)

CARLO: ¡Cretinos! Distraernos así, no oir nada.

BLONDIN: Pobre Willis, caray.

CARLO: Con tremenda sirena. ¡Qué estupidez!

BLONDIN: Un buen cuartito era éste.

CARLO: Ya falta poco.

BLONDIN: ¿Para que vuele?

CARLO: Para todo.

BLONDIN: Pobre Willis. ¡Caray! (*Van a la cama de* BLONDIN, BLONDIN *le pasa el álbum a* CARLO *y va recogiendo recortes y grabados mientras* CARLO *los acomoda en el álbum.*) Los cinco años.

Ocho años. Ni sé cuántos. Catorce. Toma. Cartas. (*Escoge algunas, las otras las va dejando caer.*) Ana. Gloria. Cecilia. Ten. CARLO (*acomoda y le pasa el álbum a* BLONDIN. *Recoge recortes de las paredes*): Bruselas. Nueva York. París. Atenas. Niágara. Tenga. Londres. San Petersburgo. Moscú. ¿Moscú? ¿Estuvo en Moscú?

BLONDIN (*urgentemente pero para sí*): Esto vuela de un momento a otro. No te distraigas.

CARLO: Cuénteme. (*Le pasa los recortes.*) ¿Cómo es Moscú?

BLONDIN (*sin pensar*): Muy lindo. Muy grande. Hablan ruso. (*Van al ropero y sacan rápidamente vestidos de equilibrista que van metiendo en una maleta pequeña.*)

CARLO: ¡No me diga!

BLONDIN (*sin pensar*): ¡Sí, te lo juro!

CARLO (*pasándole los vestidos que va descolgando*): ¿Cuál se puso en Moscú? ¿Éste?

BLONDIN: No, éste no.

CARLO: ¿Éste?

BLONDIN: No.

CARLO: ¿Éste?

BLONDIN: Éste sí, éste.

CARLO: Lindo, muy lindo. Ya explosiona.

BLONDIN: No tengas miedo.

CARLO: No tengo. No mucho. (*Siguen guardando. Se oyen los ruidos de fuera. De pronto* CARLO *grita*): ¡Blondin!

BLONDIN: ¡Qué pasa! ¡Apúrate muchacho!

CARLO (*se ha detenido. Sonríe*): ¡¡ICARÓN!

BLONDIN: ¡Vamos! No te distraigas.

CARLO (*sigue ayudando rápidamente*): ¡No! ¡Mire! Blondin, ¿se da usted cuenta? No me he bajado.

BLONDIN: No, claro que no.

CARLO: ¿Por qué no me he bajado?

BLONDIN: Por loco.

CARLO (*sin dejar nunca ambos de guardar cosas con mucha urgencia*): Usted no se da cuenta de nada. ¡Es porque ya está listo el tipo!

BLONDIN: ¿Qué tipo?

CARLO: ¡Icarón! ¡El equilibrista injerto de usted y yo! ¡Icarón!

BLONDIN: Esto revienta ahorita, ahorita.

CARLO: Muy bien, pero ya está listo, ¿no ve?

BLONDIN: Sí. Ya me di cuenta. Después hablamos. (*Tose.*)

CARLO: ¿No se alegró usted?

BLONDIN: ¡Sí! ¡Icarón! ¡Al fin! (*De pronto se apaga la luz. Solamente los ilumina el resplandor amarillo del fuego. Ojo, luminotécnico, que la luz del fuego no es de ningún modo roja, sino amarilla o anaranjada.*)

CARLO: ¿No se pone usted contento? ¿No le parece maravilloso?

BLONDIN: Sí. Sí.

CARLO: No me bajé, ¿se da usted cuenta? Ni usted me lo pidió tampoco. Hicimos todo juntos sin pensar. Ya está listo Icarón. (*Tose.*) Ya podemos cruzar.

BLONDIN (*mientras siguen guardando cosas*): Si es que no volamos ahorita con todo.

CARLO: ¡No sea pesimista! ¡Cruzamos mañana si quiere!

BOMBERO (*a gritos*): La escalera está en llamas! ¡No pueden bajar por adentro! ¡Por la ventana! ¡Rápido! ¡Tírense a la lona! ¡Tírense!

BLONDIN: ¡Esto ya explosiona!

CARLO: ¡Cruzamos mañana!

BLONDIN (*se acerca, a la ventana con* CARLO *a cuestas. Lleva una maleta, un maletín y el álbum, además del libro que le trajo* CARLO, *el libro de gimnasia*): ¡Carlo, eres un loco! ¡Soy un loco! ¡Me lanzo al cable con un muchacho loco! (*Pasa los pies a la cornisa sentándose sobre el alféizar. Se pone de pie con* CARLO *siempre a cuestas.*)

CARLO (*a gritos*): ¡Ni usted ni yo! ¡Icarón! (*Van arrojando con las siguientes frases los bultos que llevan, menos el álbum y el libro*): ¡Icarón cruzará el Niágara mañana! (*Tiempo.*) ¡Icarón es el loco! ¡Aquí lo tienen! ¡Icarón es un loco de remate! (*Y saltan a la lona juntos. Un instante más, y luego crece el ruido del fuego y la sirena. Hay una sorda explosión. Crece aún más el ruido del fuego hasta hacerse casi insoportable. Un momento en ese nivel y luego comienza a desaparecer muy lentamente. Lo va reemplazando el ruido sordo, profundo y constante de la inconmensurable catarata.*)

Escena Cinco

(*Se oye el rugido constante de la catarata muy a lo lejos y desde
abajo, si es posible. Luz sobre la cámara negra.* CARLO, *parado al
filo del escenario, mirando hacia abajo. Entra* BLONDIN *por foro,
como buscándolo. Lo ubica y luego se acerca lentamente.* CARLO
siente su presencia.)

CARLO: Por aquí parece más profundo.

BLONDIN: Son los mismos cincuenta metros. (*Pausa.*)

CARLO: Mañana habrá sol. Podremos cruzar.

BLONDIN: Parece que sí. (*Pausa. Durante todo este diálogo
ambos tratan de no mostrar la mas mínima emoción. Hablan seca
y lentamente, sin mirarse nunca.*)

CARLO: Blondin. (*Tiempo.*) Blondin... dígame una cosa, Blondin.
¿Usted por qué cruza el Niágara?

BLONDIN: Porque me gusta.

CARLO (*después de un tiempo*): Y no tiene miedo.

BLONDIN: No. (*Tiempo.*)

CARLO: Nunca.

BLONDIN: No. (*Silencio.*)

CARLO: ¿Cómo es... cuando no hay nada más que aire por
todos lados... y por abajo sólo un cable que es de... (*hace un
gesto con los dedos*) dos pulgadas de ancho...? (*Tiempo.*) ¿Cómo
es eso?

BLONDIN: Lindo. Es lindo.

CARLO (*después de una pausa*): Blondin. ¿Nos hemos entrenado
bien?

BLONDIN: Sí.

CARLO: ¿Qué se hace si quedamos colgados?

BLONDIN: Está ensayado. Te trepas otra vez sobre mis hombros.

CARLO: Y usted sigue y llegamos, ¿no?

BLONDIN: Por supuesto. (*Silencio.*)

CARLO: Blondin. Cuénteme otra vez. Explíqueme de nuevo.

BLONDIN: Lo que quieras. (*Pausa.*)

CARLO (*lentamente*): ¿Qué hago si me quedo solo?

BLONDIN: Te montas sobre el cable. Relajas las piernas, que te sirven de pértiga, y te empujas poco a poco. Media hora y estás en el Canadá. Lo hemos ensayado.

CARLO: Y usted, Blondin... (*Tiempo.*) ¿Y usted?

BLONDIN: Te olvidas de mí. (*Pausa.*)

CARLO: ¿Si caemos los dos? ¿Qué pasa?

BLONDIN: ¿Qué pasa?

CARLO: Al caer... (*Tiempo.*) ¿Cómo es al caer?

BLONDIN: No sé. (*Tiempo.*)

CARLO: ¿Dura mucho?

BLONDIN: Sí.

CARLO: Y el viento... (*Hace un gesto pequeño e indefinido.*)

BLONDIN: Sí.

CARLO (*después de una pausa*): ¿El agua es fría?

BLONDIN: Seguro.

CARLO: El río corre a treinta y cinco kilómetros por hora.

BLONDIN: Así es. (*Pausa.*)

CARLO: Usted ha cruzado el Niágara catorce veces. Mañana serán quince. Serán quince. Yo los he visto todos por el catalejo. Usted nunca ha fallado. Un día le cortaron un templador. Todas las otras veces, sin un solo tropiezo. Cada cruce una prueba más difícil y más difícil. Usted es el mejor equilibrista del mundo. Usted nunca caerá al abismo.

BLONDIN: Nunca.

CARLO: Porque usted es el mejor equilibrista del mundo, ¿no es así? Dígalo usted si no.

BLONDIN: Sí.

CARLO: Pero dígalo usted.

BLONDIN: Soy el mejor equilibrista del mundo. Y nunca caeré al vacío.

CARLO: Eso es cierto. (*Pausa.*) Además, Blondin... óigame: además usted puede caminar por el aire. Usted podría. Mañana incluso, aunque no esté muy entrenado. Un poquito por lo menos sí podría. En caso de un contratiempo, usted simplemente se sale del alambre y me pone otra vez sobre sus hombros y nos vamos caminando por el aire. ¿No es cierto? Claro... Claro, así estamos seguros. No hay ningún problema.

BLONDIN: No, Carlo. No es así. Si nos resbalamos con mala suerte, no hay remedio. Yo no puedo caminar en el vacío. Las cosas son como son.

CARLO: Se lo dije. Le dije que debería entrenarse. Para estar más seguros. Usted no me hizo caso, y yo tenía un plan completo.

BLONDIN: No, Carlo, no... (*Tiempo*.) Mañana sobre el cable depende de ti y de mí, nosotros...
CARLO: ¡No, no! Icarón.
BLONDIN: ¿Como?
CARLO: Ni usted ni yo. Icarón. Él va a cruzar.
BLONDIN: Verdad.
CARLO: Ese tipo es un imbécil.
BLONDIN: ¿Por qué?
CARLO: ¿No le parece a usted una estupidez lo que va a hacer?
BLONDIN: Sí, en cierto modo. Pero se gana plata.
CARLO: ¡Plata! ¡No diga esas cosas, Blondin! ¡Cómo le va a interesar la plata!
BLONDIN: Ya se ha vendido cuatro mil dólares...
CARLO: ¿Y qué va a hacer Icarón con tantos billetes? ¿Engomarlos juntos y fabricarse un par de alas de papel? (*Tiempo*.) ¿A ver si amortiguan la caída? No. Icarón no cruza por la plata. Es por otra cosa.
BLONDIN: ¿Por qué?
CARLO: ¿Por qué cruza Icarón? Pregúnteselo a él. Yo no tengo idea.
BLONDIN: ¿Por qué crees tú?
CARLO: ¡Yo que sé!
BLONDIN: Adivina... cualquier cosa.
CARLO: Bueno... por decir algo... yo diría que Icarón, aparte de ser un imbécil rematado, y eso es bien importante... cruza por hacer algo que nadie ha hecho nunca. Eso es parte, supongo. Además... además cruza porque para eso nació, por supuesto. Además cruza por ver algo que sólo usted ha visto: el vacío completo, perfecto. (*Tiempo*.) Y debe ser muy bello estar ahí solo, completamente solo, miles apretujados aquí mirando desde lejos y el Icarón solito, porque nadie se le puede acercar. Salvo una gaviota, quizás. Solito al medio. (*Pausa*.) Por otra parte... (*Tiempo*.) Icarón cruza porque...
BLONDIN (*después de una pausa*): ¿Sí...?
CARLO (*lo mira por primera vez desde que se iniciara la escena, y hay una pausa*): Yo cruzo con usted, Blondin, porque ya no me puedo arrepentir.
BLONDIN: Ahora mismo vamos donde el empresario.
CARLO. Ya no. Blondin, le digo... le estoy diciendo que ya no puedo retroceder. Ya es tarde. Desde el día del incendio ya no se puede.
BLONDIN: Si no te sientes bien, postergamos.

CARLO: No.

BLONDIN: La gente tiene respeto. No piensan nada malo de ti, no dicen nada. Estás en tu derecho de no sentirte bien.

CARLO: Mire, ya me eché para atrás una vez. Me eché para atrás de la manera... de la manera más vergonzosa. Yo leía mucho. Esto era en mi colegio, hace cuatro años. Yo era el único de mi clase que leía, es decir, novelas y otros libros. Los muchachos me tenían un poco de cólera por eso, creo. Bueno, hay una novela... y en una parte un muchachito apuesta con sus amigos, todos más grandes que él, a que se atreve a echarse entre los rieles y esperar a que le pase por encima un tren completo. Lo tenía bien estudiado, había medido los vagones y la locomotora. No le creyeron. Se burlaron de él. Pero el muchachito se impuso, y lo hizo. Sí, lo hizo. Se desmayó debajo del tren y quedó con fiebre varios días, pero lo hizo. Eso me impresionaba y lo conté en el colegio y se rieron y me dijeron: «Cosas de novela, mentiras, nadie lo haría». Para probarles que era cierto yo me ponía a gritar, contradiciéndoles, y en una de esas juré que yo lo haría, yo mismo me pondría entre los rieles... si hubiera rieles, porque no había trenes en mi pueblo, por supuesto. Se burlaron más aún. «¡Claro, se atreve porque no hay trenes!» (Tiempo.) Pero quién le dice que después de dos meses pusieron los rieles, y un día llegaron los trenes. Y no hubo más que seguir con la bravata, ¡qué remedio! Hubo que irse por la noche, con la cara embetunada y vestido de negro para que el maquinista no fuera a verme y frenar a tiempo. Con todos los compañeros del internado; tirarse ahí, sobre los durmientes, esperar la llegada del tren. (Pausa.) ¿Sabe una cosa? (Tiempo.) Bueno, ya se imagina. Salí corriendo de la vía cuando el tren estaba recién como a tres cuadras. Salí escapando de la vía y corrí desesperado hasta mi cuarto, corriendo sin parar y los muchachos persiguiéndome y gritando. Llegué a mi cuarto, atranqué la puerta, ellos se quedaron largo rato por la calle y los pasillos, y se fueron uno por uno. No salí de mi cuarto varios días. Me hice el enfermo. Cuando salí, encontré mi nombre escrito en las paredes. (Tiempo.) ¿Que le parece?

BLONDIN: Tuviste inteligencia. Eso era una locura. Te podía arrollar el tren.

CARLO: Todo lo había medido y calculado. Tenía cincuenta y cinco centímetros de margen. De sobra.

BLONDIN: Pero un movimiento tuyo, cualquier cosa, un movimiento nervioso, de repente...

CARLO: Me había estado entrenando, echándome al costado de cada tren que pasaba, dos semanas enteras, acostándome cada vez más cerca hasta que el ruido atroz comenzó a gustarme.

BLONDIN: Pero siempre el riesgo era inmenso...

CARLO: Ni más ni menos que el riesgo de mañana. Igual que entonces, todo está calculado ahora. Las probabilidades de éxito son enormes. Y también ahora es una locura sin nombre, una inconsciencia inaudita, ¡para lograr qué! (*Tiempo.*) ¡Para encontrar qué! (*Pausa.*) Para que no se vuelva a escribir que Carlo es un cobarde mentiroso. Buena razón, ¿no? (*Tiempo.*) Razón de orgullo, eso es importante. Razón negativa también, claro. Para que *no* pase esto o aquello, por eso no se cruza el Niágara. Para que sí pase algo... eso es lo importante. ¿Para que sí pase *qué* cosa se corre un riesgo tan inútil? (*Tiempo.*) ¿Para qué cruza usted, Blondin?

BLONDIN: Por la fama. Por el dinero... igual que tú, Carlo.

CARLO: No, Blondin, no me interesa, se lo regalo. (*Tiempo.*) Y nadie se va a acordar de mí. Yo no me engaño. Usted es el gran equilibrista y... Blondin, las piernas son de usted.

BLONDIN: Yo cruzo porque soy equilibrista desde niño y no sé hacer ni pensar en otra cosa. Pero tú no. Tú puedes arrepentirte cuando quieras. No estás obligado a nada. Si en este momento me dices que ya no vas a cruzar, no hay ningún problema, no lo hacemos y se acabó. Voy ahora mismo donde el empresario y se lo digo. Tenemos completa libertad.

CARLO: Y su dinero...

BLONDIN: Se devuelve. No importa. Y para la próxima, invento cualquier prueba. Cruzo en zancos... ¿qué sé yo? Cualquier payasada.

CARLO: ¿Lo nuestro es payasada?

BLONDIN: No, claro que no.

CARLO (*tiempo, lo mira fijamente*): ¿Usted quiere que yo cruce sobre sus hombros?

BLONDIN: Si tú lo quieres, sí.

CARLO: ¿No piensa que lo puedo hacer caer?

BLONDIN: No.

CARLO: Si lo piensa, me lo dice, y yo no cruzo.

BLONDIN: No hace falta. No lo pienso.

CARLO: ¿Entonces?

BLONDIN: Entonces, ¿qué?

CARLO (*casi violento*): Entonces, ¿por qué duda? Por qué no me dice: «¡Olvídate, Carlo, vamos a cruzar el Niágara juntos mañana y seremos ricos y famosos!» ¿Por qué no me dice: «Ven para acá, muchacho, vamos a tomarnos una cerveza, cantar unas canciones, olvídate de esas dudas, de tus remordimientos, todo está pensado, no puede pasarnos nada, es un paseo, nada más, sobre el vacío»? ¿Por qué no me dice todo eso en vez de convencerme, de *intentar* convencerme de que no importa un pito si yo no cruzo con usted?

BLONDIN: Quiero dejarte solo.

CARLO (*rápido, suave, temeroso*): ¡No! ¡Solo, no!

BLONDIN: Solo para que hagas tu propia decisión, nada más.

CARLO: ¿Por qué?

BLONDIN: Porque así será mejor para los dos. (*Tiempo.*) ¿Te das cuenta?

CARLO: Sí. (*Pausa.*) Porque si usted me convence y yo me caigo, usted nunca se lo perdonaría. (*Pausa.*) Y si yo cruzo porque usted me convenció, para mí no significa nada. (*Pausa.*) ¿Usted siente su responsabilidad?

BLONDIN: Sí.

CARLO: Yo también. (*Tiempo.*)

BLONDIN: Pero estoy seguro. He cruzado muchas veces, y contigo iré acompañado. Y más contento por eso. Y más tranquilo.

CARLO: Yo también iré tranquilo. Con usted. (*Pausa.*) Cruzamos entonces. Cruzamos mañana.

BLONDIN: Bueno. (*Silencio. Se miran y se acercan un poco.*) Y, ¿ya sabes por qué?

CARLO (*casi sonriendo*): Porque sí, creo yo. Porque sí. (*Salen juntos lentamente. Antes de desaparecer, BLONDIN le pone un brazo sobre los hombros.*)

(*Oscuro. Crece el sonido de la catarata, ronco, persistente, sin variaciones. Se mantiene inalterado hasta el fin de la pieza.*)

Escena Seis

(*Luz sobre los dos hombres. En el alambre. Grandes camisas brillantes y multicolores, De la cintura para abajo, mallas negras.* CARLO *sobre los hombros de* BLONDIN. BLONDIN *lleva una pértiga, camina sobre el suelo: la luz, muy intensa, los ilumina de la cintura para arriba solamente. Podemos ver muy bien sus caras. Algunos parlamentos, en negrita, los dicen como para hacerse oir por sobre el rugido de la catarata y a pesar del viento. Los parlamentos restantes son lo que* BLONDIN *y* CARLO *van pensando.*)

CARLO: **Es lo mismo, es igualito...**

BLONDIN: **¿Cómo te sientes?**

CARLO: Bien. (*Se agarra de su cabeza.*) **¿Y usted?**

BLONDIN: **Bien.**

CARLO (*para sí*): Hay que desear hacerlo para ir tranquilo. Yo lo deseo. Y se lo hago gratis.

BLONDIN (*para sí*): Poco a poco ni lo notas. Te acostumbras... Llega un momento en que no te da miedo ninguna altura.

CARLO: Porque sí. Nada más. Porque sí.

BLONDIN: Y si colgaran un alambre entre la luna y el sol, lo cruzaría igual...

CARLO (*para* BLONDIN): **Sin mirar para abajo, ¿no, Blondin? Blondin: ¿se puede mirar para arriba?**

BLONDIN (*para* CARLO): **¡Claro!**

CARLO: **¡Mire para arriba, Blondin! ¡Una gaviota!**

BLONDIN: Pienso en lo que estoy haciendo. En el paso siguiente, en el trecho que me falta. Pienso en el viento.

CARLO: Y el alambre a veces brilla con el sol y no se ve.

BLONDIN: Me divierte, me da risa, me demoro.

CARLO: **¿Por qué no se puede mirar para abajo?**

BLONDIN: **Porque no. ¿Cuántos años tienes?**

CARLO: **Dieciocho.**

BLONDIN: **Y ahora, ¿no quieres ser equilibrista?**

CARLO: **No. Yo soy científico.**

BLONDIN: **Se te nota.** (*Para sí*): Se le nota. Pasa en un pie, un pie en el alambre y el otro en el aire.

CARLO: Se podría volar.

BLONDIN: ... sobre el río, en zig-zag, por donde quiera, porque el espacio está cruzado de mil alambres invisibles e infinitos, y yo puedo caminarlos todos...

CARLO: Un tercer equilibrista. Ni usted ni yo, sino otro. Un tipo fuerte, bien coordinado, sin conflictos en la personalidad. Icarón en honor de ese otro imbécil. (*Para* BLONDIN): **¡Blondin! ¡Blondin! ¡Qué le parece Icarón!**

BLONDIN: **¿Icarón?**

CARLO: **¡Qué le parece!**

BLONDIN: **¡Un gran tipo!**

CARLO: Usted siempre aceptará mi método. **Blondin. ¡Muchas gracias!**

BLONDIN: **Gracias a ti.** Será un paseo lindísimo, Blondin, yo iré muy atento, de pura novelería, porque, ¿miedo...?

CARLO: Nada más que aire por todos lados.

BLONDIN: Usted es el mejor equilibrista del mundo. Usted nunca caerá al vacío.

CARLO: Nada más que aire brillante y el sol; me parece que puedo caminar fuera del alambre.

BLONDIN: Nunca caeré.

CARLO: Para ir caminando eternamente por el cielo. **¡Blondin! ¡Usted es un poeta!**

BLONDIN: **¡Tú también!** Yo también iré tranquilo con usted, señor Blondin.

CARLO (*en anunciador*): **¡Con ustedes, Blondin, el Poeta del Alambre!**

BLONDIN: Vas conmigo, vas tranquilo. Confiado.

CARLO: **Mire, Blondin. Esa gaviota se ha quedado parada en el aire. Como si caminara. ¿No le da vergüenza? ¡Una simple gaviota puede y el mejor equilibrista del mundo no!**

BLONDIN: Si usted me convence de cruzar, y yo me caigo, usted nunca se lo perdonaría.

CARLO: **¡Usted podría volar, Blondin! ¿Blondin?**

BLONDIN: **¿Carlo?**

CARLO (*por gusto*): **¡Blondin, Blondin!**

BLONDIN: **¡Carlo Carlo Carlooooo!**

CARLO: **¡Blondin Blondin Blondin Bloooooooondiiiiiiin!** (*Y gritan sus nombres simultáneamente a todo pulmón.*)

BLONDIN (*sonriendo*): ¿Quiere que le diga mi opinión sincera?

A mí no me interesa si usted se mata.
CARLO (*sonriendo*): Lárgate, muchacho, o te saco a patadas.
No sé cómo te aguanto.
BLONDIN: Habían anunciado una docena. A mí no me va a
engañar. Yo le he visto todos sus cruces, catorce veces, con mi
telescopio.
CARLO: **¿Por qué cruza usted, Blondin?**
BLONDIN: **Por esto. Por estar aquí. ¿Te das cuenta?**
CARLO: **¡Claro! ¡Claro!** Desde los cuatro años. Mi padre nunca...
¡Qué cara pondría ahora el pobre!
BLONDIN: Mañana iré acompañado. Y más contento por
eso.
CARLO: Ir caminando eternamente por el cielo cruzado de
mil alambres infinitos.
BLONDIN: ¡Vamos a llegar a la mitad! ¿Ves la marca azul?
CARLO: Todo es cuestión de paciencia y constancia. Todo.
BLONDIN: **¡Carlo!**
CARLO: ¿Sí?
BLONDIN: **El punto medio. Esa marca azul, allá adelante.**
CARLO: En el peligrosísimo punto sin retorno, se comerá una
omelette.
BLONDIN: Tendría que prometerme un par de cosas, Blondin.
Primero: la decisión de cruzar o no cruzar...
CARLO: Ocho huevos no más.
BLONDIN: La tomo yo.
CARLO: Le sudaban las manos.
BLONDIN: Solemnemente jurado.
CARLO: Yo lo vi, por el catalejo.
BLONDIN: La tomas tú.
CARLO: Tiró cuatro huevos al río.
BLONDIN: La decisión la tomas tú. Pero ¿de quién son las
piernas? Blondin: las piernas son de usted.
CARLO: Prendido de pies y manos, como un mono y el cable
vuelto loco sobre el Niágara azotándose en todas direcciones.
CARLO: Te montas sobre el cable. Está ensayado. Las piernas
te sirven de pértiga.
BLONDIN: Usted siente su responsabilidad, me imagino. ¿Quién
se resbala?
CARLO: 330 metros de largo. 50 metros sobre el río. 48 metros
para ser exacto, la mitad. ¿Qué pasa si me quedo solo? ¿Qué hago?
BLONDIN: Solo para que hagas tu propia decision. Será mejor
para los dos.

CARLO: ¿Qué hago si me quedo solo?

BLONDIN: Mejor para los dos... ¡Mejor para mí! ¡Para mí! ¿Se da cuenta de su responsabilidad?

CARLO (*muy fuerte*): ¡Qué hago si me quedo solo! ¡Blondin! ¡Qué hago! ¡Explique de nuevo!

BLONDIN: Te montas sobre el cable. Relajas las piernas. Te empujas poco a poco.

CARLO: ¿Está cansándose usted?

BLONDIN: ¡Bien! ¡Estoy bien! ¡Eres muy liviano! (*Tiempo.*) ¡Casi no te siento!

CARLO: Funcionar como un solo hombre.

BLONDIN: Tú puedes arrepentirte cuando quieras. No estás obligado a nada. No hay ningún problema, no cruzamos y se acabó. Vamos ahora mismo donde el empresario.

CARLO: Usted siempre se puede prender del alambre. Con suerte.

BLONDIN: Pero ya no puedes arrepentirte. Ya no puedes bajarte, Carlo. No puedes, Carlo. Ya no.

CARLO: Hacerme adiós con la mano.

BLONDIN: Falta más de la mitad.

CARLO: Volverse a trepar y seguir su camino.

BLONDIN: Se puede regresar todavía.

CARLO: No hay ningún problema. No cruzamos y se acabó.

BLONDIN: ¿De quién son las piernas?

CARLO: Salí corriendo cuando el tren estaba a tres cuadras. Mi nombre escrito en las paredes.

BLONDIN: ¿De quién es la culpa si mueres?

CARLO: ¡Faltan diez metros!

BLONDIN: ¿Cómo?

CARLO: ¡Faltan diez metros para la mitad! ¡La marca azul!

BLONDIN: ¡Sí!

CARLO: Montarse sobre el cable. En media hora estás en el Canadá. Te olvidas de mí. Te olvidas.

BLONDIN: No es lo mismo que comerse una *omelette*, Comerse una *omelette*, yo solo.

CARLO: Cuarenta y nueve kilos, sin ropa.

BLONDIN: Hablas por hablar. No vas a cruzar conmigo. No quiero responsabilizarme.

CARLO: Le sudaban las manos.

BLONDIN: No quiero. Hablas por hablar. Tú eres un niño.

CARLO: ¿Qué pasa, Blondin?

BLONDIN: Blondin: las piernas son de usted.

CARLO: ¡Blondin!

BLONDIN: ¿Qué haría al quedarme solo? ¿Hacerte adiós con la mano?

CARLO: ¡Blondin! ¡Qué pasa!

BLONDIN: Usted es el mejor, Blondin. Yo voy tranquilo. Con usted, que nunca caerá al vacío.

CARLO (desesperado): ¡Blondin!

BLONDIN (se está moviendo cada vez más lentamente. CARLO le llama, cada vez más asustado encimando el parlamento): Nunca se lo perdonaría, Blondin. Usted nunca se lo perdonaría si yo... No quiero responsabilizarme. ¿Usted siente su responsabilidad? Blondin: las piernas son de usted. ¿Quién tiene la culpa si mueres? ¿Quién mata? (BLONDIN se ha detenido. Se aferra desesperadamente a la pértiga.)

CARLO (muy asustado): ¡Blondin! ¡Qué pasa! ¡Por qué se detiene! ¡Blondin, por favor, Blondin, siga, siga, no se pare, siga! (Silencio. CARLO cierra los ojos.) ¿Qué pasa, Blondin? (Pausa.) ¡Qué tiene, Blondin! ¿Nos vamos a caer? ¡Dígamelo! (Pausa.) Dígame qué le pasa, Blondin, ¿un calambre? Por favor, ¿nos vamos a caer?

BLONDIN: No sé.

CARLO: ¿Qué le pasa, Blondin? (Pausa.)

BLONDIN: Tengo miedo. (Un tiempo.)

CARLO (se aferra fuertemente a la cabeza de BLONDIN y ajusta las piernas alrededor de su cuerpo. Un tiempo. Siempre con los ojos fuertemente cerrados, por entre los dientes, susurra): Blondin Blondin Blondin Blondin... (Silencio. BLONDIN se prende de la pértiga. Le tiemblan visiblemente las manos y los brazos. Un largo silencio. Se oye muy claramente el rugido de la catarata de pronto): ¿Por qué, Blondin?

BLONDIN: Por ti. (Silencio. No se mueven.)

CARLO (suavemente. Aterrado): Blondin... Blondin... Usted es el mejor equilibrista del mundo. Yo lo he visto. El mejor. El único equilibrista. Las mejores piernas, la mejor cabeza, los mejores brazos, Blondin. Oígame. Usted puede seguir caminando. Blondin, usted puede. Siga adelante, Blondin. Siga. (Silencio. BLONDIN no se mueve.) Blondin, siga, Blondin. Siga por el alambre. Si puede hacerlo. (Silencio. BLONDIN tiene los ojos cerrados.) Blondin, siga adelante. Usted es el hombre más valiente del mundo. Yo lo sé. Usted es el mejor equilibrista del mundo. Lo sé. Usted nunca caerá, Blondin. Dígalo. (Tiempo.) ¡Dígalo! ¡Dígalo! ¡Repítalo! (Le jala los pelos, desesperado.) ¡Soy el mejor equilibrista! ¡Suéltelo! ¡Grítelo!

BLONDIN: Soy el mejor equilibrista.
CARLO: Nunca caeré al vacío. (*Tiempo*.) Repítalo, Blondin, estúpido Blondin, cobarde, no puede seguir adelante. Blondin cobarde, ya no puede ni hablar de puro miedo. Nunca caeré al vacío. ¡Grítelo!
BLONDIN: Nunca caeré al vacío.
CARLO: ¡Más fuerte, Blondin!
BLONDIN: ¡Nunca!
CARLO (*agachándose a su oreja*): ¡Qué estúpido es usted, Blondin, qué bruto! Si usted es el hombre más valiente del mundo. ¡Dígalo! Soy el hombre más valiente del mundo.
BLONDIN (*tiembla. Siempre con los ojos cerrados*): Soy el hombre más valiente del mundo.
CARLO (*siempre con muchísima angustia*): Muy bien, señor Blondin. Ahora, muévase. Un paso. Ya no podemos volver. (*Pausa.*) ¡Un paso solamente, Blondin, Blondin, marica de porquería! (*Tiempo.*) ¡Blondin marica, el más cobarde del mundo! (*Tiempo.*) Un paso nada más, Blondin, o me tiro con usted. ¡Lo hago caer, Blondin, se lo juro! (*Violento, aterrado.*) ¡Blondin, hijo de puta, si no camina lo mato, se lo juro! Un paso nada más, Blondin. Delo. Muévase. Un pasito, Blondin. Usted es valiente, Blondin, equilibrista, Blondin, mi buen Blondin, ¡el mejor! Un paso adelante, despacito, un paso, unito nada más. Se lo ruego, Blondin, se lo ruego... (*Pausa.*) Vamos... Blondin... (*Tiempo.*) Blondin, un paso... poco a poco... (*Pausa.*) Por favor. (*Tiempo.* BLONDIN *da un paso forzado y brusco.*) Eso es, Blondin, el gran Blondin, el único Blondin... ¡Otro paso! Vamos, Blondin, no sea bruto, quedarse al medio, justo al medio; se hubiera arrepentido antes, pero al medio es una idiotez; si ya llegamos, ya llegamos casi... pise, pise la marca azul. Falta un pasito nada más, pise la marca azul y estamos en el Canadá. ¡Pise, vamos, písela! (BLONDIN *da un paso más.*) Eso es, Blondin, ahora sí, estamos al otro lado, ¿no es cierto? Ahora sí, descanse un poco, viejo, descanse no más, si quiere. (*Silencio. Siempre angustiado.*) ¿Qué le pasó? Blondin, es usted un loco, quererme asustar. ¡Que tiene miedo! ¡Qué va a tener miedo el gran Blondin! Ni hablar. Y yo sudando como un tonto, creyéndole todo lo que me decía. (*Le pone las manos a las mejillas.*) ¿Me siente las manos?, ¿cómo me sudan? (*Lo palmea. Lo mira.*) Blondin es un humorista, ¡el más bromista equilibrista a la vista! (*Lo mira.*) ¿Cómo anda...? (*Tiempo.*) ¿Mejor? (*Tiempo.*) Ahora sí nos vamos como unas balas sobre

ese cable que ve usted ahí. (*Le pasa los dedos levemente por los ojos.*) ¿Lo ve? Abra los ojos, Blondin, se va a quedar dormido usted y ahí sí que estamos fritos. Abra los ojos, pues, viejo. Mire, mire ese cable templadito ahí delante. Eso es. Mire el cielo, qué azul, qué brillante. Mire ahí al frente, mire la turba ansiosa del Canadá. Debe haber diez mil, veinte mil personas, y la banda de música, ¿la ve? ¿Ve usted la tuba? Cómo reluce, y los uniformes blancos. Ahí, sobre ese cerro, una manchita blanca, esa es la banda de música. (*Comienza a tararear imitando trompeta. Ya está un poco más tranquilo.* Vamos, Blondin, anímese, viejito, alégrese. (*Lo mira.*) Blondin, es usted el equilibrista más solemne del mundo. ¡Se lo juro! (*Pausa.*) Bueno pues, ya me estoy cansando de estar aquí parado. (*Tiempo.*) Mejor una siestecita. Me avisa cuando estemos en el Canadá, ¿bueno?, no quiero perderme la llegada triunfal. (*Se acomoda como usando de almohada la cabeza de* BLONDIN.) Hasta luego. No se olvide de despertarme. (*Silencio.* BLONDIN *mira a todos lados. Se ha recuperado bastante. Cambia de lugar sus manos, tomando aire. Flexiona un poco las piernas. Vuelve a sentir todos sus músculos. Pausa.*)

BLONDIN: Carlo. (CARLO *abre los ojos pero no se mueve.*) Oye, Carlo...

CARLO (*como despertándose, un bostezo*): ¿Aaaa...h?

BLONDIN: Ya vamos a seguir.

CARLO: ¿Ya?

BLONDIN: Sí.

CARLO: Tengo hambre. ¿No hay una *omelette* por ahí?

BLONDIN: No. Otra vez, si quieres, traemos cocina.

CARLO: Bueno. Vamos. Pero rapidito, ¿quiere?

BLONDIN: Muy bien. (*Comienza a caminar lentamente.*)

CARLO: Es usted una maravilla, señor Blondin. El mejor equilibrista del Universo, sin ninguna duda. (BLONDIN *camina con más seguridad.*) Blondin, usted en verdad podría caminar por el aire. No, en serio. ¿No cree que sea posible?

BLONDIN: No sé.

CARLO: Porque, fíjese, ¿no siente usted que se sustenta en el aire un poco? ¿Que a veces el aire lo impulsa, lo sostiene?

BLONDIN: Sí.

CARLO: Es usted un pájaro, Blondin. ¡Cómo camina sobre ese cable! ¡Como en su casa!

BLONDIN: Equilibrista desde los cinco años, ¿qué quieres?

CARLO: ¡Desde los cinco años! ¿Cuántas veces se habrá presentado en público?

BLONDIN: No sé, no sé. Muchísimas.

CARLO (*comienza a cantar la marcha, al ritmo de las pisadas de* BLONDIN. *Luego en anunciador*): En estos momentos, señoras y señores, Blondin está por terminar la proeza más escalofriante de toda su sensacional carrera. Ya faltan solamente cincuenta metros para que este hombre excepcional finalice una hazaña que marcará, a no dudarlo, un hito infranqueable en la historia del equilibrismo mundial! (*Sigue cantando la marcha.*)

BLONDIN: Carlo. (*Tiempo.*) Carlo Nada Más. Carlo. (*Tiempo.*) Me pusieron un departamento para que me hiciera hombre. (*Tiempo.*) ¡Un departamento! (*Tiempo.*) Un paso más, Blondin, o me tiro con usted. (*Tiempo.*) Carlo, sin «ese». Pequeño Carlo. Dieciocho años cumplidos. (CARLO *sigue cantando suavemente la marcha. Ya está mucho más tranquilo.*) Salí corriendo cuando la locomotora estaba a diez cuadras. (*Tiempo.*) Una razón de orgullo. Es importante. (*Pausa.*) ¿Cómo te llamas, Carlo? ¿Carlo qué? (*Pausa.*) Valiente Carlo, pequeño Carlo. (*Tiempo.*) Me has salvado la vida, Carlo. Me has salvado la vida.

CARLO (*sigue cantando. Se oye tenuemente la marcha desde el fondo de la platea*): ¡Blondin! ¡Ya se oye la música!

BLONDIN: Blondin, marica de porquería. Blondin estúpido. Un paso más. Muévase, Blondin, usted es el mejor equilibrista que hay. (*Tiempo.*) Ahí adelante, ¿lo ve? Abra los ojos, pues, viejo. Ábralos, viejo. Vamos, anímese, viejito. Viejito. (*Tiempo.*) Carlo. Pequeño Carlo. Me has salvado la vida.

CARLO (*en anunciador*): Y en estos momentos, señoras y señores, faltan solamente treinta metros para la llegada. ¡Vamos, Blondin, apure el paso, tranco largo, equilibrista! ¡Como quien vuela!

BLONDIN: ¡Carlo! (*Tiempo.*) Te dije una vez que sería emocionante deberle la vida a alguien. ¿Lo recuerdas?

CARLO: Sí. (*Y sigue cantando.*)

BLONDIN: Es emocionante, Carlo. Es muy emocionante. ¿Sabes por qué?

CARLO: No sea loco, Blondin. Yo también me defendía ¿O pensaba caerse usted solo? ¡Egoísta! (*En broma hace como que lo ahorca.* BLONDIN *esta yendo bastante rápido.*) ¡Malvado! ¡Me hubiera dejado solo prendido del cable, como un tonto! ¡Viejo canalla! ¡Viejo sinvergüenza!

BLONDIN: ¡Me salvaste la vida, Carlo! ¡Te lo agradezco! ¡No lo olvidaré nunca!

CARLO (*se oye mucho más cerca la música*): Porque tiene que irse caminando, Blondin. Tiene que irse caminando hasta el sol. Yo lo entreno. Con mi sistema. ¡Y si quiere, me voy con usted!

BLONDIN: ¡Eres un loco, Carlo!

CARLO: Nos vamos caminando, Blondin, por el espacio. Nos vamos sin alambre por todo el cielo. (*Se oye muy fuerte la música de la banda y los gritos de la multitud.* CARLO *comienza a saludar con los brazos al mismo tiempo que grita*): Nos vamos juntos, Blondin, caminando por el aire. ¿Quiere?

BLONDIN: Sí.

CARLO (*la música se hace más fuerte*): Caminando juntos hasta el sol, Blondin. ¡Hasta el sol! (*Se ha ido cerrando poco a poco el haz de luz, hasta incluir solamente las caras de* BLONDIN *y* CARLO. CARLO *saluda con los brazos, ambos sonríen. Se cierra totalmente el haz de luz. Oscuro. Los vivas de la multitud y la música de la banda siguen sonando un momento en la oscuridad.*)

TELÓN

Lima, 31 de octubre de 1968

A. CUESTIONARIO

1. ¿Por qué va Carlo a la habitación de Blondin por primera vez?
2. ¿Por qué trae Carlo el libro de gimnasia a Blondin?
3. ¿En qué piensa Blondin cuando está en el aire?
4. ¿Qué le propone Blondin a Carlo?
5. ¿Quién es Icarón?
6. ¿Por qué le conmovió a Blondin el hecho de que el público no había apostado a que él se caía durante una bajada difícil?
7. ¿De qué se dan cuenta Carlo y Blondin durante el fuego?
8. Durante el cruce sobre el Niágara, ¿por qué tiene miedo Blondin? ¿Cómo lo vence? ¿Quién le ayuda?
9. Según Blondin, ¿cómo sería deberle la vida a alguien?

B. TEMAS DE DISCUSIÓN Y COMPOSICIÓN

1. Examine el impacto de la soledad y la urgencia espiritual de unirse a otra persona en la relación entre Blondin y Carlo. ¿Cómo se manifiestan estos factores en la decisión de entrenar y cruzar el Niágara?
2. Comente Ud. sobre la escenografía y los efectos de sonido y cómo intensifican la teatralidad de la obra.
3. ¿Por qué cruza Blondin el Niágara: por dinero, por fama o por sí mismo? Explique.
4. Esta obra explora dramáticamente la fe y la confianza que una persona puede tener en sí mismo y en otros, y como puede vencer el miedo. Comente.

C. EJERCICIO

Escriba una oración relacionada a la obra, con las siguientes expresiones:

1. menor de edad
2. de puro miedo
3. ni tampoco
4. sin embargo
5. sin pensar
6. si gustas

RICARDO PALMA

EL OBISPO CHICHEÑÓ

Tradición Peruana

(Adaptación teatral de Samuel Pérez Barreto)

NOTA PRELIMINAR

Escritor de extraordinaria cultura, Ricardo Palma, peruano (1833–1919), se familiariza desde muy temprano con la obra de grandes escritores españoles y franceses. A la edad de cuarenta años era considerado en su país uno de los grandes poetas y escritores peruanos de todos los tiempos. Dedicó los últimos años de su vida a la reconstrucción de la Biblioteca Nacional, destruida en la guerra del Pacífico.

Durante la primera parte de su vida se dedica Palma al cultivo de la poesía; sensible a la vena poética de los Románticos europeos, publica las siguientes obras: *Armonías* (1870); *Versos y gerundios, sátiras* (1877).

Alrededor de 1863 comienza a escribir las *Tradiciones peruanas,* su obra culminante y a la que pertenece *El obispo Chicheñó.*

Las *Tradiciones peruanas* son una extensa colección de relatos breves. Mezcla de historia, anécdota, sátira y tradición, estos relatos muestran la extraordinaria habilidad de evocación de Palma. Los temas están extraídos del pasado colonial limeño y se desarrollan en un ambiente típicamente criollo.

El obispo Chicheñó, retablo picaresco «a lo criollo» nos muestra toda una galería de tipos estilizados a través de la perspectiva caricaturesca de Palma. Utilizando como figura central a Chicheñó, tonto si no de pueblo de ciudad, crea el ilustre escritor peruano una pequeña intriga en la que el ideal picaresco triunfa sobre la codicia de unos mercaderes catalanes. En un final desenfadado en el que aparece la manifiesta simpatía de Palma hacia el golfo que sabe aprovechar las debilidades ajenas y su antipatía hacia clérigos y hombres de comercio, el autor opta por dejar a los delincuentes en libertad demostrando así una humanidad en la que poco tienen que hacer las reglas externas de la sociedad.

Samuel Pérez Barreto ha adaptado esta tradición manteniendo siempre el espíritu del ingenio del Palma.

Acto Único

NARRADORA: Por los años de 1870, comía pan en esta Ciudad de los Reyes un bendito de Dios a quien pusieron en la pila bautismal el nombre de Ramón. Era éste un pobrete de solemnidad, mantenido por la caridad pública y que se había convertido en poco tiempo en el hazmerreír de muchachos y de gente ociosa. Hombre de pocas palabras, pues para complemento de desdicha era tartamudo, a todo contestaba con un «sí, señor», que al pasar por su desdentada boca se convertía en «chi-cheñó». El pueblo llegó a olvidar que nuestro hombre se llamaba Ramoncito, y todo Lima lo conocía por Chicheñó, apodo que se ha generalizado después, aplicándose a las personas de caracter benévolo y complaciente que no tienen hiel para proferir una negativa rotunda. Diariamente, y aún tratándose de grandes personajes, oímos decir en las conversaciones familiares: «¿Quién? ¿Fulano? ¡Oh! ¡Si ese hombre no tiene calzones! Es un Chicheñó...» Pues bien, en el año que hemos apuntado llegaron a Lima, con procedencia directa de Barcelona, dos acaudalados comerciantes trayendo un valioso cargamento de alhajas, casullas de brocado, pectorales y cruces de brillantes, cálices de oro con incrustaciones de piedras preciosas, anillos y en fin toda clase de prendas de rubíes, ópalos, zafiros, perlas y esmeraldas. Nuestros catalanes abrieron tienda en la calle de Bodegones y ocho días después de instalados...

JUANITO: Pues ahora escuchadme y con muchísima atención porque lo que voy a deciros es fundamental.
PEPITO: ¿Fundamental?
ANDRESITO: ¿Fundamental?
JUANITO: Definitivamente fundamental. De ésta nos volvemos ricos para siempre de una sola vez.
PEPITO: Soy todo oídos.
ANDRESITO: No hago otra cosa que escuchar.
JUANITO: Pues bien. Pepito...
PEPITO: Sí.

JUANITO: ¿Conoces la tienda de los catalanes en Bodegones?

PEPITO: No conozco otra cosa, Juanito.

JUANITO: ¡Bien...! Andresito...

ANDRESITO: ¿Sí?

JUANITO: ¿Conoces al tontísimo de Chicheñó?

ANDRESITO: Como si fuese su madre, Juanito.

JUANITO: Pues bien, pues bien, hermanos míos, abran ustedes el ropero y miren lo que hay dentro de él.

ANDRESITO: ¿A ver?

PEPITO: ¿A ver?

PEPITO: ¡Oh...! ¡Un traje completo de obispo!

ANDRESITO: ¡Dios mío! Dos sotanas de cura.

JUANITO: Ahora abran la puerta del comedor.

PEPITO: ¿Del comedor?

ANDRESITO: ¿Del comedor?

JUANITO: Sí, del comedor...

PEPITO: ¿A ver?

ANDRESITO: ¿A ver?

LOS DOS: ¡Chicheñó...!

JUANITO: El mismo que viste y calza, Chicheñó en cuerpo y persona. Adelante, adelante, Chicheñó.

JUANITO: Dime, querido Chicheñó, ¿quieres ganarte unos buenos reales?

CHICHEÑÓ: Chi, cheñó.

PEPITO: ¿Unos buenos reales?

ANDRESITO: ¿Unos buenos reales?

JUANITO: Eso he dicho. Vengan, acérquense.

PEPITO: ¿Vestir a Chicheñó con las ropas de obispo?

ANDRESITO: ¿Ponernos nosotros las sotanas de cura?

JUANITO: Aún no he terminado, vengan, vengan, acérquense...

PEPITO: ¡Excelente idea!

ANDRESITO: ¡Excelente idea!

JUANITO: ¡Bien! Mientras ustedes se visten y visten a Chicheñó, yo corro donde el negro Donato para procurarnos un coche de primera...

PEPITO: ¡Excelente idea!

ANDRESITO: ¡Excelente idea!

NARRADORA: ¡Qué cosa estarán tramando Juanito, Pepito y Andresito! Tres buenas fichas como no había a la sazón en Lima otras piezas... El conde de Pozos Dulces, don Melchor

Ortiz Rojano, era en aquel entonces regente de la Audiencia y tenía por cochero al negro Donato, gran devoto del aguardiente. Aquel día, después de dejar a su amo en el lugar de sus ocupaciones, Donato, pensando sin lugar a dudas en las copas de aguardiente que ya había ingerido o tramaba ingerir, descansaba en el pescante del coche cuando...

JUANITO: ¡Ehhh...! ¡Donato! ¡Donato!

DONATO: ¡Parece que me llaman! ¿Quién es? ¿Quién llama al negro Donato, cochero del conde de Pozos Dulces?

JUANITO: Soy yo, Donato; yo, Juanito...

DONATO: ¡Juanito!

JUANITO: Donato, ¿quieres ganarte media pelucona?

DONATO: ¿Media pelucona? ¡Por todos los santos y santas del cielo! ¿A quién hay que exprimirle el cogote? Listo y venga. ¿Qué hay que hacer?

JUANITO: Acércate, Donato, acércate... (Le murmura algo al oído.)

DONATO: ¿Cómo dijo...? Uy mi mare, yo vo a morirme de la risa. ¿Y nada más?

JUANITO: Nada más, Donato, eso es todo.

DONATO: Pues suba uté en el coche y arreando pa adelante diuna vez. ¡Vamos, caballito! ¡Vamos! Yo vo a morirme de la risa. Po Dios que sí.

NARRADORA: Acababan de sonar las diez, hora del almuerzo para nuestros antepasados, y las calles próximas a la Plaza Mayor estaban casi solitarias, pues los comerciantes cerraban las tiendas a las nueve y media, y seguidos de sus dependientes iban a almorzar en familia. El comercio se reabría a las once... Los catalanes de Bodegones se hacían llevar con un criado el almuerzo a la trastienda del almacén, e iban ya, en aquella oportunidad, a sentarse a la mesa cuando...

TUCHO: Mira, mira, Paco, un elegante carruaje se detiene a la puerta de la tienda.

PACO: Un paje de aristocrática librea abre la puerta. Descienden... uno... dos... dos clérigos y, ¡Dios mío!, un obispo! ¡Tucho! ¡Tucho! Corre, vuela, abre la puerta mientras yo me asiento los cabellos y me pongo un saco mejor que este.

TUCHO: ¡Corro! ¡Vuelo!

TUCHO: ¡Monseñor...! ¡Sus señorías...! Adelante... adelante...
están ustedes en su casa... Disculpad tan sólo la pobreza...
Permitidme reverencia que bese vuestro anillo.

TUCHO: Adelante... Adelante...

ANDRESITO: La paz del Señor sea en esta casa...

TUCHO: Por aquí, reverencias... por aquí... Tome asiento su
señoría ilustrísima en este sillón, aquí estará cómoda su paternidad.

PACO: ¡Reverencia ilustrísima...!

TUCHO: Es mi socio y amigo, monseñor...

PACO: ¡Reverencias...!

TUCHO: ¡Monseñor! ¡Reverencias! ¿Podemos saber a qué debemos este particular honor...?

PEPITO: Su señoría, el señor obispo de Huamanga, de quien
soy humilde capellán-secretario, necesita algunas alhajitas
para decencia de su persona y de su santa iglesia catedral, y
sabiendo que todo lo que ustedes han traído de España es de
última moda, ha querido darles la preferencia.

PACO: Preferencia que nos honra sobremanera y que no sabemos cómo agradecer, monseñor...

TUCHO: Pero su señoría ilustrísima no estaba equivocada al
suponer que aquí encontraría todo, absolutamente todo cuanto
necesita.

PEPITO: En primer lugar, necesitamos un cáliz de todo lujo
para las fiestas solemnes...

TUCHO: ¿Algo así...?

ANDRESITO: ¡Qué belleza...!

PEPITO: No está mal. ¿Los hay mejores?

TUCHO: ¿Mejores...? Pero...

PEPITO: Su señoría no se para en precios, que no es ningún
roñoso. ¿No es así, ilustrísimo señor?

CHICHEÑÓ: Chi, cheñó...

TUCHO: Este es el cáliz de mayor valor que tenemos, vale
una fortuna.

PEPITO: ¡Muy hermoso! Sí, está bien. Lo llevamos. Es decir,
si le gusta a su señoría ilustrísima. ¿Le gusta este cáliz a monseñor? ¿Desea llevarlo con él?

CHICHEÑÓ: Chi, cheñó.

PEPITO: Lo llevamos.

PACO: Magnífico. Monseñor, tenemos estas cruces de oro con
incrustaciones de diamantes que son realmente una maravilla

de buen gusto y de finísima orfebrería. Estas otras con ópalos y turquesas son también lindísimas y, ¿qué me dice su señoría ilustrísima de estas con rubíes...?

PEPITO: ¡Extraordinarias! Realmente extraordinarias. Las llevamos.

PACO: ¿Todas...?

PEPITO: Todas.

PACO: Pero..., su reverencia... Quizás monseñor...

PEPITO: Monseñor está perfectamente de acuerdo. ¿Verdad que su señoría ilustrísima está perfectamente de acuerdo?

CHICHEÑÓ: Chi, cheñó.

PEPITO: ¿Ve usted...?

PACO: ¡Magnífico! ¡Magnífico!

TUCHO: Reverencias, monseñor..., tengan la bondad de tomar asiento...

ANDRESITO: ¡Pero, señor mío, si estamos sentados...!

TUCHO: ¡Ah! ¡Es verdad! ¡Es verdad! Entonces... entonces... ¡Párense, eso es, párense!

ANDRESITO: Pero..., ¿para qué?

TUCHO: Pues... para que puedan apreciar ustedes perfectamente esta maravilla que voy a mostrarles. Vean, vean, sus reverencias, vea usted, señoría ilustrísima, estos maravillosos, estos sublimes, estos increíblemente bellos pectorales de diamantes y brillantes con cadenas de oro, adornados de piedras preciosas. ¿Qué digo?... Piedras preciosísimas.

PACO: Sí, sí, piedras preciosísimas...

PEPITO: ¡Dios mío!

ANDRESITO: ¡Dios mío!

PEPITO: ¡Qué maravilla!

ANDRESITO: ¡Qué hermosura!

PACO: ¿Verdad que sí?

PEPITO: ¿Verdad que sí, su señoría ilustrísima?

CHICHEÑÓ: Chi, cheñó.

PEPITO: Al coche.

PACO: ¿Cómo?

PEPITO: Digo que los llevamos, son realmente una obra de arte y no pueden faltar en las vestiduras de monseñor.

PACO: ¿Todos?

PEPITO: ¡Todos!

PACO: ¡Magnífico!

TUCHO: ¡Magnífico!

NARRADORA: Y piedras preciosas por aquí, y piedras preciosas por allá, y oro va y oro viene, y plata y platino y marfil, los mercaderes catalanes, tras los cálices y las cruces y los pectorales sacaron a relucir anillos, alhajas para la Virgen de no sé qué advocación y regalos para las monjitas de Huamanga e imágenes para las hornacinas del templo, y monseñor y sus acompañantes compraron maravillas por el valor de 30.000 ducados.

TUCHO: Son... cero, cero, cero... uno y dos: tres. Sí, exactamente 30.000 ducados, reverencia.

ANDRESITO: ¡Muy bien!

PEPITO: Ni qué hablar, señores míos. Llevaremos las cosas que hemos comprado hasta el Palacio Arzobispal, que es donde su señoría ilustrísima está alojado, recogeremos las talegas con el dinero convenido y regresaremos inmediatamente.

TUCHO: Pero Reverencia...

PACO: ¡Reverencia...!

PEPITO: Monseñor, su señoría ilustrísima, nos esperará aquí con ustedes. Cuestión de quince minutos a lo sumo.

PACO: ¡Oh! Si su señoría ilustrísima se queda con nosotros...

PEPITO: Ni qué hablar, ¿verdad, su señoría ilustrísima?

CHICHEÑÓ: Chi, cheñó.

PACO: ¡Perfectamente!

TUCHO: ¡Perfectamente!

PEPITO: Entonces, con el permiso de ustedes...

PACO: Sigan sus reverencias, sigan...

NARRADORA: Y Pepito y Andresito siguieron hasta la puerta, hasta el coche y hasta...

PACO: ¿Hasta cuando cree su señoría ilustrísima que sea conveniente esperar a sus secretarios y capellanes?

TUCHO: ¿Se habrán perdido? Como son nuevos en la ciudad... ¿Cree su reverencia, su paternidad, que se hayan extraviado sus secretarios?

CHICHEÑÓ: Chi, cheñó.

PACO: ¡Dios mío!

TUCHO: ¡Virgen Santísima! ¿No sería correcto, no cree su señoría ilustrísima que haríamos bien en enviar un propio para averiguar la suerte que han corrido sus capellanes?

CHICHEÑÓ: Chi, cheñó.

PACO: ¿Chi, cheñó? Pues inmediatamente. ¡Muchacho! ¡Muchacho!

SECRETARIO: ¿El obispo de Huamanga? ¿Los secretarios-capellanes del obispo de Huamanga? No, señor mío, aquí no hay ningún obispo ni ningún secretario-capellán de nadie.

MUCHACHO: ¿Cómo dice su reverencia? Pero si en la tienda está, está...

SECRETARIO: Está usted loco. Lo dicho, aquí no hay ningún obispo de Huamanga. El obispo de Huamanga está en Huamanga.

MUCHACHO: ¿En... Hua-man-ga?

SECRETARIO: Sí, hombre, sí, en Hua-man-ga.

MUCHACHO: ¡Dios mío! ¡Dios mío! Señor don Tucho, señor don Paco... ¡Señor don Tucho! ¡Señor don Paco...!

TUCHO: ¿Cómo dices...?

PACO: ¿Cómo dices...?

MUCHACHO: El obispo de Huamanga está en Huamanga.

TUCHO: Entonces este... este...

PACO: Este hombre es un impostor.

PACO: Oiga usted, respóndame por su vida o es hombre muerto al instante. ¿Es usted un impostor?

CHICHEÑÓ: Chi, cheñó.

PACO: ¿Chicheñó?

TUCHO: ¿Chicheñó?

PACO: ¡El palo! ¡La soga! Yo lo mato, yo lo degüello.

TUCHO: Yo lo destrozo, yo lo aniquilo.

NARRADORA: Sí, señores, amigos míos, tal como ustedes lo oyen. De ene es añadir que Chicheñó fue a chirona; pero, reconocido por tonto de capirote, la justicia lo puso pronto en la calle. En cuanto a los ladrones, hasta hoy, y hace ya de esto más de un siglo largo, que yo sepa, no se ha tenido noticia de ellos. Y pin, pin, San Agustín, que aquí el cuento tiene

FIN.

A. CUESTIONARIO

1. ¿Cómo recibió su apodo Chicheñó? *tartamudo sin dientes*
2. ¿Cuáles valores recoge su nombre?
3. ¿Cuál es el plan que traman Juanito, Pepito y Andresito?
4. ¿Qué función tiene la Narradora en la obra? *describir acción*
5. Describa el desenlace de la obra. *cambia de escena*

B. TEMAS DE DISCUSIÓN Y COMPOSICIÓN

1. Describa cómo triunfan los valores picarescos sobre los valores comerciales en esta obra.
2. ¿Qué opina Ud. de Chicheñó?

C. EJERCICIO

Llene cada espacio con la más apropiada de las siguientes preposiciones:

con   de   en   a

como   para   por

1. Pues _____ complemento de desdicha, era tartamudo.
2. Yo voy __*a*__ morirme __*con*__ la pena.
3. Él está perfectamente __*de*__ acuerdo.
4. ¿Desea llevarlo __*con*__ él?
5. __*En*__ los años de 1870 comían pan.
6. ¿Vestir __*a*__ Chicheñó __*en*__ las ropas __*de*__ obispo?
7. Suba Ud. _____ el coche.
8. Están Uds. __*en*__ su casa.
9. __*Por*__ aquí.
10. Tenemos estas cruces de oro __*con*__ incrustaciones __*de*__ diamantes.
11. Voy __*a*__ mostrarles.
12. Cuestión __*de*__ quince minutos __*en*__ lo sumo.
13. __*Como*__ son nuevos en la ciudad. . .
14. Oiga Ud., respóndame __*por*__ su vida o es hombre muerto.

RICARDO PALMA

DON DIMAS
DE LA TIJERETA
Tradición Peruana
(Adaptación teatral de Samuel Pérez Barreto)

NOTA PRELIMINAR

La dramatización de *Don Dimas de la Tijereta,* cuento extraordinario y picaresco que forma parte de las célebres *Tradiciones peruanas* de Ricardo Palma, es creación del talentoso dramaturgo peruano, Samuel Pérez Barreto. El señor Barreto también dramatizó la graciosa *El obispo Chicheñó,* otra *Tradición* incluída en esta colección, que comienza en la página 65.

Don Dimas de la Tijereta es un personaje extraído de la más castiza tradición colonial. Reuniendo en él todos los defectos y exageraciones atribuidos al gremio de los escribanos crea Palma en su don Dimas un personaje arquetípico.

Tomando como punto de partida el tema clásico del hombre que, enamorado de una mujer desdeñosa, acude al Diablo para, a cambio de un compromiso, alcanzar los favores de la amada, Palma nos ofrece un delicioso bosquejo de la vida en la Lima colonial. Don Dimas es un personaje concebido dentro del estilo caricaturesco tan afín a la literatura picaresca en la que Palma parece, al menos, inspirarse. El diálogo es siempre ágil y gracioso dejándose retratar los personajes a través de su habla peculiar.

El final, en el que con un grotesco equívoco semántico queda ridiculizado el tema clásico, fuente de esta tradición, nos recuerda la manera de concebir la literatura que más tarde postularía Valle-Inclán con su famoso *Callejón del gato,* por el que se pasean los héroes clásicos sometiéndose a la deformación de su sentido trágico por virtud de la ilusión óptica de los espejos cóncavos.

Acto Único

NARRADOR: Érase que se era, y el mal que se vaya y el bien se nos venga, que allá por los primeros años del siglo XVIII existía en pleno Portal de Escribanos de la tres veces coronada Ciudad de los Reyes del Perú, un cartulario de antiparras cabalgadas sobre la nariz ciceroniana, pluma de ganso u otra ave de rapiña, tintero de cuerno, gregüescos de paño azul a media pierna, jubón de tiritaña y capa española de color parecido a Dios en lo incomprensible y que le había llegado por legítima herencia pasando de padres a hijos durante tres generaciones. Conocíale el pueblo por tocayo del buen ladrón a quien don Jesucristo dio pasaporte para entrar en la gloria; pues nombrábase don Dimas de la Tijereta, escribano de número de la Real Audiencia y hombre que, a fuerza de dar fe se había quedado sin pizca de ella, porque en el oficio gastó en breve la poca que trajo al mundo. Decíase de él que...

HOMBRE 1: Como usted lo oye, amigo mío; don Dimas de la Tijereta tiene más trastienda que un bodegón, más camándulas que el rosario de Jerusalén que carga al cuello.

HOMBRE 2: Y más doblas de a ocho, fruto de sus triquiñuelas, embustes y trocatintas, que las que caben en el último galeón que zarpó para Cádiz.

HOMBRE 1: Acaso el versillo de marras sobre gatos y escribanos tiene a don Dimas por inspiración...

HOMBRE 2: ¿Qué versillo?

HOMBRE 1: Un escribano y un gato en un pozo se cayeron, como los dos tenían uñas, por la pared se subieron.

HOMBRE 2: ¡No me llamaría la atención! Es fama que a tal punto se han apoderado los tres enemigos de su alma que la pobre está de zurcidos y remiendos que no la reconociera ni su Divina Majestad con ser quien es y quien la hizo. Tengo para mis adentros que si le viniese en antojo al Ser Supremo llamarla a juicio, exclamaría con sorpresa: «¡Dimas!, ¿qué has hecho del alma que te di?»

NARRADOR: Ello es, como oyen ustedes y habrán podido deducir de las conversaciones, que don Dimas en punto a picardías era la flor y nata de la gente del oficio y que si no tenía el malo por donde desecharlo, tampoco el ángel de la guarda hallaría asidero a su espíritu para transportarlo al cielo, cuando le llegase el lance de las postrimerías. Cuentan de su merced que, siendo mayordomo del gremio en una fiesta costeada por los escribanos, a la mitad del sermón...

CURA: Y así, amados hijos míos, la bienaventuranza es don que su Divina Majestad nos ha concedido a nosotros, tristes y pobres mortales, para que embebidos en los preceptos de nuestra...

(*Terrible ruido de un gato al caer desde el techo*)

HOMBRE 1: ¿Qué ocurre?

HOMBRE 2: ¡Temblor!

TODOS: ¡Socorro! ¡Sálvese quien pueda!

DIMAS: ¡Un momento! ¡Un momento! ¡Quieto todo el mundo! ¿Por qué se atolondran y se atropellan sus mercedes de tal mala guisa? La cosa no es para espantar a nadie. No hay motivo para barullo, caballeros. Adviertan que el que ha caído es un cofrade de esta ilustre congregación.

HOMBRE 1: ¡Un gato!

DIMAS: Ni más ni menos: un gato, señor mío. Un ilustre cofrade nuestro que ciertamente ha delinquido en venir un poco tarde a la fiesta. ¡Ea...! Siéntense todos otra vez y siga su reverencia con el sermón.

NARRADOR: La escena pinta de cuerpo entero y con colores tan vivos como exactos a nuestro ilustre escribano don Dimas de la Tijereta. Terminado el sermón, en los grupos de oyentes que se forman siempre a la salida...

HOMBRE 1: Y tengo para mí que si no nos libramos pronto de este vivísimo vividor hemos de pasarla más mal que postre entre moscas.

HOMBRE 2: ¡Claro!... ¡Claro!... Pero, ¿no exagera un poco vuesa merced?

HOMBRE 1: Mala pascua me dé Dios, y sea la primera que viniere o deme longevidad de elefante con salud de enfermo, si en una sola de las palabras que he pronunciado he tenido voluntad de jabonar el ánimo de ustedes con exageraciones. Lo dicho,

señores, don Dimas es más peligroso que mecha de dinamita
recién encendida.

HOMBRE 2: ¿Y qué escribano no lo es, señor escribano?

HOMBRE 1: ¡Señor escribano!

NARRADOR: Digo lo mismo que el escribano exagerado o no.
Deme Dios longevidad de elefante con salud de enfermo si en
el retrato así físico como moral de Tijereta he tenido voluntad
de jabonar la paciencia a miembro viviente de la respetable
cofradía del «ante mí y el certifico». Y hago esta salvedad digna
de un lego confitado, no tanto en descargo de mis culpas, que
no son pocas, y de mi conciencia de narrador, que no es grano
de anís, cuanto porque esa es gente de mucha enjundia, con la
que ni me tiro, ni me pago, ni le debo, ni le cobro. Y basta de
dibujos y requilorios y andar andillo y siga la zambra, que si
Dios es servido y el tiempo y las aguas me favorecen y esta conseja
cae en gracia, cuentos he de enjaretar a porrillo y sin más inter-
vención de cartulario. Ande la rueda, y coz con ella.
Pues señor, no sé quién sostuvo que las mujeres eran la perdición
del género humano, en lo cual, mía la cuenta, si no digo en bellaquería gorda como el puño. Siglos y siglos hace que a la pobre
Eva le estamos echando en cara la curiosidad de haberle pegado
un mordisco a la consabida manzana, y como si no hubiese estado
en manos de Adán, que era a la postre un pobrete educado muy
a la pata la llana, al acusar y más tarde al no defender a su con-
junta. ¡Bonita disculpa la de nuestro padre Adán! En nuestros
días la disculpa no lo salvaba de ir a presidio. Acepten también
los hombres nuestra parte de responsabilidad en una tentación
que tan buenos ratos proporciona y no hagamos cargar con todo
el mochuelo al bello sexo.

¡Arriba piernas, arriba zancas,
en este mundo todas son trampas!

No faltará quien piense que esta digresión no viene a cuento.
¡Pero vaya si viene! Como que me sirve nada menos que para
informar a ustedes que don Dimas de la Tijereta dio a la vejez
en... Bueno, dejémoslo a uno de los vecinos de Lima que lo diga
porque se muere toditito de puras ganas de hacerlo...

HOMBRE 1: Pues, ¿qué les parece, vecinos?

TODOS: ¿Qué...? ¡Cuente! ¡Cuente, don Apolinario! ¡Cuente!

HOMBRE 1: ¿No lo saben aún?

HOMBRE 2: No, ¿qué cosa?

TODOS: ¡Cuente! ¡Cuente, don Apolinario!

HOMBRE 1: Pues don Dimas de la Tijereta, a la edad en que hombres y mujeres huelen no precisamente a «patchoulí» sino a cera de bien morir, ha dado en la peor tontura en que puede dar un viejo.

HOMBRE 2: ¿Cuál?

MUJER 1: ¿Cuál?

HOMBRE 1: Se ha enamorado hasta la coronilla de Visitación.

MUJER 1: ¿De Visitación?

TODOS: ¿De Visitación?

NARRADOR: Visitación era una gentil muchacha de veinte primaveras, con un palmito y un donaire y un aquél, capaces de tentar al mismísimo general de los padres belethmitas, una cintura pulida y remona de esa de mírame y no me toques, labios colorados como guindas, dientes como almendrucos, ojos como dos luceros y más matadores que espada y basto en el juego de tresillo o rocambor. ¡Cuando yo digo que la moza era un pimpollo a carta cabal...!

HOMBRE 2: ¿Pero qué es lo que oigo, vecino? ¿De manera que don Dimas de la Tijereta y la Visitación...?

HOMBRE 1: No, no... vecino... no ocurre lo que usted discurre.

HOMBRE 2: ¿No?

TODOS: ¿No...?

HOMBRE 1: ¡No!

HOMBRE 2: Pero si don Dimas tiene más dinero que Creso.

MUJER 1: Y puede morirse pronto y dejarlo todo a la niña.

MUJER 2: Eso lo sabemos, don Dimas, la niña y todo el mundo, pero caprichos son caprichos y en cosas del corazón...

MUJER 1: ¿Pero quién se opone?

HOMBRE 2: ¿Quién hace la malilla a Tijereta?

HOMBRE 1: Visitación.

MUJER 1: ¿Visitación con mohines, dengues y merengues tratándose de peluconas contantes y sonantes?

HOMBRE 2: A lo mejor don Dimas quiere gratis la paloma...

HOMBRE 1: Don Dimas está pronto a dar no sólo todo lo que tiene y lo que no tiene sino incluso su propia alma.

MUJER 1: ¿Entonces?

HOMBRE 1: Entonces es que Visitación se ha encaprichado...

MUJER 1: ¿Encaprichado Visitación?

TODOS: ¿Encaprichado Visitación?

TÍA: ¡Ese es un capricho tuyo y nada más, Visitación!

VISITACIÓN: Pues capricho o no capricho, don Tijereta no besará ni la punta de los dedos de mi mano derecha.

TÍA: ¿Pero estás loca, Visitación?

VISITACIÓN: Estaré loca.

TÍA: Don Dimas de la Tijereta puede solucionar todos nuestros problemas. Don Dimas de la Tijereta es uno de los hombres más ricos de Lima. Don Dimas de la Tijereta...

VISITACIÓN: Don Dimas de la Tijereta me cae gordo, pesado y feo como el mismísimo demonio.

TÍA: Repórtate hija mía, repórtate, ¿qué mosca te ha picado que ahora me vienes con estas virtudes de última hora?

VISITACIÓN: Mira, tía, yo no tengo ningún reparo, digo, en que si don Tijereta.

TÍA: Don Dimas, Visitación...

VISITACIÓN: Don Dimas o don Gestas, no tengo ningún reparo en que si a ti te parece bien, accedas a concederle tu mano, tu pie o lo que sea...

TÍA: Pero si no es a mí a quien busca.

VISITACIÓN: Búscalo tú entonces.

TÍA: ¡Hijita! ¡Hijita! Don Dimas está más prendado de ti que del cielo si se lo ofreciesen en este mismo instante. Es a ti a quien quiere.

VISITACIÓN: Pues yo no lo quiero ni siquiera en pintura. Me es antipático y odioso, sermón de lego en la puerta del templo.

TÍA: ¡Criatura! Reflexiona, repara, compara, ¿qué quieres?

VISITACIÓN: Que me dejen en paz.

TÍA: ¿Y don Dimas?

VISITACIÓN: Que se vaya al mismísimo demonio.

TÍA: Pues ahí está.

VISITACIÓN: Pues ahorita mismo vuelve a regresar por donde ha venido.

TÍA: ¿No lo recibirás?

VISITACIÓN: No.

TÍA: ¿Ni por hacerme un favor?

VISITACIÓN: Ni por eso, ni por nada.

TÍA: Visitación, comprende que...

VISITACIÓN: No comprendo nada.

TÍA: ¿Y qué le digo?

VISITACIÓN: Lo que se te ocurra.

NARRADOR: Y no hubo caso. Visitación se negó de la manera más rotunda que pueda imaginarse a recibir al pobre don Dimas. Y así pasaron meses y meses y así llegó una noche en que...

DIMAS: Pero, señora mía, su sobrina es más difícil de abordar que fortaleza incaica.

TÍA: No, don Dimas, lo que pasa es que...

DIMAS: Lo que pasa es que no puede verme ni en pintura.

TÍA: No, don Dimas, lo que pasa es que...

DIMAS: Sí, don Dimas, ¿para qué engañarnos? Y lo peor es que no puedo levantar los hombros y mandarme cambiar porque tengo a Visitación, a Visitacioncita, más metida en el alma que sangre de cristiano. Además, repare vuesa merced que ya le tengo regaladas más joyas y abanicos de marfil y lujosos vestidos que tienda de anticuario.

TÍA: Yo le prometo, don Dimas, que esta semana le arreglo el asunto de manera que usted quede la mar de satisfecho...

DIMAS: ¿Cree usted que será posible?

TÍA: Yo se lo prometo, don Dimas.

DIMAS: ¡Huy! Mire usted, mire usted, doña Encarnación, que aquí llega la perla de mis delirios.

TÍA: ¡Dios mío! ¡Tormenta en puerto!

DIMAS: ¿Qué dijo vuesa merced?

TÍA: Nada, nada, ¡que... qué casualidad!

DIMAS: Hermosa entre las hermosas, bella entre las bellas, flor delicadísima y apreciadísima.

VISITACIÓN: Y carísima.

DIMAS: ¿Cómo?

VISITACIÓN: Y carísima, don Tijereta, dije, y carísima. ¿Verdad, tía?

TÍA: Pues yo... pues yo... francamente... yo...

VISITACIÓN: No sabía que estaba usted aquí, señor escribano.

DIMAS: Llámeme Dimas.

VISITACIÓN: He dicho señor escribano. No sabía que estaba usted aquí.

DIMAS: Pues sí, sí, resulta que ya lo ve, ya lo ve, estoy aquí.

VISITACIÓN: ¿Ha venido a visitar a mi tía?

DIMAS: He venido a visitarla a usted.

VISITACIÓN: Muchas gracias, pero tengo que hacer. (*Entonando*): «No pierdas en mí balas, carabinero, porque soy paloma de mucho vuelo».

DIMAS: ¿Cómo dice?

TÍA: No, no, estaba cantando, es una canción, una canción, don Dimas...

VISITACIÓN (*entonando*): «Si quieres que te quiera me has de dar antes, aretes y sortijas, blondas y guantes».

DIMAS: Lindura, preciosura, maravilla, ¿y todo lo que te he dado?

VISITACIÓN: ¿Verdad, tía, que yo soy muy difícil de satisfacer?

TÍA: Este... este...

VISITACIÓN: ¿Verdad, tía, que yo no me contento con nada?

TÍA: Mire, don Dimas, lo que ocurre es...

DIMAS: Lo que ocurre es que mañana mismo tendrá a sus pies esta reina de reinas todos los aretes y las sortijas y los prendedores que se le antoje.

TÍA: ¡Don Dimas!

DIMAS: ¿Verdad que quedará contenta mi reina?

VISITACIÓN: ¿Se dirige usted a mí, don Tijereta?

TÍA: ¡Visitación! ¿Cómo es posible que después del ofrecimiento hecho por su señoría ilustrísima, el digno y nunca bien ponderado señor don Dimas de la Tijereta...? Tú estás bromeando, ¿verdad?

VISITACIÓN: Desde luego, tía. Tú sabes que yo siempre estoy de broma.

NARRADOR: Y broma era, porque pese a los estupendos regalos que volvió a hacerle don Dimas de la Tijereta a la bella Visitación, ésta no dio pie atrás en sus negativas ni en sus aceptaciones de los aretes, prendedores y pulseras de turquesas, diamantes y brillantes que él le hizo. Desesperado ya don Dimas y casi loco porque una noche Visitación le dijo sin mandárselo decir...

VISITACIÓN: Y sépase usted de una vez por todas que no quiero volverlo a ver a usted en mi vida. Estoy harta de tener continuamente ante mis ojos la estampa de usted, don Tijereta...

DIMAS: Pero Visitación...

VISITACIÓN: Váyase usted a... visitar a otra.

NARRADOR: Y tuvo que irse mal que le pesase, maltrecho y con el cerebro más revuelto que pócima de boticario barato. Iba sin saber por dónde cuando se levantó un vientecillo de esos de correr... ¿Qué ocurría? ¿Por qué este aire imprevisto? Pues o mucho me equivoco o el diablo tiende una de sus trampas...

DIMAS: ¿De manera que la niña no quiere aceptarme? Pues venga un demonio cualquiera y cargue con mi «almilla» a cambio del amor de Visitación.

DIABLO: ¡Ajá!... Alguien nos reclama en la tierra. ¡Lilit!

LILIT: ¡Majestad!

DIABLO: Sube rápido a la superficie de la redonda y entérate quién es el que necesita de nosotros.

LILIT: ¡Majestad...! ¡Majestad...! No se haga usted el disimulado que ya sabe y bien quién es y qué cosa quiere el feligrés de los gritos.

DIABLO: ¿Yo...?

LILIT: ¿Acaso no le preparó vuesa merced esa trampa?

DIABLO: Calla, tunante, te prohibo que andes viendo las cosas que yo hago. Anda de todas maneras a la Tierra y entérate por ti mismo de las cosas.

LILIT: Como su Majestad ordena.

DIABLO: ¡Rápido, demonio, rápido!

LILIT: ¿Decía su merced?

DIMAS: ¿Qué? ¿Quién eres?

LILIT: Pues... yo soy... el diablo.

DIMAS: ¿El diablo?

LILIT: El mismo que viste y calza. ¿No llamaba su merced hace un instante?

DIMAS: Pues yo... pues yo... Pues bien, sí, sí, te llamaba. Te entrego mi almilla al cabo de tres años si me concedes durante el mismo tiempo los amores y favores de Visitación.

LILIT: ¡Viejo pícaro era el señor escribano! ¿Los amores y favores de Visitación?

DIMAS: ¿No puedes?

LILIT: ¡Un instante! ¿Lo hago, Majestad?

DIABLO: Desde luego, Lilit, está en nuestras manos.

LILIT: Regresa a la casa de Visitación y prepárate a recibir una gran sorpresa.

DIMAS: ¿Se echará en mis brazos?

LILIT: Sí.

DIMAS: ¿Me amará?

LILIT: ¡Ayyyyyyy! Te amará como Julieta amó a Romeo.

DIMAS: ¡Por todos los diablos! ¡Huy! Perdón, señor demonio. Estoy tan contento que ya ni sé lo que digo. Adiós, adiós y muchas gracias, muchas gracias.

LILIT: ¡Eh... un momento! Un momento señor de la Tijereta. ¿Adónde va usted tan apurado?

DIMAS: Pues ya puede vuesa merced imaginarlo. A casa de Visitación.

LILIT: Amigo mío, antes debe firmar usted este pergamino con sangre de sus propias venas.

DIMAS: ¿Qué es?

LILIT: El contrato para poder reclamar, dentro de tres años justos, vuestra alma.

DIMAS: Almilla, señor demonio, almilla, no seamos exagerados.

LILIT: Pues, bien. Vuestra almilla. Firme aquí.

DIMAS: ¿A ver? Y por lo siguiente... etc., etc., entregaré mi almilla, muy bien, exactamente, mi almilla, dentro de tres años justos. ¿Dónde pongo la firma?

LILIT: Aquí.

DIMAS: Listo. ¿Alguna otra cosa más?

LILIT: No, es todo. ¡Qué hombre más modesto, llamar almilla a su alma!

VISITACIÓN (*abriendo la puerta*): ¡Don Dimas, don Dimas!, ¡qué maravillosa ocurrencia la suya ésta, la de regresar a verme!

TÍA: Don Dimas, ha ocurrido un prodigio.

DIMAS: Ya lo sé.

VISITACIÓN: Dimas, Dimas de mi alma. ¿Verdad que me perdonas todas mis locuras? ¡Oh, qué ciega y necia he sido al no apreciar como debía tu belleza, tu caballerosidad, tu donaire!

DIMAS: ¡Visitación de mi alma, prenda de mi vida!

TÍA: Por favor, por favor, un poco de recato en mi presencia.

VISITACIÓN: Pero, tía, ¿es que no te alegras al apreciar mi mudanza? ¿No comprendes que loca estaba y he vuelto al juicio? ¿No percibes que mis ojos estaban vedados a la luz y he recobrado la facultad de ver?

DIMAS: Bésame, bésame, Visitacioncita mía.

VISITACIÓN: Toma, amor, toma...

NARRADOR: Bueno, bueno, bueno... mejor doblemos esta hoja, que de suyo es peligroso extenderse en pormenores que puedan tentar al prójimo, labrando su condenación eterna sin que les valga bula ni perdón alguno del obispo, arzobispo, ni tan siquiera del cardenal. Bástenos saber que Lilit, el travieso diablillo, había encendido en el corazón de la bella Visitación el fuego de Lais y en sus sentidos la desvergonzada lubricidad de Mesalina... Y en estas y las otras cosas maravillosas del amor, pasaron los tres años. Don Dimas, más feliz que unas pascuas, y Visitación, más dichosa que un dos de julio... Pero como no hay deuda que no se pague ni plazo que no se cumpla, llegó en el reloj del tiempo la hora del vencimiento del contrato que el señor de la Tijereta había firmado con su propia sangre, y, de pronto, como por arte de magia, el escribano se vio trasladado al mismo sitio donde había hecho compromiso con Lilit.

LILIT: Y mi querido señor don Dimas de la Tijereta... ¿Contento o no?

DIMAS: Como unas pascuas, amigo mío, como unas pascuas; todo va a pedir de boca.

LILIT: Iría, mi ilustre señor escribano, o si usted prefiere: iba como unas pascuas, pues aquí termina. Ha llegado la hora de cumplir con lo estipulado en el contrato.

DIMAS: Estoy listo a pagar, amigo mío.

LILIT: Pues prepárese vuesa merced, le faltan dos minutos para que expire el plazo.

DIMAS: ¡Un instante!

LILIT: ¿Pero qué hace usted, don Dimas? ¿Por qué se desviste? No, no, no. No se dé vuesa merced ese trabajo, que maldito el peso que aumentará a la carga la tela del traje.

DIMAS: Pues si no me desvisto, no veo cómo puedo pagar lo prometido.

LILIT: Pues bien, si es su deseo; total, aún falta un minuto.

DIMAS: ¡Bien! ¡Aquí está!

LILIT: ¿Qué es esto? ¿Qué quiere usted que yo haga con esta prenda de vestir?

DIMAS: Es lo prometido, amigo mío. ¿No se acuerda vuesa merced?

LILIT: ¿Que esta prenda es lo prometido en el contrato?

DIMAS: Ni más ni menos. Esta prenda de vestir que usted tanto desprecia se llama almilla, almilla. ¿Prometí yo otra cosa? En el contrato que firmé decía bien claro: almilla.

LILIT: ¡Ah, no señor, conmigo no se juega! Véngase ahora mismo en mi compañía a ver a mi patrón y a poner las cosas en orden. ¡Vamos!

NARRADOR: Y no hubo caso. Hasta el infierno fue a parar don Dimas...

DIABLO: ¿De manera que has pretendido burlarte de nosotros?

DIMAS: ¡Dios me libre! Digo... cualquier cosa me libre de haber pretendido tal. Desde el primer instante dije mi almilla y allí está estampada la palabra en el contrato.

DIABLO: Pues tiene gracia la cosa. Lo veremos en el juicio.

DIMAS: Venga el juicio, que si no hacen trampa lo ganaría aquí o en cualquier parte que sea.

NARRADOR: Afortunadamente para Tijereta no se había introducido por entonces en el infierno el uso del papel sellado y el proceso en primera, en segunda y en tercera instancia; así como en la corte superior y en la suprema fue llevado de una velocidad inconcebible para los jueces, abogados y escribanos de la tierra.

DIABLO: Pero Satanás, entonces... entonces...

SATANÁS: Entonces, quiere decir que has perdido y basta. El señor de la Tijereta, por más que nos pese, tiene toda la razón. En el contrato dice almilla y consta por las declaraciones y averiguaciones del juicio que no llevaba otra intención que la de entregar la prenda de vestir cuando firmaba con su propia sangre. Arráncate el rabo, los cuernos o lo que quieras, pero lo justo es justo, aquí y en Pernambuco.

NARRADOR: Y no hubo remedio. Don Dimas de la Tijereta ganó con todas las de la ley, demostrando que en eso de engañar los escribanos le llevan buena ventaja hasta al mismo Diablo. Pero todo tiene sus bemoles. El Demonio se hizo desconfiado y receloso con la mala ventura que había tenido con don Dimas y cuentan que cierta vez decía un escribano:

ESCRIBANO: Venga el Diablo. Venga el Diablo y te entrego mi alma por los amores de Toribia.

LILIT: ¿Voy, patrón?

DIABLO: Nunca. Ni se te ocurra asomar las narices por la tierra en estos instantes. El que llama es un escribano y si ahora dice que entrega su alma, sabe Dios qué entiende por tal cosa.

NARRADOR: Como ustedes lo oyen, señores, amigos míos... y colorín, colorado, y aquí el cuento ha terminado.

FIN

A. CUESTIONARIO

1. ¿Qué carrera tiene don Dimas? ¿Cómo es él? Describa sus cualidades según narran los Hombres 1 y 2.
2. ¿Cómo se comporta Visitación ante don Dimas al principio? ¿Cuáles cambios se notan después?
3. Y la tía, ¿está de acuerdo con la actitud de su sobrina? ¿Por qué se interesa en hacer un enlace entre los dos?
4. ¿Por qué llega Lilit del mundo del Diablo para estar con don Dimas?
5. ¿Qué promete entregar don Dimas a cambio de tres años al lado de Visitación? ¿Con qué firma el contrato? ¿Con quién?
6. ¿Qué pasa al cabo de tres años? ¿Qué entrega don Dimas?
7. ¿Quién gana el juicio que se lleva a cabo en el Infierno, Dimas o el Diablo?

B. TEMAS DE DISCUSIÓN Y COMPOSICIÓN

1. Identifique algunos elementos criollos que retratan la ciudad colonial de Lima.
2. Don Dimas ganó el juicio contra el Diablo por una equivocación de cierta palabra. Explique.

C. EJERCICIO

Complete las siguientes frases según la lectura.

1. Don Dimas quiere hablar con el Diablo porque _____ .
2. Visitación no quiere casarse con don Dimas y dice que _____ .
3. Los términos del contrato entre don Dimas y Lilit son _____ .
4. La sorpresa que encuentra don Dimas al regresar a la casa de Visitación es _____ .

D. EJERCICIO

Traduzca al español lo que se encuentra entre paréntesis.

Ejemplo Su esposo (*was afraid*).
Su esposo tenía miedo.

1. Visitación fue a ver a (*an aunt of hers*).
2. ¿Por qué no podía (*love him*)?

3. El Diablo (*told it to him*).
4. No era (*hers*) la decisión.
5. ¿Por qué Lilit no podía (*defend himself*)?
6. Don Dimas hacía todo para (*make Visitación happy*).
7. Te amará (*just like Juliet loved Romeo*).
8. Estoy (*ready to pay*), amigo mío.
9. (*We will see him*) al juicio.
10. Estaba seguro de que (*Satan was there*).

E. EJERCICIO

Complete las siguientes frases con las palabras más apropiadas.

1. Don Dimas habló _____ el Diablo.

   a. por
   b. con
   c. para

2. Visitación _____ poco a poco a don Dimas.

   a. ha salido
   b. aparecía
   c. se acercaba

3. _____ que Visitación llegó a amar a don Dimas.

   a. Pasado un rato
   b. Resulta
   c. Después de

4. Don Dimas le _____ a la tía.

   a. pegó un tiro
   b. dio confianza
   c. gritó

CARLOS SOLÓRZANO

LAS MANOS DE DIOS

DIOS

Auto en tres actos

NOTA PRELIMINAR

Carlos Solórzano, nacido en Guatemala en 1922, se traslada en 1939 a México, donde cursa sus estudios y comienza a cultivar su vocación por el teatro. Arquitecto y doctor en Filosofía y Letras, es nombrado en 1951 director del Teatro Universitario. Desde entonces su vinculación al teatro mexicano ha sido continua. Por la profunda humanidad de su obra y por sus contribuciones críticas y académicas, Solórzano es considerado uno de los nombres fundamentales en la historia del teatro latinoamericano contemporáneo.

A su oficio de escritor une Carlos Solórzano los de crítico y profesor. Como crítico, hay que destacar su obra *Teatro latinoamericano del siglo XX*, contribución importante al estudio del vasto panorama de la escena latinoamericana en nuestro siglo. En 1966 aparece su novela *Los falsos demonios*, que constituye uno de los grandes éxitos literarios del año, siendo traducida a varios idiomas.

Su producción dramática incluye *Doña Beatriz* (1951), *El hechicero* (1954), *Las manos de Dios* (1956), *Los fantoches* (1959), *El crucificado* (1959), *El sueño del ángel* (1960), *El censo* (1962), y *Cruce de vías* (1966).

Las manos de Dios es, sin duda alguna, una de las obras más conocidas de Solórzano. Aun cuando podemos trazar la genealogía de esta obra hasta el distante teatro religioso hispano del Barroco, muy especialmente el Auto Sacramental, su vigencia, su actualidad, no ya dentro del ámbito del teatro y la sociedad latinoamericanos sino también en términos del ser humano de nuestro tiempo, son claros exponentes del «Vanguardismo» intelectual de Solórzano.

Las manos de Dios es una obra valiente y directa que nos enfrenta con algunos de los problemas esenciales de Latinoamérica. En un pueblo sometido a la voluntad tiránica de un cacique en lo material y a la arbitrariedad de la superstición en lo espiritual, casi se produce el milagro del resurgimiento del individuo con su voluntad propia y su propia manera de concebir el mundo. A través de un personaje, el Diablo, que no es sino la encarnación alegórica del espíritu de rebelión del individuo contra lo impuesto desde fuera, la semilla de la duda queda sembrada en el ánimo de Beatriz.

La obra es la agonía de esta muchacha, que lucha desesperadamente por liberarse del mundo sumiso en que la tradición la ha obligado a vivir. Esta angustiada lucha, cuyo final puede para algunos padecer de cierto pesimismo, es sin embargo un canto de esperanza, porque, para Solórzano, mientras haya duda el mundo rechazará las respuestas fáciles. El individuo en busca de su propia identidad, perplejo ante miles de preguntas, incrédulo ante otras tantas respuestas desposeídas ya de su antigua aureola de autenticidad, se enfrenta con el último dilema: el de hallar una respuesta que no pierda su sentido al encontrarse ante las puertas de la muerte, ante el abismo insondable de la nada. Ante tal pregunta, Solórzano nos propone que el pueblo debe arrancarse de las viejas creencias, ahora sin sentido, y en plena libertad postular, o al menos intentarlo, su propia e individual respuesta.

PERSONAJES

EL CAMPANERO de la iglesia, muchacho
EL SACRISTÁN, viejo
EL SEÑOR CURA, mediana edad, grueso, imponente
EL FORASTERO (luego EL DIABLO)
BEATRIZ, muchacha del pueblo
EL CARCELERO, viejo
UNA PROSTITUTA
IMAGEN DE LA MADRE
IMAGEN DE BEATRIZ, con vestido idéntico al de Beatriz
y máscara de dicho personaje
IMAGEN DEL HERMANO NIÑO
IMAGEN DEL HERMANO
CORO DE HOMBRES, vestidos uniformemente, las caras
como máscaras
CORO DE MUJERES
SOLDADOS
PRISIONEROS

La acción en una pequeña población de Iberoamérica
Hoy

DECORADO

Es el mismo para los tres actos. La plaza de un pueblo: A la izquierda al fondo, una iglesia; fachada barroca, piedras talladas, ángeles, flores, etc. Escalinata al frente de la iglesia. En medio de las chozas que la rodean, ésta debe tener un aspecto fabuloso, como de palacio de leyenda. A la derecha y en primer término, un edificio sucio y pequeño con un letrero torcido que anuncia: «Cárcel de Hombres». A la izquierda, en primer término, un pozo. El resto, árboles secos y montes amarillos y muertos.

Acto Primero

(Es de tarde. La campana de la iglesia repica lánguidamente. Al alzarse el telón la escena permanece vacía unos segundos. Luego la atraviesan en todos sentidos hombres y mujeres en una pantomima angustiosa, mientras suena una música triste. Todos doblegados por una carga; los hombres con cargamento de cañas secas y las mujeres llevando a la espalda a sus hijos. Van al pozo, sacan agua. Se oyen fuera de la escena varios gritos que se van acercando: ¡Señor Cura! ¡Señor Cura! EL CAMPANERO entra jadeante en escena, gritando. De la iglesia sale EL SACRISTÁN, que viene a recibirlo. Los hombres y mujeres del pueblo, que forman EL CORO, silenciosos, se agrupan en torno de estos dos en una pantomima de alarma. Durante las dos primeras escenas, EL CORO comentará las situaciones sólo con movimientos rítmicos, uniformes, sin pronunciar una sola palabra.)

CAMPANERO *(sin resuello)*: ¡Señor Cura! ¡Señor Cura!

SACRISTÁN: ¿Qué pasa? ¿A dónde fuiste?

CAMPANERO: Quiero ver al señor Cura.

SACRISTÁN: Ha salido, fue a ayudar a morir a una mujer. Vendrá pronto. ¿Qué pasa?

CAMPANERO *(balbuciendo)*: Allá, en el monte.

SACRISTÁN: ¿En el monte? ¿Algo grave?

CAMPANERO: Ahí lo vi... Lo vi...

SACRISTÁN: Cálmate, por Dios. ¿Qué es lo que viste?

CAMPANERO *(con esfuerzo)*: Un hombre... He visto a un hombre vestido de negro...

SACRISTÁN *(suspirando aliviado)*: ¿Eso es todo? ¿Para decir que has visto a un hombre vestido de negro llegas corriendo como si hubiese sucedido una desgracia?

CAMPANERO: Usted no comprende. Ese hombre vestido de negro apareció de pronto. *(Estupor en EL CORO. EL SACRISTÁN les hace gestos para que se aquieten.)*

SACRISTÁN: ¿Qué dices?

CAMPANERO: Sí, apareció de pronto y me habló.

SACRISTÁN: Explícate claramente. ¡Lo has soñado!

CAMPANERO: No. Yo estaba sentado sobre unos troncos; veía ocultarse el sol detrás de esos montes amarillos y secos, pensaba que este año no tendremos cosechas, que sufriremos hambre, y de pronto, sin que yo lo advirtiera, él estaba ahí, de pie, junto a mí.

SACRISTÁN: No comprendo. (*Incrédulo*): ¿Y cómo era ese hombre?

CAMPANERO: Era joven. Tenía una cara hermosa.

SACRISTÁN: Sería algún forastero.

CAMPANERO: Parecía muy bien enterado de lo que pasa en este pueblo.

SACRISTÁN: ¿Te dijo algo?

CAMPANERO: «Tú eres campanero de la iglesia», me dijo, y luego, señalando los montes: «Este año va a haber hambre. ¿No crees que causa angustia ver un pueblo tan pobre y tan resignado?» (*Movimiento de extrañeza en los del* CORO.)

SACRISTÁN (*con admiración*): ¿Eso dijo?

CAMPANERO: Sí, pero yo le respondí: «El señor Cura nos ha ordenado rezar mucho, tal vez así el viento del Norte no soplará más, no habrá más heladas y podremos lograr nuestras cosechas». Pero él lanzó una carcajada que hizo retumbar al mismo cielo. (EL CORO *ve al vacío como si quisiera ver allí algo.*)

SACRISTÁN: ¡Qué insolencia! ¿No te dijo quién era, qué quería?

CAMPANERO: Sólo me dijo que es él mismo Dios quien nos envía esas heladas, porque quiere que los habitantes de este pueblo se mueran de hambre. (EL PUEBLO *está expectante en actitud de miedo.*)

SACRISTÁN: No hay que hacerle caso, lo que dijo no tiene importancia, pero tú no debiste permanecer callado.

CAMPANERO: No, si yo le dije que Dios no permitiría que nos muriéramos de hambre, pero él me contestó: «Ya lo ha permitido tantas veces...» Y luego, lo que más miedo me dio, ¡ay, Dios Santo!...

SACRISTÁN: ¿Qué? Habla pronto.

CAMPANERO: Lo que más miedo me dio, fue que adivinó lo que yo estaba pensando, porque me dijo: «Tú estás pensando que no es justo que estos pobres pasen hambre, cuando el Amo de este pueblo les ha arrebatado sus tierras, les hace trabajar para él y...» (*Los del* PUEBLO *se ven sin comprender, apretándose unos contra otros.*)

SACRISTÁN: ¡Cállate! ¡Cállate!

CAMPANERO: Quiero ver al señor Cura.

SACRISTÁN (al PUEBLO): No hay que hacer caso de lo que dice este muchacho. Siempre imagina cosas extrañas. (Al CAMPANERO): ¿No habías bebido nada?

CAMPANERO: No, le juro que no.

SACRISTÁN: Di la verdad.

CAMPANERO: No. De veras. No.

SACRISTÁN (con autoridad): Tú estabas borracho. Confiésalo.

CAMPANERO (vacilante): No sé, tal vez...

SACRISTÁN: Estabas borracho. Deberías arrepentirte y...

CAMPANERO: ¿Pero cómo iba a estar borracho si no había bebido nada?

SACRISTÁN: Te digo que estabas borracho.

CAMPANERO: Está bien. Si usted lo dice, así debe ser. Tal vez así es mejor. Porque lo más terrible es que ese hombre desapareció del mismo modo que había aparecido. Si yo estaba borracho, nada tiene importancia.

SACRISTÁN: Aquí viene el señor Cura.

(Entra EL CURA. EL PUEBLO se arrodilla, EL CURA hace señal para que se levanten.)

CURA: ¿Qué pasa, hijos míos? (EL CAMPANERO se acerca a él, suplicante.) ¿Es algo grave?

SACRISTÁN: No, señor Cura. Este muchacho ha bebido unas copas y...

CAMPANERO (se arroja a los pies del CURA): ¡No es verdad! ¡No es verdad! Yo no estaba borracho. Usted debe creerme.

CURA: Levántate, hijo.

CAMPANERO: Usted debe creerme que ahí, en el monte, se me apareció un hombre vestido de negro, me dijo que es Dios quien nos envía la miseria y la muerte, y lo peor es que apareció en el momento en que yo pensaba esas mismas palabras y su voz sonaba dentro de mí como si fuera mi misma voz dicha por mil gargantas invisibles. Me arrepiento de haber pensado eso. Usted me perdonará, ¿verdad?

CURA: Te perdono si te arrepientes. Lo principal es el arrepentimiento.

CAMPANERO: Sí, estoy arrepentido, porque todo sucedió como si una fuerza extraña a mí se me impusiera. Traté de rezar, pero él se rió y su risa me heló la sangre dentro del cuerpo.

CURA (*con asombro*): ¿Se rió porque rezabas?

CAMPANERO: Sí, y me dijo, además... Pero no sé si deba decirlo aquí.

CURA: Habla.

CAMPANERO: Me dijo: «No reces, ni vayas a la iglesia. Son formas de aniquilarte, de dejar de confiar en ti mismo». (*Movimiento de asombro en los del* CORO.)

SACRISTÁN: Padre, no lo deje seguir hablando aquí.

CURA: Déjalo, hijo mío, porque todos ellos tienen derecho de saber lo que estoy pensando.

SACRISTÁN: ¿Qué piensa usted, Padre?

CURA: Espera. (*Al* CAMPANERO): ¿Qué más dijo?

CAMPANERO: Ay, Padre, no puedo seguir...

CURA: Te ordeno que hables.

CAMPANERO: Pues bien, dijo: «Yo soy el jefe de los rebeldes de todo el mundo, he enseñado a los hombres a...» No recuerdo bien sus palabras... Sí, dijo: «He enseñado a los hombres a confiar en sí mismos, sin temer a Dios. Por eso muchas veces han dicho que yo soy el espíritu del mal, cuando lo único que he querido ser es...» ¿Cómo decía?... ¿Cómo dijo?... Sí, «lo único que he querido ser es el espíritu del progreso».

CURA: ¿Eso dijo? (*Reflexiona.*) ¿Notaste algo raro en él, en sus ojos?

CAMPANERO: Eran brillantes y profundos.

CURA: ¿Su cuerpo no tenía nada de particular? ¿Algún apéndice? ¿Sus manos?

CAMPANERO: Sus manos eran grandes y fuertes.

CURA: ¿No olía, acaso, de una manera muy peculiar?

CAMPANERO: No sé. Puso su mano aquí sobre mi hombro. Huela, huela usted, Padre. (*Se acerca al* CURA.)

CURA (*acerca su cara al hombro del* CAMPANERO *y retrocede con un gesto violento*): ¡Azufre! Vade retro, Satanás.

CAMPANERO (*con un gesto impotente*): ¿Qué dice usted, Padre?

CURA: ¿No comprendes quién era? Te dijo que no reces, que no vengas a la iglesia, habló en contra de Dios, se declaró el jefe de los hombres rebeldes y huele a azufre. Es muy claro.

CAMPANERO (*atónito*): ¿Qué? Mis vestidos siempre huelen un poco a azufre. (EL PUEBLO *muévese con espanto, con estupor, con angustia.*)

CURA (*teatral*): Era el Demonio, hijos míos. El mismo Demonio. (*Los del* CORO *se apartan violentamente.*)

CAMPANERO: Pero él dijo que no era el espíritu del mal, sino del progreso...

CURA: Es lo mismo, hijo, es lo mismo. Nosotros, los servidores del Señor, sabemos distinguir al Enemigo. Fue por haber oído su voz que los hombres se sintieron capaces de conocerlo todo, y fue por eso también que Dios nos castigó haciéndonos mortales y al mismo tiempo temerosos de la muerte. (EL CORO *cae de rodillas, las cabezas en el suelo.*) Sólo quiero decirles una cosa: éste es un mal presagio. Todos ustedes deben venir con más frecuencia a la iglesia. Para ahuyentar al Enemigo, entremos a rezar ahora mismo, a nuestra venerada imagen del Padre Eterno que está aquí dentro, y que es orgullo de nuestro pueblo por las famosas joyas que ostenta en sus manos y que han sido compradas con las humildes limosnas de ustedes, de sus padres, de sus abuelos...

SACRISTÁN (*repite, como en feria*): A rezar a la imagen del Padre Eterno, que es orgullo de nuestro pueblo.

(*Suenan unos acordes de música religiosa. Los hombres y mujeres del pueblo se ponen de pie y comienzan a entrar, silenciosos, en la iglesia, en una marcha resignada, con las cabezas bajas.*)

CURA (*al* CAMPANERO): Tú, hijo mío, a rezar. A redimir tu cuerpo y tu alma de ese sucio contacto. (EL CAMPANERO *besa la mano del* CURA *y entra en la iglesia. Quedan solos* EL SACRISTÁN *y* EL CURA.)

SACRISTÁN (*vacilante*): ¿Padre, cree usted que ha sido realmente el Demonio? Me parece increíble en este siglo. Me pregunto si...

CURA: (*solemne*): A nosotros no nos cumple preguntar, hijo mío, sólo obedecer. Las preguntas en nuestra profesión se llaman herejías. Vamos a rezar. (*Entran los dos en la iglesia.*)

(*Algunos hombres y mujeres atraviesan la escena con las mismas cargas de la primera. Se oye de pronto un tema musical que encierra cierto misterio. Por el fondo aparece* EL FORASTERO. *Es joven y atlético. Sus facciones hermosas revelan decisión, capacidad de mando. Su cuerpo es elástico. Viste una malla alta y pantalones negros. Lleva una gorra, también negra, en la cabeza. Se adelanta y saluda con una pirueta un poco bufonesca a los transeúntes de la plaza.*)

FORASTERO: Buenas tardes. (*No recibe respuesta, el aludido pasa de largo sin verlo. Se dirige a otro.*) Buenas tardes. (*Tampoco recibe contestación, ni siquiera un gesto. Habla a otro.*) Perdone,

¿qué idioma hablan los habitantes de este pueblo? (*No recibe respuesta. Toma del brazo a un hombre, con energía.*) Buenas tardes, he dicho. (*El hombre lo ve, con la mirada vacía, y sigue su camino, indiferente.* EL FORASTERO *se acerca a la iglesia con curiosidad, intenta entrar, retrocede, vacila, se quita la gorra, se limpia el sudor de la frente.*) ¡Vaya! ¡Vaya! Los habitantes de este pueblo se han quedado mudos. (*Camina reconociendo el lugar, echa una última mirada a la iglesia y ríe. Sale pausadamente.*)

(*Entra* EL CARCELERO *seguido de* BEATRIZ. EL CARCELERO *es un hombre débil, pero de aspecto brutal. Su traje recuerda al traje militar. Lleva a la cintura una gran pistola que palpa constantemente para sentirse seguro.* BEATRIZ *es una muchacha de veinte años, bonita, vestida con extrema pobreza.*)

BEATRIZ (*corriendo tras* EL CARCELERO): Espera, espera. Me he pasado los días enteros esperándote para poder hablarte.

CARCELERO: No debo hablar contigo, te lo he dicho varias veces.

BEATRIZ: Nadie puede oírnos. Mira, la plaza está desierta.

CARCELERO: No debo hablar con la hermana de un hombre que está en la cárcel.

BEATRIZ: Espera. Me dijiste que mi hermano saldría libre ayer.

CARCELERO: Las órdenes cambiaron.

BEATRIZ: ¿Por qué?

CARCELERO: El Amo lo dispuso así.

BEATRIZ: Llevo un año esperando. Pasa el tiempo y me dices que mi hermano saldrá libre. Me hago la ilusión de que será así y luego me dices que han cambiado las órdenes. Creo que voy a volverme loca. Ayer le esperé. En la lumbre de nuestra casa le esperaba la cena que a él le gusta tanto y...

CARCELERO (*impaciente*): Lo siento.

BEATRIZ: ¿Por qué no lo dejan en libertad? Tú sabes que su falta no fue grave. Todo su delito consistió en decir que las tierras que eran nuestras son ahora otra vez del Amo. ¿No es la verdad?

CARCELERO: No estoy aquí para decir la verdad, sino para cumplir las órdenes del Amo.

BEATRIZ: Pero tú sabes que lo hizo porque es muy joven. No tiene más que dieciocho años. ¿No comprendes? Cuando murió mi padre pensamos que el pedazo de tierra que era suyo sería nuestro también, pero resultó que mi padre, como todos, le debía al Amo y la tierra es ahora de él. Mi hermano quiso hablarle, pero él ni siquiera le oyó. Después bebió unas copas y gritó aquí en la plaza lo que pensaba. No creo, sin embargo, que esa sea una razón para estar más de un año en la cárcel.,

CARCELERO: Todo fue culpa de tu hermano. Como si no supiera que aquí todo le pertenece al Amo. Las tierras son de él, los hombres trabajan para él al precio que él quiere pagarles, el alcohol con que se emborrachan está también hecho en su fábrica, la iglesia que aquí ves pudo terminarse de construir porque el Amo dio el dinero. No se mueve la hoja de un árbol sin que él lo sepa. ¿Cómo se atreve tu hermano a gritar contra un señor tan poderoso?

BEATRIZ: Mi hermano no creyó que podría ir a la cárcel por hablar lo que pensaba.

CARCELERO: Muchos han ido a la cárcel porque se atrevieron sólo a pensar mal del Amo.

BEATRIZ: Y ustedes, ¿cómo lo sabían?

CARCELERO (*viéndola fijo*): Se les conocía en la mirada. Una mirada como la que tú tienes ahora. (*Inicia el mutis. Entra* EL FORASTERO, *despreocupado.*)

BEATRIZ: Espera. Tú, como carcelero, podrás al menos decirme cuándo podré verlo.

CARCELERO: Tengo órdenes terminantes. El Amo no quiere que tu hermano hable con nadie en este pueblo y menos que vaya a meterles ideas raras en la cabeza. Por eso está incomunicado. (EL FORASTERO *advierte la escena que se desarrolla frente a él y observa atento.*)

BEATRIZ (*violenta*): ¿Tiene miedo el Amo de que algún día esos pobres hombres que él ha vuelto mudos le griten a la cara lo mismo que mi hermano le dijo?

CARCELERO (*viendo en torno suyo con temor*): Cállate.

BEATRIZ: Perdona. No sé lo que digo. Estoy desesperada. Ayúdame.

CARCELERO (*tiene un movimiento de compasión, luego se reprime y adopta un aire rígido*): En mi oficio no hay lugar para la compasión.

BEATRIZ: Dime, al menos, qué hace ahí dentro. ¿Se acuerda de mí? ¿Canta? (*Con añoranza*): Le gustaba tanto cantar...

CARCELERO: Haces mal en hablarme así. No me gusta enternecerme. Ahí dentro se olvida uno de que los hombres sufren y todo es más fácil así.

BEATRIZ: ¿Cuánto tiempo estará preso mi hermano?

CARCELERO: Eso no puedo decírtelo.

BEATRIZ: ¿Por qué?

CARCELERO: Nunca se sabe.

BEATRIZ: ¿Quieres decir que puede pasar otro año y otro más? No es posible. Yo debo hacer algo. Veré de nuevo al Juez y le diré...

CARCELERO: Inútil. El Juez es sobrino del Amo.

BEATRIZ: ¿Y el Alcalde?

CARCELERO: Hermano suyo.

BEATRIZ (*suplicante*): Tú debes ayudarme. (*Tierna*): Cuídalo. En estas noches en que sopla el viento debe sentir mucho frío. Cuando cayeron las heladas no pude dormir pensando que se despertaría gritando como un niño. Una de sus pesadillas era soñar que estaba preso. Siempre la misma pesadilla. Hasta llegó a contagiármela... Pero ahora está preso de verdad. ¿Qué puedo hacer?

CARCELERO (*con intención*): Quizá podrías...

BEATRIZ: Dímelo. Haré lo que sea.

CARCELERO: Podrías ir a ver al Amo.

BEATRIZ: ¿Crees que me recibiría?

CARCELERO: A él le gustan las muchachas bonitas. Aunque tiene muchas, podrías hacer la prueba. Tienes un cuerpo duro, ¿eh? (*La toca*): ¿Estás virgen todavía? (*Trata de abrazarla.*)

BEATRIZ (*lo rechaza violentamente*): Déjame, cochino. Tú y tu Amo pueden irse al demonio. ¡Al demonio! ¡Al demonio!

(BEATRIZ *llora.* EL CARCELERO *se encoge de hombros y entra en el edificio de la cárcel.* EL FORASTERO *desciende de la escalera del templo, de donde ha observado la escena, y se acerca, muy cortés, a* BEATRIZ.)

FORASTERO: Me pareció que llamabas. ¿Necesitas ayuda?

BEATRIZ: (*con lágrimas*): Quiero estar sola.

FORASTERO: No es culpa del carcelero. Él es sólo una pieza de la maquinaria.

BEATRIZ (*sin ver al* FORASTERO): ¡La maquinaria! ¿De qué habla usted?

FORASTERO (*misterioso*): Lo sé todo, Beatriz.

BEATRIZ (*al oír su nombre, vuelve a verlo, extrañada*): ¿Por qué sabe mi nombre? Ha estado espiando. ¿Quién es usted?

FORASTERO: Un extranjero como tú.

BEATRIZ: Yo nací en esta tierra.

FORASTERO: Pero nadie se preocupa por ti. Nadie te habla. Nada te pertenece. Eres extranjera en tu propia tierra.

BEATRIZ (*con amargura*): Es verdad. ¿Y usted cómo se llama?

FORASTERO: ¿Yo? (*Muy natural*): Soy el Diablo.

BEATRIZ (*con una risita*): ¿El Diablo?

DIABLO: Sí, ¿no me crees?

BEATRIZ: Pues... No sé... La verdad... No. Usted tiene ojos bondadosos. Todo el mundo sabe que el Diablo echa fuego por los ojos y que...

DIABLO (*sonriente*): No es verdad.

BEATRIZ: Y que lleva una cola inmensa que se le enreda entre las piernas al andar, y que tiene dos grandes cuernos que apuntan contra el cielo... Y que se acerca a las muchachas de mi edad para...

DIABLO (*con aire mundano*): ¿Para violarlas?

BEATRIZ (*avergonzada*): Sí, eso es lo que se dice.

DIABLO: Pues todo eso no es verdad. ¡Es una calumnia!

BEATRIZ (*con simpatía*): Bueno. Todo eso sería grave si usted fuera realmente el Demonio... Pero con ese aspecto tan cuidado, como de persona bien educada, no va a pretender asustarme.

DIABLO (*con un suspiro*): No me crees. Me lo esperaba. Pero tal vez así sea mejor. Seremos amigos más pronto.

BEATRIZ (*lo ve, extrañada*): No comprendo.

DIABLO: Debo advertirte que tengo dos clases de nombres. Unos que han sido inventados para asustar a los hombres y hacerlos creer que no deben seguir mi ejemplo (*teatral*): Mefistófeles, Luzbel, Satanás. (*Otra vez natural*): Como si yo fuera el mal absoluto. El mal existe, por supuesto, pero yo no soy su representante. Yo sólo soy un rebelde, y la rebeldía, para mí, es el mayor bien. Quise enseñar a los hombres el porqué y el para qué de todo cuanto les rodea; de lo que acontece, de lo que es y no es... Debo decirte que yo prefiero otros nombres, esos que aunque nadie me adjudica son los que realmente me pertenecen: para los griegos fui Prometeo, Galileo en el Renacimiento, aquí en tierras de América... Pero, bueno, he tenido tantos nombres más. (*Con un dejo de amargura.*) Los nombres cambiaron, pero yo siempre fui el mismo: calumniado, temido, despreciado, cuando lo único que he querido a través de los tiempos, es acercarme al Hombre, ayudarle a vencer el miedo a la vida y a la muerte, la angustia del ser y no ser. (*Torturado*). Quise hallar para la vida otra respuesta que no se estrellara siempre con las puertas cerradas de la muerte, de la nada.

BEATRIZ (*ingenua*): Pero ¿de qué está hablando?

DIABLO (*se vuelve a ella*): Perdona. (*Al ver que* BEATRIZ *lo ve con estupor.*) Mi principal defecto es que me gusta oírme demasiado. (*Saca de la bolsa un pañuelo que ofrece a* BEATRIZ. *Le habla con simpatía.*) Los habitantes de este pueblo son mudos, ¿verdad?

BEATRIZ: Hablan poco. Creo que sólo lo hacen cuando están en sus casas con las puertas cerradas. Nunca les oí hablar.

DIABLO: ¡Qué lástima! Tienen miedo.

BEATRIZ: Sí, pero es mejor tener miedo. Es más seguro. Mi hermano no lo tuvo y por eso está preso. (*Sigilosa.*) ¿Usted no tiene miedo del Amo?

DIABLO: No, porque el Amo no existiría si los hombres no lo dejaran existir.

BEATRIZ: No comprendo.

DIABLO: ¿No crees que esos pobres no hablan porque nunca les han preguntado nada, ni lo que piensan ni lo que quieren?

BEATRIZ: No sé, puede ser. ¿Cree usted?

DIABLO (*mundano*): Puedes tratarme de tú. (*Pausa.*) Creo que no has empleado con el carcelero el método adecuado para obtener la libertad del Hombre. El ruego nunca ha sido eficaz. Veamos. (*Medita.*) A un servidor del Amo, ¿qué podría interesarle? (*Pausa.*) Creo que no hay más que una cosa para él, una sola: el dinero.

BEATRIZ (*con asombro*): ¿El dinero?

DIABLO: Sí, claro está que estos pobres hombres mudos deberían libertarlo, pero no se atreverán. En otros tiempos quizás te habría aconsejado un método distinto, pero ahora es el único recurso.

BEATRIZ: Quizás. Pero, ¿cómo voy a ofrecerle dinero si no lo tengo? Los pocos ahorros que teníamos los he gastado esperando, que mi hermano quedara en libertad. No he podido ni siquiera trabajar. La vida entera se me va en esta angustia, en esta espera.

DIABLO (*misterioso*): Si quisieras, podrías arreglarlo todo.

BEATRIZ: ¿Cómo? ¿Cómo? No tengo nada. Este pueblo está arruinado. Las cosechas de este año se han perdido. Mira el cielo, está gris desde que el viento del Norte trajo las heladas. (*Con amargura.*) Y él ahí dentro, sintiendo hambre y frío...

DIABLO (*encendiendo un cigarrillo*): Dios tiene a veces designios que no se comprenden fácilmente.

BEATRIZ: ¿Qué quieres decir? ¿No crees en Dios?

DIABLO (*con un suspiro*): He tenido que soportarlo como tú. Ahora hay que pensar cómo haremos para que el Hombre sea libre.

BEATRIZ: ¿Libre? Sólo si el Amo se muriera...

DIABLO: Eso no serviría de nada. Tendrá hijos y hermanos... Una larga cadena. (*De pronto, entusiasmado*): Pero si tú quieres que él realmente sea libre...

BEATRIZ: ¡Si bastara con desearlo!

DIABLO: Basta con eso. ¿No sabes que los hombres nacen libres? Son los otros los que los van haciendo prisioneros después.

BEATRIZ: Si puedes aconsejarme alguna manera para ayudar a mi hermano... trabajaría para ti, te juro que te lo pagaría...

DIABLO (*después de reflexionar, habla, muy seguro de sí mismo*): Voy a ayudarte, pues él está preso por la misma razón que yo fui desterrado de mi tierra natal. Tu hermano se rebeló contra este Amo que lo tiraniza, así como yo me rebelé contra esa voluntad todopoderosa que me desterró del Paraíso donde nací, por enseñarles a los hombres los frutos del bien y del mal. Pero, mira, ahí viene el carcelero. Háblale y ofrécele dinero; luego te explicaré.

BEATRIZ: Pero, ¿de dónde voy a sacarlo?

DIABLO: Háblale. Veremos si acepta. Haz un trato con él y después haré yo otro trato contigo. (BEATRIZ *duda, pero un gesto firme del* DIABLO *la impulsa a hablar. Este vuelve a las gradas del templo.* EL CARCELERO *sale del edificio de la cárcel detrás de dos* SOLDADOS *que llevan a dos prisioneros, con una marcha mecánica de pantomima siguiendo el toque insistente de un tambor.*)

(BEATRIZ *se acerca.* EL CARCELERO *finge no verla.* BEATRIZ *tira repetidas veces de su uniforme.*)

CARCELERO: Te he dicho que no debo hablarte.

BEATRIZ: Voy a hacerte una proposición. Algo que te conviene.

CARCELERO (*a los* SOLDADOS): Alto ahí. Y vigilen a esos presos. No vayan a escaparse. (*Los* PRESOS, *doblegados y famélicos, marcan el paso como autómatas. La vigilancia de los* SOLDADOS *resulta excesiva.*) ¿Qué quieres?

BEATRIZ: He pensado que tal vez tú quisieras dejar en libertad a mi hermano, si te diera algo de dinero.

CARCELERO (*carraspeando, grita a los* SOLDADOS): ¡Soldados!, lleven a esos prisioneros a picar la piedra del camino de la casa del Amo. Debe quedar arreglado hoy mismo. ¿No oyen? (*Los* SOLDADOS *tiran violentamente de los* PRISIONEROS. *Uno de ellos cae del tirón, al otro se le incrusta la cuerda en el cuello ocasionán-*

dole un violento acceso de tos. Salen tirando unos de otros en una pantomima grotesca.) ¿Qué historia es esa? Me comprometes hablando así delante de ellos. Por fortuna, creo que no oyeron nada. Si el Amo supiera algo de esto...

BEATRIZ: Perdona.

CARCELERO: Bueno, ¿cuánto puedes darme?

BEATRIZ: Entonces, ¿vas a ayudarme? ¡Qué feliz soy! (*Besa en la cara apasionadamente al* CARCELERO.)

CARCELERO: Pensándolo bien, creo que no debo aceptar dinero tuyo. (*Inicia el mutis.*)

BEATRIZ: Pero dijiste...

CARCELERO (*deteniéndose*): ¿Cuánto?

BEATRIZ: Pues no sé... ¿Cuánto quieres tú?

CARCELERO: La libertad de un hombre vale mucho.

BEATRIZ: Oye, nunca he querido hablarte de esto, pero ahora debo hacerlo: sé que quieres a esa mujer que vive en las afueras del pueblo. Ella te querría si tú le dieras algo de dinero. ¿Cuánto quieres? (EL DIABLO *sigue la escena con una sonrisa de complicidad.*)

CARCELERO (*pensando*): No sé... (*De pronto, concretando.*) Necesito trescientos pesos.

BEATRIZ (*retrocediendo espantada*): ¿Trescientos pesos? (*Vuelve a ver al* DIABLO, *que le hace una señal afirmativa con la cabeza.*) Está bien. Te daré lo que me pides.

CARCELERO: ¿Tú tienes ese dinero? Pero si andas vestida con andrajos.

BEATRIZ (*con fingida seguridad*): Si ese es el precio por la libertad de mi hermano, te lo pagaré.

CARCELERO: Bueno, creo que podemos arreglarlo, pero a condición de que tu hermano se vaya del pueblo cuando quede libre.

BEATRIZ: Sí. Nos iremos lejos, a la tierra donde nació mi madre.

CARCELERO (*con miedo*): Y el Amo de allá, ¿no conocerá al nuestro?

BEATRIZ: No. Allá no hay ningún Amo. Yo no conozco esa comarca, pero me han dicho que ahí las gentes trabajan para sí mismas labrando una tierra que les pertenece, donde todo nace casi sin esfuerzo; el viento no lleva las heladas, sino la brisa cálida del mar. En las tardes, según me decía mi madre, después del trabajo, se tienden los hombres a cantar bajo el cielo, como si fuera su propio hogar.

CARCELERO (*soñador*): Debe ser hermoso vivir allí. (*De pronto, rígido*): ¡Bah! Eso lo soñaste, o lo soñó, tu madre, tal vez.

BEATRIZ (*con añoranza*): Tal vez.

CARCELERO: ¿Ahí, en ese país, no se mueren las gentes?

BEATRIZ: Sí; si no, sería el cielo.

CARCELERO: Pues si se mueren, no debe ser mucho mejor que esta tierra. (*Pausa.*) Si me das ese dinero, mañana puedo dejar libre a tu hermano. (*Para sí*): Voy a correr un grave riesgo. (*A* BEATRIZ): ¿No puedes darme más?

BEATRIZ (*ve al* DIABLO, *que le hace una señal negativa con la cabeza*): No. Lo dicho. ¿Cómo harás para sacarlo? ¿A qué hora? Me tiembla todo el cuerpo de pensar que voy a verlo otra vez. Desde que nacimos, es ésta la primera vez que estamos separados. Sin él me siento como perdida en el aire.

CARCELERO: Mañana, al caer la tarde, haré que salgan los prisioneros a trabajar en el camino de la casa del Amo, como lo hacen todas las tardes.

BEATRIZ (*inquieta*): ¿Van todos los días?

CARCELERO: Sí. Hasta donde alcanza mi memoria, han ido allí todos los días. Bien. Aprovecharé ese momento para hacer salir a tu hermano y tú estarás preparada para huir. Vendrás con el dinero una hora antes. Debo estar absolutamente seguro.

BEATRIZ: Está bien. Haré todo como quieras. Hoy en la noche no podré dormir de la alegría. ¡Tengo tan poca costumbre de ser feliz!

CARCELERO: Entonces, hasta mañana. (*Sale.*)

BEATRIZ (*detrás de él*): Adiós, adiós. Hasta mañana. (EL DIABLO *se acerca.* BEATRIZ *baila en torno suyo cantando, luego se toman de las manos y bailan juntos.*)

DIABLO (*riendo*): ¿Verdad que cuando uno se siente libre, es como si la tierra fuera más ancha, como si fuera, en vez de un valle de lágrimas, un paraíso de alegrías? ¡Alégrate! ¡Aceptó! (*La abraza con júbilo.*)

BEATRIZ (*radiante*): ¡Sí... aceptó! Lo va a dejar en libertad. (*De pronto se detiene asustada.*) Y ahora, ¿que voy a hacer para darle ese dinero?... ¿Por qué me has dicho que le propusiera eso? Nunca en mi vida he tenido trescientos pesos en la mano. Ahora que lo pienso... Él no te vio, ¿verdad? (EL DIABLO *complacido hace un gesto negativo.*) ¿Cómo es posible que no te viera?...

DIABLO: Es natural: a mí sólo pueden verme los que llevan la llama de la rebeldía en el corazón, como tú. Los que tienen miedo no pueden verme. Tan pronto aparece el arrepentimiento, no me ven más.

BEATRIZ: Pero... entonces... ¿quién eres realmente? (*Lo ve horrorizada.*) ¡No!... Yo creo en Dios. Cumplo con todos los mandamientos de la Iglesia, rezo a solas y cuando he cometido una falta me arrepiento. No debo hablarte. (*Inicia el mutis.*)

DIABLO (*con autoridad*): Espera... (*Mimoso*): ¿No he sido bueno contigo?

BEATRIZ (*se detiene*): Sí, has sido bueno. Tengo necesidad de que sean buenos conmigo y nadie más que tú lo ha sido.

DIABLO (*se acerca dominante*): Dios te ayuda poco, ¿verdad?

BEATRIZ: No debería decirlo y no sé si Él va a enojarse, pero todos los días y las noches de este año he rezado con todo el ardor posible para que mi hermano quedara en libertad, pero Él no ha querido oírme, y cuando Él no quiere, no se puede hacer nada.

DIABLO (*misterioso, habla con gran autoridad*): Ahora vas a exigirle en vez de rogarle.

BEATRIZ: ¿Exigirle a Él?

DIABLO: Sí, te explicaré. En el interior de esta iglesia hay una imagen del Padre Eterno...

BEATRIZ: Sí, es una imagen preciosa, enorme; la cara casi no puede verse porque está en medio de las sombras, pero las manos que sostienen al mundo le brillan de tantas joyas que tiene. Una aureola guarnecida de esmeraldas le sirve de respaldo, como si fuera el cielo con todas sus estrellas. A esa imagen he rezado durante todo este tiempo.

DIABLO: Ahora no vas a rezarle, sino a arrebatarle algo de lo que a él le sobra y que a ti te hace tanta falta... Él está acostumbrado a recibir. Vas a pedirle algo en préstamo. (*Ríe.*) Ya se lo pagarás en la otra vida.

BEATRIZ (*viéndole muy cerca como fascinada*): Te brilla en los ojos un fuego extraño. ¿Qué quieres que haga?

DIABLO (*dominándola con la mirada*): Bastará con entrar en la iglesia cuando no haya nadie y alargar la mano. Las joyas serán tuyas. Será fácil.

BEATRIZ (*retrocede espantada*): No, eso es imposible. ¿Por qué me aconsejas que robe las joyas del Padre Eterno? Creo que al alargar la mano se me caería allí mismo hecha pedazos, o me quedaría allí petrificada para siempre, como ejemplo para los que quisieran hacer lo mismo...

DIABLO (*impaciente*): ¡Beatriz!

BEATRIZ (*aterrorizada*): O me dejaría ciega, dicen que su luz es cegadora, o quizás en ese mismo momento mi hermano se moriría en la cárcel. ¿Quién puede saber cómo querría castigarme? Con Él nunca se sabe. (*Pausa.*) ¿Todo lo que puedes aconsejarme es que robe?

DIABLO: No es un robo. Es un acto de justicia. ¿O no quieres que tu hermano vuelva a ver la luz del sol? Irte lejos con él a ese Paraíso de que hablas. ¿No quieres eso? (*La toma de los hombros, ella vacila, luego se aleja.*)

BEATRIZ: Sí, pero no así, no así. (EL DIABLO *la sigue.*)

DIABLO (*sujetándola del brazo*): En este momento tienes que escoger entre la libertad de tu hermano y el respeto a esa imagen que ha permanecido sorda ante tus ruegos.

BEATRIZ (*tratando de soltarse*): No blasfemes. No blasfemes. (*Se santigua repetidas veces.*)

DIABLO (*enérgico*): Recuérdalo, Él no ha hecho nada por ti. Él es indiferente y tú quieres seguir siéndole fiel. Mañana te esperará aquí el carcelero. Si tú no traes lo que le has prometido, tu hermano se consumirá en la cárcel para siempre. (*La suelta.*)

BEATRIZ (*agobiada*): Pero, ¿cómo podría hacerlo? Siempre hay alguien cuidando de la imagen; además, nunca me he atrevido a verla de cerca, me da tanto miedo... Siempre tuve que inclinar la cabeza hacia un lado para no verla. ¿Cómo quieres que me acerque para robarle?

DIABLO (*camina casi deslizándose, y se sitúa detrás de ella hablándole casi al oído.*): Sólo vas a arrebatarle algo de lo que estos hombres mudos han puesto entre sus manos y que Él no advertirá siquiera.

BEATRIZ (*casi impotente*): No me lo perdonaría nunca, me condenaría.

DIABLO (*con absoluto dominio*): Óyeme bien. En el momento en que logres hacer esto te sentirás liberada del miedo y también tu hermano será libre.

BEATRIZ (*al borde de las lágrimas*): ¡Ay, Dios mío! ¿Qué voy a hacer? Si el Amo se muriera...

DIABLO: En eso no puedo ayudarte. Es Dios quien inventó la muerte. No yo.

BEATRIZ (*de pronto cree liberarse de la influencia de él y lo ve horrorizada*): ¿Pero no comprendes que lo que me pides es superior a mis fuerzas? Es a Dios a quien quieres que despoje.

DIABLO (*riendo al vacío*): ¿Dónde está Dios? Es una imagen de madera que, despojada de sus joyas y resplandores, aparecerá ante tus ojos y a los de todo este pueblo como realmente es: un trozo de materia inanimada a la que ellos mismos han dado vida. Quítale los adornos. (*Con ira*): Déjala desnuda, completamente desnuda.

BEATRIZ (*desesperada*): Mi pobre hermano tendrá que perdonarme, no querrá que yo me condene. La libertad a ese precio, la libertad sin Dios, no puede ser más que la desgracia, la angustia, la desesperación. (*Supersticiosa*): Tuve una tía que por haber jurado en vano, Dios la condenó a que todos sus hijos se murieran. (*Ingenua*): Dios es rencoroso, ¿no lo sabes?

DIABLO (*irónico*): ¡Y me lo dices a mí! Pero mira al Amo, él no tiene miedo, él da dinero para construir esta iglesia, y hace que esos pobres hombres mudos, que se creen hechos a semejanza de Dios, sean sus esclavos.

BEATRIZ: No quiero oírte más. Voy a rezar para olvidar todo lo que me has dicho.

DIABLO: Espera, Beatriz.

BEATRIZ: No quiero, ¿por qué te habré oído? (*Lo ve fijo.*) Tú lo que quieres es vengarte de Dios y me has escogido a mí para hacerlo. (*Se santigua frenéticamente y grita despavorida*): ¡Es el Diablo! ¡El Demonio! ¡El Demonio! (*La plaza se llena de rumores, de todos los puntos llegan corriendo hombres y mujeres.* BEATRIZ, *frenética en el suelo en un ataque de histeria, señala al punto donde está* EL FORASTERO *a quien nadie ve.*) ¡Ahí!... ¡Ahí!... Mátenlo... Mátenlo.

(EL PUEBLO *ve en torno suyo y se mueve como buscando al* DIABLO *sin poder verle.* EL DIABLO *se acerca a* BEATRIZ *gritando.*)

DIABLO: Aquí estoy.

BEATRIZ (*retrocede*): ¿No lo ven?

DIABLO: Pero cómo van a matarme si no pueden verme siquiera. Para ellos es como si yo estuviera detrás de una cortina; la cortina del miedo. (*Grita*): ¡Abran la cortina, ábranla de una vez por todas! (*El telón comienza a cerrarse, poco a poco, mientras* EL PUEBLO *busca al* DIABLO *sin comprender.*) ¡Ábranla, he dicho! ¡Ábranla! ¡Ábranla! (EL DIABLO *sigue clamando hasta cerrarse el*

TELÓN.)

Acto Segundo

(*Mismo decorado. Un día después. Al abrirse el telón, la plaza está desierta. Se oye un tema musical en una trompeta que recuerda la música de un «cabaret». Entra* LA PROSTITUTA, *contoneándose. Del edificio de la cárcel sale* EL CARCELERO. *Se acerca a* LA PROSTITUTA.)

PROSTITUTA (*despectiva*): Te he dicho que no me sigas. Podrías ahuyentar a alguien que quisiera acercarse a mí.

CARCELERO: No quiero que se te acerque nadie.

PROSTITUTA: Déjame en paz. No tienes con qué pagar.

CARCELERO (*riéndose con insolencia*): Llevas aquí dos semanas y nadie se ha acercado a ti. En este pueblo miserable no hay nadie que tenga dinero para comprarse un buen rato de placer.

PROSTITUTA: Tú tampoco lo tienes, y aunque lo tuvieras no me iría contigo. ¿Ya te olvidaste que te eché de mi casa? No quiero tratar con hombres viejos.

CARCELERO (*con ansiedad*): Puedo ofrecerte lo que nadie aquí podría. Pero te quiero sólo para mí.

PROSTITUTA: Para que fuera a vivir contigo, se necesitaría que tuvieras diez veces más dinero del que ganas como carcelero.

CARCELERO (*resentido*): No encontrarás a nadie. Te morirás de hambre.

PROSTITUTA: ¡Quiero ser libre! Por eso me escapé de la casa donde estaba en la ciudad. Ahí la dueña nos hacía trabajar toda la noche y a veces nos obligaba a acostarnos con hombres viejos y decrépitos como tú. Muchas noches en las horas en que dormía, venía a despertarme para meter algún tipo en mi cuarto. ¡Quiero tener derecho al sueño! Ahora soy libre para cualquier compromiso y no quiero, sin embargo, comprometerme en nada.

CARCELERO (*burlón*): ¡Valiente libertad!

PROSTITUTA: No soy más libre que tú, ni menos. Me vendo como todos. (*Se pasea tratando de conquistar a alguien que pasa.*) La tierra entera es una prostituta. (*Lanza una carcajada.*)

CARCELERO (*acercándose*): Voy a hacer un sacrificio por ti. Para que veas que te quiero.

PROSTITUTA: ¡Quererse! Hablas como el Cura. ¡Palabras huecas! (*De pronto reacciona con interés*): Pero veamos. ¿Has dicho un sacrificio? A ver. Nadie se ha sacrificado por mí nunca.

CARCELERO: Sólo para tenerte voy a correr un grave riesgo. Un asunto que me dejará trescientos pesos.

PROSTITUTA (*con alegría*): ¿Trescientos pesos? Parece un sueño.

CARCELERO: Ahora cambias, ¿verdad? Valiente...

PROSTITUTA: No te he dicho que quiero ese dinero. Ni me importa. (*Sigue su marcha.*)

CARCELERO: Espera. (*Se encara con ella y la abraza con lujuria.*) Sí, voy a hacer una locura, pero vas a ser mía. Nos divertiremos juntos y luego que me lleve el Diablo. ¡Así hay que vivir! ¡Trescientos pesos no los ganas aquí en toda tu vida!

PROSTITUTA: Pero yo quiero seguir siendo libre.

CARCELERO: Qué te importa la libertad si de todas maneras algún día tendremos que morirnos.

PROSTITUTA: Si no me aseguras algo para después, como si no hubiera oído nada.

CARCELERO: ¿Asegurarte? ¿Quién puede asegurarte nada? (*Irónico*): Ni el mismo Padre Eterno. (*Señala a la iglesia.*)

PROSTITUTA (*también irónica*): No blasfemes. Dicen que el Diablo anda cerca.

CARCELERO: Eso querrías tú, acostarte con el mismo Diablo. Pero a partir de ahora voy a ser solo yo tu amo. (*Trata de asirla.*)

PROSTITUTA (*se aleja*): No quiero amos. (*Pausa.*) Y si aceptara, ¿qué condiciones me pondrías? Eres igual que todos los hombres, siempre pensando en ser amos aunque sean unos miserables.

CARCELERO (*abrazándola*): Vas a ser sólo mía: no saldrás de la casa, no te pintarás, no usarás esos vestidos, sino otros que cubran bien tu cuerpo. (*La aprieta contra él y la besa.*)

PROSTITUTA (*lo rechaza violenta*): Ya comprendo. Quieres que yo sea otra prisionera. Te he dicho que ahora soy libre.

CARCELERO: ¡Libre! ¡Libre! Todos hablan de libertad, como si fuera tan fácil conseguirla. Si fuéramos libres dejaríamos de ser humanos. Vas a ser mía y quiero que olvides todo lo que fue tu vida hasta aquí. ¿Aceptas? Voy a arriesgarme mucho por ti.

PROSTITUTA: ¿Que vas a hacer?

CARCELERO: No puedo decirte.

PROSTITUTA (*burlona*): Quieres comprarme en cuerpo y alma,

dices que vas a salvarme, pero no quieres que sepa cómo harás para conseguirlo. Te digo que hablas como el Cura.

CARCELERO (*sujetándola*): Bueno, te lo diré: voy a dejar en libertad a un enemigo del Amo y por eso van a pagarme.

PROSTITUTA (*con admiración*): ¿Y eso lo haces sólo por mí?

CARCELERO: Sí. Porque ya no puedo de ganas de tenerte.

PROSTITUTA: Así es que la libertad de ese hombre vale tanto como acostarse con una prostituta. ¡Qué mundo este!

CARCELERO (*impaciente*): Dime sí o no.

PROSTITUTA (*pensando las palabras*): Y, ¿por qué van a darte sólo trescientos pesos? ¿No comprendes que ahí está nuestro porvenir? La libertad de ese tipo, o no tiene precio, o tiene el que tú quieras darle.

CARCELERO: No pueden pagar más.

PROSTITUTA (*implacable*): Vuelve a pedirles.

CARCELERO (*convincente*): Es imposible, se trata de una muchacha pobre...

PROSTITUTA: Y a mí qué me importa que sea pobre o no. ¿No voy a irme yo contigo que estás viejo? ¿No voy a sacrificarme? (*Otra vez despectiva*): Cuando tengas el doble de lo que me has prometido, ven a verme. Antes, no me voy contigo.

CARCELERO (*deteniéndola*): ¡Pero oye!

PROSTITUTA: Cuando tengas el doble... y entonces... ya te resolveré... (*Sale.*)

(EL CARCELERO, *furioso*, *patea el piso repetidas veces. Por el otro lado entra* BEATRIZ. EL CARCELERO *al ver a* BEATRIZ *entra violentamente en la cárcel para rehuirla. Al mismo tiempo* EL CURA *sale de la iglesia y baja lentamente la escalera.* BEATRIZ *se acerca al* CURA *que viene leyendo un devocionario.*)

BEATRIZ (*con ansiedad*): ¡Padre! ¡Padre! Vengo a pedirle ayuda. Sólo usted puede ayudarme ahora.

CURA (*extrañado*): Hace tiempo que no vienes a la iglesia, hija mía.

BEATRIZ: He tenido una gran angustia.

CURA: ¿Es por tu hermano?

BEATRIZ: Sí.

CURA: ¿Está preso aún?

BEATRIZ: Sí. Y parece que va a consumirse en la cárcel para siempre si usted no me socorre.

CURA: Entonces tienes una buena razón para venir a la iglesia y rezar a Dios.

BEATRIZ: Lo he hecho muchas veces inútilmente. Por eso ahora he venido para hablarle a usted. Quiero confesarle que he visto a...

CURA (*interrumpe*): ¿Vienes a hablarme de tu hermano? ¿Se ha arrepentido de su falta? Es pecado sembrar la rebeldía y el desorden entre los hombres. (*Inquisitivo*): Te pregunto si se ha arrepentido.

BEATRIZ (*desolada*): No lo sé. Pero yo quisiera decirle...

CURA (*interrumpiendo otra vez*): Dios quiere el orden, hija mía. ¿No lo sabes?

BEATRIZ (*en un arranque de rebeldía*): Sí, pero mi hermano no hizo nada más que reclamar lo suyo.

CURA (*impasible*): Nada de lo que hay en esta tierra nos pertenece. Todo es de Dios Nuestro Señor. Él repartió los bienes terrenales y nosotros debemos aceptar su voluntad. Lo único que nos pertenece a cada quien es nuestra muerte y de lo que hagamos aquí, depende lo que ella signifique.

BEATRIZ (*implorante*): Pero a Él le sobra todo y a mí todo me falta...

CURA (*interrumpiendo*): Me duele oírte hablar así. No ayudarás a tu hermano de esa manera.

BEATRIZ: Pero, ¿por qué es necesario soportarlo todo para que Dios esté satisfecho, Padre?

CURA: No preguntes. Los designios de Dios son inescrutables. Sólo Él sabe cómo aplicar su poder.

BEATRIZ (*rebelde*): ¿Por qué contra mi hermano? ¿Qué había hecho él? ¿O es que Dios odia a sus hijos?

CURA (*severo*): Dios es todo amor. (*Conciliador*): Quizás sea una prueba que Él envía a tu hermano para hacerlo salir de ella con más fortaleza.

BEATRIZ (*extrañada*): ¿Quiere usted decir que mientras más se resigne tendrá más fortaleza?

CURA (*solemne*): Así es. Cuando los hombres se convencen de que la vida es una batalla que sólo Dios puede resolver, comienzan a ser felices. De otra manera, es la oscuridad eterna.

BEATRIZ: No comprendo. No comprendo ya nada. Ayer, en esta misma plaza... (*De pronto se arroja a los pies del* CURA *besándole la mano con pasión*): Padre, necesito ayuda.

CURA: Es mi misión, hija, darte ayuda espiritual.

BEATRIZ (*apasionada*): Necesito dinero. Lo necesito desesperadamente.

CURA (*sorprendido*): ¿Dinero? Has llamado a una puerta que no es la que buscas. Nuestra riqueza no es esa.

BEATRIZ (*rotunda*): Sí. La iglésia está llena de cosas que valen mucho, mucho dinero. Necesito que me dé algo, alguna cosa pequeña. ¿No quiere Dios ayudar a sus hijos?

CURA (*impaciente*): Sí. Pero no así, hija mía, no así.

BEATRIZ (*imperiosa*): Y, ¿cómo entonces? Si todo vale dinero, hasta la libertad de un hombre. Si todo depende de que tengamos o no dinero, ¿por qué no ayuda Dios así también a sus hijos? (*Agresiva*): ¿Se ha olvidado de que somos desgraciados porque somos miserables?

CURA (*severo*): Piensa delante de quién hablas.

BEATRIZ (*trastornada*): Sólo quiero pedirle que me ayude, y le aseguro que ahora será más importante que me dé dinero y no que me llame a rezar. (*Pausa.*)

CURA (*después de meditar*): No puedo darte nada. Nada me pertenece.

BEATRIZ: Entonces, ¿de quién es lo que hay ahí dentro?

CURA (*evasivo*): De todos los hombres de esta tierra.

BEATRIZ: ¿También mío?

CURA (*dudando*): Sí.

BEATRIZ: Es mío y no puedo disponer de nada. Es de todos y no es de nadie. Está ahí dentro y no sirve para nada. Hágame comprender. (*Lo sigue con vehemencia.*)

CURA (*rehuyéndola*): Mi misión no es la de hacer comprender. No es necesario comprenderlo todo. Yo sólo soy el guardián. El que guíe las ovejas del Señor. Lo que pides no lo podría hacer el Señor mismo, aunque quisiera.

BEATRIZ (*sin comprender*): Está bien. ¿Pero entonces cómo podemos seguir viviendo si ni Dios mismo puede hacer lo que quiere? ¿Qué puedo hacer yo, tan pequeña? Me siento perdida. ¡Perdida! ¡Perdida! (BEATRIZ *se aleja del* CURA.)

CURA (*trata de detenerla*): ¡Hija! ¡Hija! (BEATRIZ *sale de la escena, enloquecida. Oscuridad total.*)

(*Cuando la luz vuelve hay varios grupos de hombres y mujeres en la plaza. Entra* BEATRIZ. *Va de un lado al otro de la escena pidiendo a los hombres y mujeres.*)

BEATRIZ (*se acerca a un hombre*): ¡Necesito ayuda! ¡Una limosna por favor! ¡Ama a tu prójimo còmo a ti mismo! Dame algo. Cualquier cosa. (*Pantomima de un hombre que enseña las bolsas vacías.* BEATRIZ *va a otro que está de espaldas*): Mira mis manos, están vacías. Dame algo de lo que tu tienes. ¡Mira! ¡Mira! (*El hombre se vuelve violentamente y se ve que es ciego.* BEATRIZ *va a otro*): ¡Dame algo! Si me das algo, tú mismo te sentirás contento. (*Una mujer aparta a su marido para no darle nada.* BEATRIZ *se arrodilla en mitad de la escena, mientras los transeúntes pasan en todos sentidos, indiferentes, en una marcha mecánica. Ella está bajo un cono de luz.*) Nadie quiere ayudarme. ¿Tendré que hacerlo entonces yo sola? (*Viendo a lo alto*): Tú me has puesto en esta tierra. ¿Por qué me has puesto aquí? ¿Por qué está él en la cárcel? ¿Por qué estamos todos presos? ¿Por qué? ¿Por qué? He tratado de no oír al Demonio, pero desde que él me habló no he podido dormir pensando en sus palabras. Tú sólo quieres sacrificios, y él me habla de libertad. Él me habla como amigo y tú ni siquiera me haces una seña para hacerme saber que piensas un poco en mí. La cabeza me va a estallar porque no alcanzo a comprender ya nada. ¿O es que tú crees que es bueno que mi hermano esté en la cárcel? Él es inocente. (*Con rencor*): ¿Qué es lo que te propones entonces? (*Contrita*): Perdóname, Dios mío, pero a veces pienso que no eres tan bueno como nos han dicho. ¿O será que eres bueno de una manera que yo no puedo comprender? ¿O será que no te importa que yo comprenda o no? ¿O será que ya no estás donde yo creí que estabas? ¿O será que nunca has estado ahí? (*Desesperada*): ¿O será que te he estado llamando y el que no comprende nada eres tú? (*Enajenada*): Ya no sé qué es lo bueno y qué es lo malo. Ya no sé nada. Nada. Nada. (*Llora largamente.*)

(*La plaza se ha quedado desierta. De la iglesia sale* EL DIABLO. *Llama a* BEATRIZ *sigilosamente.*)

DIABLO: Beatriz, Beatriz.

BEATRIZ (*alzando la cabeza*): ¿Tú? ¿Otra vez?

DIABLO (*con premura*): Ahora no hay nadie dentro de la iglesia.

BEATRIZ (*retrocediendo*): Nadie quiere ayudarme. ¿Por qué quieres ayudarme tú? ¿Quieres que yo te dé mi alma, verdad?

DIABLO (*con una carcajada*): ¡Tonterías! ¿Cómo voy a pedirte un alma que no te pertenece a ti misma? Lo que quiero es ayudarte a recobrarla, a hacerla realmente tuya. No lo lograrás si no pierdes el miedo.

BEATRIZ (*viéndolo con simpatía*): Creo que sólo tú eres mi amigo.

DIABLO: De eso estoy seguro. (*Señalando la iglesia*): Hay que darse prisa.

BEATRIZ (*vacilante*): Dios va a castigarme. Lo sé.

DIABLO (*impaciente*): Dios te castiga de todos modos. Por el simple hecho de haber nacido. Mira, faltan pocos minutos para que el Carcelero salga a recibirte. Vamos. Vamos. (*Le tiende la mano a* BEATRIZ *y con suave movimiento la conduce hasta la puerta de la iglesia.* BEATRIZ *va a entrar, luego...*)

BEATRIZ (*retrocede espantada*): No... No... (*Pausa.*)

DIABLO (*después de meditar*): Creo que tendré que recurrir a los recuerdos y, si es necesario, te haré ver un poco del futuro.

BEATRIZ: ¿Del futuro?

DIABLO (*muy natural*): Sí. Es el último recurso en estos casos de indecisión. (*Cambiando de tono*): Tu hermano nació hace dieciocho años en este mismo pueblo. Un pueblo como todos los del mundo...

BEATRIZ: Es verdad. Así es. (*La luz se concentra sobre* EL DIABLO *y* BEATRIZ.)

DIABLO (*echándole el brazo al hombro, señala al espacio*): Recuerda, recuerda bien. Tu madre era una de tantas mujeres del pueblo. (*Luz fantástica. Comienzan a entrar en escena todas las mujeres del pueblo en una marcha resignada, como de cámara lenta, llevando a la espalda a sus hijos.*)

DIABLO: Ahí va tu madre. Llámala... Llámala.

(*Entra* LA MADRE *con un movimiento angustioso. En torno de ella se mueven la imagen de* BEATRIZ *y la imagen del* HERMANO NIÑO. *Animarán en movimiento de pantomima el sentido del diálogo siguiente.*)

BEATRIZ (*tímida*): Madre, madre... (*Las mujeres siguen su desfile con una música triste.* LA MADRE *se detiene y queda a mitad de la escena. Su figura se despliega tratando de proteger a sus hijos. Las mujeres se sitúan a los lados formando coro.*)

DIABLO: Basta pensar en una pobre vida de mujer, para que de pronto se convierta en algo único, intransferible. Ahí estás. Lloras. ¿Por qué lloras? (*La imagen de* BEATRIZ *baila angustiada.*)

BEATRIZ: Creo que tenía hambre.

DIABLO: Tu madre está sola. Ustedes no son hijos legítimos. Personalmente yo creo que hasta ahora ningún hombre lo es. Tu madre está sola con la carga de dos pequeñas vidas y la amenaza de tres muertes sobre ella. (*La imagen de* BEATRIZ *y la del* HERMANO NIÑO *bailan una pantomima angustiosa con la imagen de* LA MADRE.)

BEATRIZ (*rígida*): Mi madre lavaba la ropa de los trabajadores de una mina. Era difícil dejarla limpia. Los hombres siempre nos rebajaban el dinero, porque no era posible dejarla blanca. (EL CORO DE MUJERES *y* LA MADRE *hacen los movimientos de las lavanderas, torturadas, como si no pudieran escapar a ellos, como si fuera una pesadilla.*)

DIABLO (*burlón*): ¡Ganarás el pan con el sudor de tu frente! Y tú lloras otra vez. ¿Por qué lloras? (*La imagen de* BEATRIZ *llora.*)

BEATRIZ: Tenía hambre otra vez. Creo que siempre tuve hambre.

DIABLO: Mira, tu hermano saca de la bolsa algo. (*Lo que sigue debe ser representado en pantomima por la imagen del* HERMANO NIÑO *sobre el cual se concentra la luz.*) ¿Qué es eso? ¡Ah! Es una cartera y está llena de billetes. ¿La ha robado? No. La halló en la calle y la recogió. ¡El pobrecito piensa que todo lo que hay en este mundo le pertenece! ¡La niñez del Hombre! Por eso fue castigado.

BEATRIZ: Sí. Ese día mi madre lo castigó. Dijo que quería que su hijo fuera un hombre honrado. (*Pantomima de la* MADRE *que le pega al* NIÑO *que huye de ella. La imagen de* BEATRIZ *y* EL CORO *salen detrás.*)

DIABLO (*con fastidio*): Ya sé. (*Teatral*): ¡No robarás! Es increíble cómo las madres, aunque sean miserables, educan a sus hijos como si la miseria no existiera en este mundo.

BEATRIZ: Mi madre quiso que devolviera la cartera, pero mi hermano no halló al dueño. Se compró un traje precioso y en la noche regresó muy contento. (*Pasa al fondo* EL NIÑO *en un baile rápido muy alegre, con un vestido reluciente.*)

DIABLO: Tu hermano no buscó al dueño de la cartera. Porque desde entonces pensó que se cobraba así una pequeña parte de todo lo que el mundo le había robado a él. (*Pausa.*) Tu madre murió. (*Música fúnebre.*) Una vida vacía. Dios hace la eternidad con la sucesión de muchas vidas vacías. (*Pasan al fondo las mujeres con las cabezas cubiertas, en una marcha torturada. Pantomima de la imagen de* BEATRIZ *y la del* HERMANO, *enlutados después del funeral.*) Tú lloras otra vez. ¿Tenías hambre? (*La imagen de* BEATRIZ *y la del* HERMANO *animarán en pantomima el sentido del siguiente diálogo.* EL CORO DE MUJERES *enlutadas baila lento como un friso de angustia.*)

BEATRIZ: Creo que mi hambre se ha convertido ahora en algo peor. Yo también estoy vacía. No me importa nada. Sólo un ansia de comprender, de saber por qué hemos sido hechos así, tan desgraciados, y por qué la única respuesta a nuestra desgracia es la muerte.

DIABLO: Tu hermano quiere convencerte de algo. Tú quieres irte y él quiere quedarse aquí y reclamar el pedazo de tierra que le pertenecía. ¿Querías huir?

BEATRIZ: Quería irme. Olvidar. Alejarme del lugar en que había muerto mi madre. Tenía algo así como un remordimiento por estar viva.

DIABLO: ¡El pecado original! (*La pantomima se desenvuelve vertiginosa. La imagen de* BEATRIZ *quiere irse y en los gestos del* HERMANO *se advierte que quiere convencerla a quedarse con una angustia impotente.*)

DIABLO: Tu hermano seguía pensando que la tierra debería pertenecerle.

BEATRIZ (*hunde la cabeza entre las manos*): Sí. ¿Por qué no me hizo caso? ¿Por qué? Nos habríamos ido lejos de este pueblo de hombres mudos del que Dios se ha olvidado. Yo no quería quedarme, pero él tenía tanta ilusión... Le brillaban los ojos cuando hablaba de ese pedazo de tierra que sería nuestro. Me decía que tendríamos aquí un hogar...

DIABLO: Y en vez de eso, halló una prisión. (*La pantomima cesa de pronto... La imagen del* HERMANO *atraída por una fuerza desde el interior de la cárcel se va acercando. La imagen de* BEATRIZ *trata de impedirlo pero la cárcel se traga al* HERMANO *y la puerta se cierra ante ella. Sale de escena bailando con desesperación.*) ¡Ahora estamos en plena actualidad! Ya sabemos lo que pasó después. Pero ahora tendrás que saber lo que va a sucederle si tú no lo liberas. ¿Quieres verlo?

BEATRIZ: ¿Qué?

DIABLO: El futuro del Hombre, quiero decir, de tu hermano.

BEATRIZ (*con miedo*): Sí.

DIABLO: Tendrás que ser fuerte.

BEATRIZ: Quiero ver.

DIABLO: Está bien. Ahí viene. En medio de esos guardianes. (*Pantomima, saliendo de la cárcel, de un pelotón de* SOLDADOS *al frente del cual viene* EL CARCELERO. *Entre los* SOLDADOS *viene el* HERMANO *con las manos amarradas detrás del cuerpo y los ojos vendados.*)

BEATRIZ (*acercándose al* DIABLO): ¿Qué es lo que hacen?

DIABLO: El carcelero está furioso. Cree que tú le has engañado.

Teme haber caído en una trampa y para estar seguro... (*Señal del* CARCELERO *dando una orden al pelotón. Los* SOLDADOS *preparan los fusiles muy lentamente en movimiento de cámara lenta.*)

BEATRIZ: ¿Qué hacen?

DIABLO: ¡Van a fusilarlo!

BEATRIZ (*gritando*): ¡No! ¡No! Él nunca ha sido feliz. Es inocente. Es inocente. (*La imagen del* HERMANO *trata de soltar las cuerdas que lo atan. Se mueve con desesperación. Los* SOLDADOS *van levantando lentamente los fusiles y apuntan contra* EL HERMANO.)

DIABLO: Esa no es razón para que lo perdonen.

BEATRIZ: No. ¡Deténganse!

DIABLO: Tus palabras no servirán de nada.

BEATRIZ (*gritando*): ¡Es un crimen!

DIABLO: Es la Justicia. (*En la pantomima, los* SOLDADOS *se detienen.* EL HERMANO *gesticula como si quisiera lanzar una arenga a los aires, pero las palabras no salen.*)

BEATRIZ (*escondiendo la cabeza en el pecho del* DIABLO): ¡No, no dejes que lo hagan! Tú eres poderoso. Si quisieras podrías salvarlo sin necesidad de inducirme a mí a la violencia.

DIABLO: Yo no puedo hacer nada por mí mismo. Si tú no descubres que yo estoy dentro de ti, todo será inútil. Mira. (*Alzándole la cara*): Atrévete a ver.

(EL CARCELERO *hace una señal y el pelotón dispara sobre* EL HERMANO. BEATRIZ *lanza un grito desgarrador.*)

BEATRIZ: ¡No! ¡Yo haré todo, menos dejarlo morir! ¡Él ha tenido siempre tanto miedo a la muerte! (*En la pantomima,* EL HERMANO *expira en medio de una contorsión desorbitada y angustiosa. Los* SOLDADOS *alzan el cuerpo, lo colocan sobre la espalda de uno de ellos y salen marcando el paso mecánicamente.* BEATRIZ *ve horrorizada la escena. Vuelve la luz real. Pausa.*)

DIABLO (*insinuante*): ¿Vas a hacerlo por fin?

BEATRIZ (*jadeante*): Sí. Tú vigilarás aquí afuera. Y que sea lo que tú has querido. (*Como enajenada, entra* BEATRIZ *dentro de la iglesia. Antes de entrar no puede resistir al movimiento habitual y se cubre la cabeza.*)

DIABLO (*dando una fuerte palmada en señal de satisfacción y en una pantomima que debe expresar todos los movimientos de* BEATRIZ *dentro de la iglesia, dice en monólogo*): ¡Beatriz! Ahora debes caminar firmemente. Camina, camina. Qué largo es el

camino que la separa de esa imagen. Se acerca al altar... Lo ve...
Está erguida frente a él, desafiante... Ahora sube al altar, alarga
la mano, ahora está sacando las joyas de esas manos inmensas...
Una, dos, tres... Ve la cara de la imagen. ¡No tiene ojos! Desde
abajo parecían dos ojos inmensos que lo veían todo y no son
más que dos cuencas vacías, ciegas, sin luz... El corazón palpita
fuertemente. Señal de que estamos vivos. ¡Es fácil! Más fácil de
lo que creía. ¡Qué bueno es cobrarse de una vez por todas lo
que sabemos que es nuestro! ¿Un vértigo? No. ¡Hay que ser
fuertes! Las joyas ahora están en sus manos y no en las de la
imagen. Esas joyas valen mucho. Valen la libertad. Valen la
vida entera. ¡Ya está! ¡Ahora vamos afuera! ¡Los pasos resuenan en la oscuridad! ¡Vamos! ¡Vamos! La puerta está tan
lejos todavía! ¡Camina, Beatriz, camina! Uno, dos, uno, dos.
La puerta se ve ya más cerca. ¡Ahora está cerca! ¡Ahí está
la luz, la libertad! ¡La vida! ¡Ahí! Dos pasos más. ¡Ahí está
la libertad! La puerta. La puerta, la puerta, la puerta. La luz,
la luz, ya, ya... (BEATRIZ *sale de la iglesia enloquecida con las
manos cerradas sobre el pecho.* EL DIABLO *se acerca a ella para
reanimarla.*)

DIABLO: Ya está, Beatriz. ¡Has franqueado la Eternidad! Ahí
está el Carcelero. Te espera. (EL CARCELERO *ha salido de la cárcel.
Al ver a* BEATRIZ *trata de entrar violentamente de nuevo, pero ésta
se abalanza sobre él, enjugándose las lágrimas.*)

BEATRIZ: ¡Mira! ¡Mira! Aquí está. Te traigo más de lo que
te he prometido... (EL CARCELERO, *al ver el pequeño bulto que*
BEATRIZ *le muestra, hace un gesto indiferente.* BEATRIZ *lo ve sor-
prendida.*) Todo está bien, ¿verdad? ¿Hoy lo dejarás libre?

CARCELERO (*recibe dentro de las cuencas de las manos, las joyas
con indiferencia*): ¿Qué es esto?

BEATRIZ: ¡Son joyas! Podrás venderlas. Valen más de lo que
me pediste.

CARCELERO (*viéndolas fijo*): ¿Es esto todo? (*Se guarda las joyas
dentro de la bolsa. Se oye en la trompeta el tema de la prostituta.
Ésta atraviesa la escena por el fondo, contoneándose.*)

CARCELERO (*rígido*): Tráeme más.

BEATRIZ (*viéndolo sin comprender*): ¿Qué dices?

CARCELERO (*rígido*): ¡No es bastante!

(BEATRIZ *esconde la cara entre las manos.* EL DIABLO *reacciona
extrañado;* EL CARCELERO, *rígido. Sobre este cuadro estático cae el*

TELÓN.)

Acto Tercero

(*Tres días después, en el atrio;* EL CAMPANERO *barre las gradas. De pronto sale de la iglesia precipitadamente* EL CURA *y detrás de él* EL SACRISTÁN.)

CURA (*dando muestras de desesperación*): ¡Qué gran desgracia! Cuando lo vi no quise creerlo.

SACRISTÁN: ¡Cómo es posible! ¡Después de tantos años!

CURA: Después de tantos años, es ésta la primera vez que siento miedo.

SACRISTÁN: ¿Del castigo de Dios?

CURA: No. De lo que estos hombres puedan atreverse a hacer. (*Al* CAMPANERO *que se ha acercado*): ¿Has visto entrar a alguien en la iglesia?

CAMPANERO (*displicente*): A todo el mundo. Aquí es lo único que hay que hacer.

CURA: Quiero decir... a alguien que no conozcamos.

CAMPANERO: No. ¿Por qué?

CURA (*conteniendo las palabras*): Han sido robadas las joyas de la mano derecha del Padre Eterno.

CAMPANERO (*cayendo de rodillas*): No he sido yo, no he sido yo.

CURA (*severo*): Lo dices como si hubieras pensado hacerlo.

CAMPANERO: Le confieso que aquella tarde en que se me apareció el Diablo... Pero yo soy inocente. ¿Me creerá usted? He limpiado esas joyas durante toda mi vida y nunca un granito de oro se quedó entre mis manos.

CURA: ¿Quién pudo habeʳ sido entonces?

CAMPANERO: No sé si otros lo habrán pensado también. Pero no conozco a nadie capaz de hacerlo.

SACRISTÁN (*que ha estado meditando*): Señor Cura, usted distraídamente no habrá...

CURA (*grita alarmado*): ¡Cómo te atreves a dudar de mí! (*Con insidia*): Fuiste tú quien descubrió el robo.

123

SACRISTÁN (*contrito*): De haberlo querido hacer lo habría hecho hace muchos años. (*Pausa.*)

CURA: ¡Qué vamos a hacer ahora! ¡Qué voy a decir al señor Obispo!

CAMPANERO: Rezaremos veinte rosarios y tal vez así...

CURA: Sí... sí..., pero hay que pensar ahora en algo más concreto.

SACRISTÁN: Haremos saber a todos que es pecado mortal tener esas joyas y así las devolverán.

CAMPANERO: El que las tiene sabía que desafiaba la ira de Dios.

CURA (*temeroso*): ¡Calla! ¡No vayan a oírte! Debemos hacer que ese robo no sea visible. ¿Qué pensarían todos si supieran que la imagen misma del Padre Eterno ha sido despojada? ¿A qué no se atreverían después? ¡Esto es muy peligroso!

SACRISTÁN (*iluminado*): Tenemos algunas joyas falsas. Podríamos ponerlas a la imagen y, como está en alto, los que vienen a rezarle no podrían ver si son las auténticas o si son falsas. Ellos saben que las joyas están en manos del Padre Eterno y sabiéndolo no tienen la preocupación de verlas.

CAMPANERO: Además, siempre que rezan tienen la cabeza baja. No se atreven ni siquiera a ver a la imagen.

CURA (*recapacitando, dice complacido*): Creo que es una buena idea: Pondremos las joyas falsas, pues es mejor que todo parezca en regla. No le diré nada al señor Obispo, sino hasta haber hallado las auténticas...

CAMPANERO: ¿Y si no las hallamos?

SACRISTÁN: Tenemos que hallarlas.

CAMPANERO: ¿Por qué?

SACRISTÁN (*convincente*): Porque Dios tiene que ayudarnos.

CURA: Sí... Sí... Pero sobre todo porque vamos a estar vigilantes. (*Les toma las cabezas y habla como si se tratara de una conspiración*): Desde dentro del confesionario se puede ver la imagen del Padre Eterno sin ser visto. Haremos guardia los tres.

CAMPANERO: ¿Y si no vuelve el ladrón?

SACRISTÁN: Rezaremos a Dios para que venga a robar de nuevo y así pronto le haremos caer en nuestras manos. Ahora voy a poner las joyas falsas. (*Entra en la iglesia.*)

CAMPANERO (*meditando*): Padre, ¿no cree usted que puede ser cosa del Demonio?

CURA (*con fastidio*): No seas inocente, hijo mío.

CAMPANERO: ¿Y si fue él? ¿Y si vuelve a sorprendernos? ¿Y si fue el Enemigo, Padre?

CURA: Tranquilízate, hijo, y ahora vamos a montar guardia. (*Entran los dos en la iglesia.*)

(*Entran* BEATRIZ *por un lado y* EL CARCELERO *por otro.*)

CARCELERO (*viendo a* BEATRIZ, *con crueldad*): Te he dicho que no es bastante.

BEATRIZ: Llevo dos días rogándote. Me tiranizas y tengo que rogarte. Tengo lástima y asco de mí misma. (EL CARCELERO *se encoge de hombros.*) Te traje todo lo que tenía; una vez y otra, nunca es bastante. Tres veces me lo has dicho y tres veces te he traído más.

CARCELERO: Tengo que tomar precauciones. Voy a quedarme sin trabajo y...

BEATRIZ: ¡Valiente trabajo!

CARCELERO (*insolente*): Es un buen trabajo. Aquí el único que no se muere de hambre soy yo. Y pensándolo bien, los presos tampoco se mueren de hambre. ¿Para qué quieres que sea libre? De cualquier manera, todos estamos prisioneros en este mundo, porque nunca podemos tener lo que queremos.

BEATRIZ (*suplicante*): Pero, en fin, ¿qué es lo que debo hacer?

CARCELERO: Me traerás una cantidad igual a la de ayer y lo dejaré libre.

BEATRIZ: ¿Y quién me asegura que será así?

CARCELERO: Yo mismo.

BEATRIZ: ¿Cómo puedo confiar en ti?

CARCELERO (*altanero*): Si no confías en mí, no confías en nada, y tu hermano se pudre en la cárcel. Si te pido cada vez más, es porque a mí también me piden más y más.

BEATRIZ (*llorosa*): Podría traerte esa cantidad y me dirías que no es bastante. Llegaría un momento en que no tendría nada que darte. La vida misma no vale nada si tú no le das valor.

CARCELERO: Esta vez es seguro. Si no crees en mí, tienes que darlo todo por perdido.

BEATRIZ (*impotente*): ¡A dónde he llegado! Siendo tú el carcelero, eres mi única esperanza.

CARCELERO (*dominante*): Sí. Y más vale que me traigas hoy mismo lo que te pido, porque mañana será tarde.

BEATRIZ (*con alarma*): ¿Tarde? ¿Qué quieres decir?

CARCELERO: Me han dicho que mañana se llevarán de aquí a los prisioneros incomunicados.

BEATRIZ (*angustiada*): No es verdad. Quieres asustarme.

CARCELERO (*cruel*): No. A veces hay que hacer una limpia. La cárcel está llena y los prisioneros no caben dentro de ella. Duermen uno junto a otro, y a veces han tenido que dormir uno sobre otro. (*Ríe con una risa equívoca.*) Es que la cárcel se construyó para unos cuantos y ahora hay muchos, muchos más.

BEATRIZ: ¿Y qué van a hacer con los que se lleven de aquí?

CARCELERO (*fastidiado*): No sé.

BEATRIZ: Van a matarlos, ¿verdad? ¿Es eso? (*Vuelve a ver el lugar donde estuvo el Diablo.*) Él tenía razón.

CARCELERO: Bueno, es lo más probable. (*Al ver que* BEATRIZ *se sobresalta*): Unos años antes, unos después... De la cárcel podrás librarlo, pero de la muerte...

BEATRIZ: Me parece que la muerte, después de haber sido libres en esta tierra, debe ser una forma más de libertad; pero si hemos estado aquí prisioneros, la muerte ha de ser la cárcel definitiva. (*Pausa.*) Dime, ¿todos esos presos están ahí porque han hablado en contra del Amo?

CARCELERO (*con intención*): No todos, otros son ladrones.

BEATRIZ (*tímida*): Comprendo.

CARCELERO: Sí, veo que comprendes muy bien. ¿Crees que no sé de dónde vienen esas joyas?

BEATRIZ (*desesperada*): Son herencia de mi familia. Las tenía guardadas y...

CARCELERO: Está bien, está bien... (*Lanza una carcajada.*) Si me traes lo que te he pedido, me callaré, si no...

BEATRIZ: Si hablas, tendrás que devolverlas.

CARCELERO (*burlón*): Confieso que has tenido una buena idea. He conocido tipos arriesgados, pero mira que arrebatarle a Dios mismo de las manos... (*Ríe. De pronto, muy serio*): ¿No sabes que eso puede costarte una angustia tal, que la libertad y la vida misma pueden llegar a parecer vacías?

BEATRIZ (*con angustia*): ¡Calla!

CARCELERO: Está bien. Pero si no me traes lo que te pido...

BEATRIZ: Diré que las tienes tú.

CARCELERO (*muy seguro de sí mismo*): No te creerán. Tú no eres nadie. Una mujer, hermana de un hombre que no es libre. Yo soy la autoridad.

BEATRIZ: ¿Eso te hace creerte libre de culpa?

CARCELERO: Al menos no corro el riesgo de que me atrapen. Y además, por si acaso... (*Burlón*): Como dicen que Dios es muy cuidadoso de las formas, ante sus ojos el ladrón eres tú y no yo. Con que ya lo sabes, si no quieres despedirte hoy mismo de tu hermanito... (*Tararea el tema musical de la prostituta y entra en la cárcel, dejando a* BEATRIZ *paralizada.*)

(*Pasan algunos hombres y mujeres por la escena.* BEATRIZ *espera que salgan para entrar furtivamente dentro de la iglesia. De pronto se oyen dos gritos prolongados en el interior. Salen de la iglesia* EL CURA *y* EL SACRISTÁN, *llevando casi a rastras a* BEATRIZ.)

CURA: ¿Qué has hecho, desventurada? ¿Qué has hecho? ¡Hereje, impía, alma diabólica! ¿Cómo te has atrevido? ¿No sabes que te exponías a la ira de Dios? (EL CURA *arroja a* BEATRIZ *al suelo.*)

BEATRIZ (*irguiéndose, habla con absoluta rebeldía*): Desde que nací, he oído esas palabras. ¿Podría ignorarlas ahora?

CURA: ¿Y sabiéndolo te has atrevido a hacerlo?

BEATRIZ (*dolida*): Pensé que si Dios lo comprende todo realmente, sabría perdonarlo todo también.

SACRISTÁN (*escandalizado*): Sabe lo que ha hecho y se atreve a declararlo.

CURA: Lo que has hecho sólo se paga con la condenación eterna. Soy sacerdote y sé lo que Dios es capaz de hacer con quienes violan su sagrada casa.

BEATRIZ: No he hecho nada que pudiera merecerme esta suerte tan desgraciada. (*Al* CURA): ¿Qué espera? Envíeme a la cárcel. (*Patética*): Quise vivir con mi hermano en la libertad y usted me mandará a morir con él en la prisión.

CURA (*severo*): ¿Dónde están las joyas?

BEATRIZ: Se las di al carcelero para que diera la libertad a mi hermano, pero él siempre me pedía más y más y Dios cada vez me daba menos.

CURA: Y tú, ¿no enrojecías de vergüenza de pensar que tu hermano podría ser libre a ese precio?

BEATRIZ (*iluminada*): Creí que la libertad de un hombre merece que se sacrifique a ella todo lo demás.

CURA: ¿Y ese carcelero sabía de dónde provenían las joyas? ¿Tú se lo hiciste saber?

BEATRIZ: Sólo sé que debía salvar a mi hermano a cualquier precio.

CURA: ¡Sacristán! Ve a buscar al Carcelero. (EL SACRISTÁN *entra en la cárcel.*)

CURA: Tú tendrás que afrontar también la justicia de esta

tierra. Por cosas mucho menores el Amo ha hecho encarcelar por toda la vida a tantos hombres.

BEATRIZ: Ahora todo está perdido. Mi pobre hermano no será nunca libre, pero yo no tengo miedo ya de nada.

CURA (*amenazador*): Aún te quedan muchos castigos. Siempre hay un castigo que no conocemos.

BEATRIZ (*con amargura*): Ya no me importa nada.

CURA: ¿No sabías que al robar la imagen del Padre Eterno dabas con ello un mal ejemplo a todos los hombres? ¿No te arrepientes?

BEATRIZ (*crispada*): De lo único que me arrepiento es de haber nacido. (*Entra* EL SACRISTÁN *seguido del* CARCELERO *y, detrás de él,* LA PROSTITUTA.)

SACRISTÁN: Aquí está el Carcelero, señor Cura, ha llorado cuando le conté lo sucedido.

(EL SACRISTÁN *da un empellón al* CARCELERO *y éste cae de rodillas ante* EL CURA.)

CURA: ¿Eres cómplice de ésta que se ha atrevido a alargar la mano hasta donde los hombres no deben atreverse?

CARCELERO (*de rodillas*): Soy culpable por haber aceptado esas joyas, pero no por otra cosa. No sabía de quién eran. ¿Cómo iba yo a atreverme si no?

BEATRIZ (*violenta*): Tú sabes la verdad, pero eres como todos; la escondes, te arrodillas, te humillas, haces como que crees...

CARCELERO: ¿Voy a declarame culpable si no lo soy?

BEATRIZ: Sigue declarándote inocente para seguir teniendo el derecho de ser carcelero.

CURA: ¡Silencio! (*Al* CARCELERO): ¿Dónde están esas joyas?

CARCELERO: No las tengo ya. Se las di a esta mujer.

CURA (*de pronto, repara en la presencia de* LA PROSTITUTA): ¿A esta mujer?

PROSTITUTA (*burlona*): Yo tampoco las tengo. Las vendí a una mujer que es amiga del Amo. (*Ríe.*)

CURA (*alzando las manos*): ¡Con qué seres me enfrentas, Dios mío! Lo más bajo de la creación.

CARCELERO (*ofendido, se pone de pie*): ¿Por qué me acusan a mí? No tengo la culpa de ser carcelero. Yo no soy el que ha puesto a unos hombres adentro, tras las rejas, y otros afuera para custodiarlos. (*Despectivo*): Alguna vez fui yo también a esa iglesia, a preguntarle al Padre Eterno si estaba bien que yo fuera carcelero. Pero Él calló. Puedo asegurarle, señor Cura,

que ser carcelero no es fácil: Ser carcelero no es más que una forma de estar preso. Y usted, tras ese uniforme negro...
CURA: Calla, insensato.
CARCELERO (*sobreponiéndose al* CURA): Es la verdad. Mi padre fue carcelero y mi abuelo también, toda mi raza está hecha de carceleros y he llegado a aborrecerlos, pero usted es el que menos derecho tiene a despreciarme, porque las cárceles y las iglesias...
CURA (*con gran firmeza*): Te he ordenado que calles y me digas dónde están esas joyas. Algún rastro tendrás de ellas...
PROSTITUTA (*burlona*): Ya le dijo que me las dio a mí. Me las dio como una limosna, ¿sabe usted? (*Ríe, insolente*): La limosna es mi especialidad.
CURA (*fuera de sí*): ¡Calla! ¿Qué hiciste con las joyas?
PROSTITUTA: Las vendí y me compré una cama reluciente. Tiene en las cabeceras cuatro grandes esferas doradas, como esa que sostiene el Padre Eterno entre las manos. (*Ríe, más insolente.*)
CURA (*después de reflexionar*): ¿Dijiste de dónde provenían las joyas?
PROSTITUTA: No. No soy tonta.
CURA: ¡Mejor! Esto no debe saberse.
SACRISTÁN: Sería un ejemplo espantoso.
CARCELERO: Por mi parte no se sabrá nada.
CURA: Entonces lleva a esta mujer a la cárcel. Yo hablaré con el Amo para que la castigue con todo rigor. Ella sola es la culpable y nadie más.
BEATRIZ (*con intención*): ¿Está usted seguro de eso?
CURA (*firme*): Sí. En la cárcel estarás incomunicada para siempre. Ya tendrás tiempo de arrepentirte.
(EL CARCELERO *toma violentamente a* BEATRIZ *del brazo, pero ésta forcejea y grita repetidas veces.*)
BEATRIZ: ¡Soy inocente! ¡Soy inocente! ¡Soy inocente!
(*La plaza se llena de hombres y mujeres que vienen de todos lados de la escena y rodean al grupo, interrogantes. Por el otro lado entra* EL DIABLO. EL PUEBLO *está agitado. Se oye un rumor, pero ninguna palabra.*)
SACRISTÁN (*temeroso*): Señor Cura, hay que explicarles a estas gentes.
CURA: Creo que es inevitable explicarles.
(EL DIABLO *está cerca de* BEATRIZ.)
BEATRIZ: ¿Ya ves, forastero, hasta dónde me has llevado?
DIABLO (*con ardor*): ¡Ha llegado el momento decisivo! Estos

hombres sabrán lo que has hecho y te justificarán. Les has demostrado que no hay en esa imagen nada que pueda infundirles temor. Vencerán el miedo. Se sentirán unidos. Podrán entonces verme y oírme y podré encaminarlos a su salvación.

CURA (*desde el atrio de la iglesia, arengando al* PUEBLO): Ha sucedido en nuestro pueblo algo que ha hecho temblar el trono mismo del Altísimo: Alguien se ha atrevido a entrar en esta iglesia y ha tratado de robar, inútilmente, las joyas que estaban en manos de la sagrada imagen. (EL PUEBLO *se mueve sorprendido, otra vez con movimiento rítmico y uniforme.*) Pero al mismo tiempo se ha operado el más maravilloso de los milagros: Por el centro de la cúpula de nuestra iglesia, ha entrado un ángel que vino a avisarme. (*Estupor en* EL PUEBLO, *que ve, arrobado, al cielo.*)

SACRISTÁN (*con asombro*): ¿Por qué no me lo había dicho, señor Cura?

CURA (*zafando con impaciencia la punta de la sotana que* EL SACRISTÁN *le tira*): Aquel ángel sonrió, y me dijo: «Debes estar vigilante, porque alguien intenta cometer un grave pecado», y revoloteando como una mariposa gigantesca cuyas alas encendían de luz toda la iglesia...

SACRISTÁN (*alucinado*): ¡Qué hermosura!

CURA (*detiene al* SACRISTÁN *con un gesto severo*): Encendían de luz toda la iglesia y me guiaban hasta el lugar donde esta infeliz, con la mano paralizada, trataba inútilmente de robar las joyas.

(*Movimiento del* PUEBLO *hacia* BEATRIZ.)

SACRISTÁN (*que camina siempre detrás del* CURA): ¿Por qué tengo tan mala suerte? Siempre me pierdo de lo mejor.

CURA: Aquel ángel, todo bondad, quiso dar un castigo a la falta de esta mujer y con sus grandes alas volaba en torno suyo, azotándola con ellas, como si fuesen dos látigos inmensos y coléricos.

SACRISTÁN (*entusiasmado*): ¡Bien hecho! ¡Bien hecho!

CURA (*alucinado por sus mismas palabras*): Yo miraba, absorto, todo esto, pensando que hasta al pueblo más modesto, como es el nuestro, le está señalado el día en que ha de ver manifiesto el poder de los ángeles.

SACRISTÁN (*en un arrebato de entusiasmo*): ¡Vivan los ángeles!

CURA: Esta mujer, al verse castigada, quiso huir, pero un rayo de luz caía sobre ella y la paralizaba en la tierra.

SACRISTÁN (*asombrado*): Pero si fui yo el que la detuvo...

CURA (*con la voz más fuerte*): El rayo de luz la inmovilizó y la hizo caer entre mis manos. Así, ante ustedes está esta mujer, cuya alma se ha manchado. (*A* BEATRIZ): ¡De rodillas, desventurada! ¡De rodillas! (BEATRIZ *permanece de pie.*) He dicho que te arrodilles.

(EL PUEBLO *se mueve, amenazador, contra* BEATRIZ.)

BEATRIZ (*altiva*): No tengo de qué arrepentirme. Quiero hablarles.

CURA: No hay que escucharla, hijos míos.

(EL PUEBLO *hace un movimiento, como si arrojara algo a la cara de* BEATRIZ.)

BEATRIZ: He tomado esas joyas de las manos de Dios porque creí que eso era lo justo. Muchos de ustedes habrán pensado hacerlo. ¿Van a condenarme? ¿Por qué? ¿Porque tuve valor de hacer lo que ustedes no han querido hacer? Aún quedan ahí joyas. Son nuestras.

CURA: ¡Calla, maldita!

(*Movimiento del* PUEBLO *hacia* EL CURA.)

DIABLO: Amigos, hermanos. (*Sobre el atrio de la iglesia.* EL PUEBLO *vuelve a ver al* DIABLO.) ¿Ahora ya pueden verme? (EL PUEBLO *asiente con la cabeza.*) Las palabras y el sufrimiento de esta muchacha han obrado el verdadero milagro. ¡Ustedes ya pueden verme!

CURA (*al* SACRISTÁN): ¿Quién es ese hombre? No le conozco.

SACRISTÁN (*cae de rodillas, arrobado*): Debe ser el ángel que usted vio. (EL CURA *lo levanta violentamente y* EL SACRISTÁN *queda en actitud de éxtasis.* EL CURA *se adelanta al* DIABLO, *pero éste lo detiene con un gesto enérgico.*)

DIABLO (*movimiento del* PUEBLO *hacia* EL DIABLO, *cuando éste habla*): Esta mujer debe quedar libre ahora mismo. ¡Mírenla! Es joven y está sola. Sola como cada uno de ustedes. Sola porque no han querido unirse a ella.

CURA: ¡De rodillas, pecadores! ¡Todos de rodillas! (EL PUEBLO *se arrodilla.*) La ira de Dios caerá sobre este pueblo por haber escuchado al Enemigo. Sólo el arrepentimiento puede salvarlos.

DIABLO: No hay de qué arrepentirse. (EL PUEBLO *se yergue poco a poco mientras* EL DIABLO *habla.*) Es la voz de la justicia la que habla dentro de ustedes. (*Movimiento del* PUEBLO *otra vez hacia* EL DIABLO.) Por una vez, hablen, hombres de este pueblo.

Que suene el timbre de esa voz dormida dentro de sus pechos. Se trata de ir ahora a la cárcel, ir a la iglesia, abrir las puertas de par en par y dejar libres a los que han estado ahí aprisionados.

CURA (*tonante*): Los muros de esta iglesia son sólidos y fuertes. ¿Serían capaces de embestir contra ellos?

(*Movimiento del* PUEBLO *hacia* EL CURA.)

PUEBLO (*tímido*): No.

DIABLO (*con alegría*): ¡Han hablado! Se operó el segundo milagro. (*Al* PUEBLO): ¿Quieren condenar a esa muchacha? ¿Quieren aceptar la injusticia eterna que pesa sobre ella?

(*Movimiento del* PUEBLO *hacia* EL DIABLO.)

PUEBLO (*menos tímido*): No.

CURA: Esta iglesia es la seguridad, hijos míos. Lo sabemos bien.

PUEBLO (*movimiento hacia* EL CURA): Sí.

DIABLO (*con entusiasmo*): El camino que sigo es a veces áspero, pero es el único que puede llevarlos a la libertad. ¿No quieren hacer la prueba?

PUEBLO (*con entusiasmo, moviéndose hacia* EL DIABLO): Sí.

CURA (*amenazador*): Pobre de aquel que se vea aprisionado en la cárcel de su propia duda. Esa cárcel es más estrecha que todas las de esta tierra. ¿No lo saben?

PUEBLO (*resignado, moviéndose hacia* EL CURA): Sí.

DIABLO: Lo que él llama duda es la salvación. Ustedes serán capaces de hacer aquí las cosas más increíbles.

PUEBLO (*alucinado*): Sí.

CURA: ¿Y la otra vida? ¿No importa nada? ¿Quieren hallar, al morir, cerradas definitivamente las puertas de la esperanza?

PUEBLO (*atemorizado*): No.

DIABLO (*vital*): Lo único que importa es esta vida.

PUEBLO (*con entusiasmo*): Sí.

CURA: La resignación es la única salud del alma. ¿Quieren consumirse en una rebeldía inútil?

PUEBLO (*resignado*): No.

DIABLO (*con gran fuerza*): Pero será hermoso el día en que la voluntad del Hombre gobierne esta tierra. Todo lo puede la voluntad del Hombre.

PUEBLO (*enardecido*): Sí.

CURA (*gritando*): ¡Basta de locuras, insensatos! ¿Trabajamos todos en la tierra de Dios?

PUEBLO (*dolorosamente*): Sí.

DIABLO: Esta tierra será la tierra de los hombres.

PUEBLO (*soñador*): Sí.

CURA (*con los brazos en cruz*): No es posible rebelarse ante todo lo que Dios ha querido que sea.

PUEBLO (*resignado*): No.

DIABLO (*entusiasta*): ¡Sí, es posible!

PUEBLO (*interrogante*): ¿Sí?

(*En la puerta de la iglesia aparece* EL CAMPANERO *gesticulando.*)

CAMPANERO (*gritando*): ¡Señor Cura! ¡Señor Cura! (*Se acerca al* CURA *y le habla al oído. Expectación general.* EL PUEBLO *está inmóvil.*)

CURA (*muy solemne, después de oír al* CAMPANERO): Hijos míos, el pecado de esta mujer, que les indujo a oír la voz del Demonio, ha dado ya sus frutos malignos. Vienen a decirme que las cosechas se perderán definitivamente este año. No quedará ni una sola planta en estos campos. La miseria va a apoderarse de esta tierra. El viento del Norte comienza a soplar. ¡Oigan!

(EL PUEBLO *se despliega. Se oye el rumor del viento que seguirá siendo más estruendoso hasta el final de la escena.*)

SACRISTÁN (*supersticioso*): Todo esto es castigo de Dios.

PUEBLO (*de rodillas*): ¡Castigo de Dios! ¡Castigo de Dios!

DIABLO (*gritando*): ¡No es verdad! ¡No dejen que el miedo se filtre por la primera rendija. ¡Óiganme! (EL PUEBLO, *arrodillado, le vuelve la espalda al* DIABLO.)

BEATRIZ (*con gran tristeza*): Ya no te ven, amigo mío.

DIABLO: ¡Me oirán al menos!

BEATRIZ: Tu imagen se está borrando dentro de ellos mismos. Tienen miedo. (*Con angustia*): ¿Qué van a hacer de mí?

DIABLO (*con amargura*): ¡La ignorancia es la peor injusticia! (*A* BEATRIZ): ¿Tienes miedo? (*Se acerca a ella y la toma en sus brazos.*)

BEATRIZ (*lo ve, arrobada*): No. Es extraño, pero ya no siento miedo. Algo comienza a crecer dentro de mí que me hace sentir más libre que nunca.

DIABLO: Pero no es justo. (*Al* PUEBLO): ¡Óiganme! Esta mujer debe quedar libre ahora mismo. Hay que soltarla.

PUEBLO (*arrodillado, repite mecánicamente con los brazos abiertos en cruz y viendo al cielo*): ¡Castigo de Dios! ¡Castigo de Dios! ¡Castigo de Dios!

CURA (*implacable, señalando a* BEATRIZ): Esta mujer es la culpable.

(EL PUEBLO *se pone mecánicamente de pie. Se arremolina en torno de* BEATRIZ. *Un hombre se acerca a ella y la señala, gritando.*)

UN HOMBRE: ¡La muerte!

PUEBLO (*repite frenéticamente*): ¡La muerte! ¡La muerte! (LAS MUJERES, *enloquecidas, se apoderan de* BEATRIZ *y violentamente la amarran al tronco de un árbol.*)

DIABLO (*impotente, corre tras de ellas*): ¡Deténganse! ¡Deténganse! (*Nadie le hace caso.*)

BEATRIZ (*gritando con pánico mientras la arrastran*): ¡No! ¡No! Suéltenme. Suéltenme. (*Mientras la amarran, grita, forcejeando*): No soy culpable de nada. Si me matan, matarán una parte de ustedes mismos. (EL PUEBLO, *en tumulto, al ver a* BEATRIZ *amarrada, se precipita sobre ella en un movimiento uniforme y avasallador y la hiere con gran violencia, mientras ella grita enloquecida.*)

BEATRIZ: ¡No, no, no! (*Su voz se va apagando.*)

CURA: Que la voluntad de Dios se cumpla sobre ella. Nosotros rezaremos por la salvación de su alma. (EL PUEBLO, *al oír la voz del* CURA, *cesa de herir a* BEATRIZ *y se repliega en un extremo de la escena donde se arrodilla, siguiendo el rezo del* CURA, *que dice el Padrenuestro.*)

BEATRIZ (*amarrada, le habla al* DIABLO, *que llora junto a ella*): Van a dejarme aquí, inmóvil, atada, hasta que el viento y el frío terminen con mi vida.

DIABLO (*junto a* BEATRIZ): ¿Qué hacen ahora?

(UN HOMBRE *entra con una imagen del diablo, a manera de un judas mexicano, y en medio del silencio expectante de los demás, lo cuelga como si lo ahorcara.*)

BEATRIZ (*desfalleciente*): Están ahorcando tu imagen. Lo hacen para sentirse libres de culpa.

(*Se oye un ruido de cohetes y el muñeco cuelga al viento.*)

CURA (*desde el atrio*): Ahora hay que castigarse, hijos míos. ¡Hay que castigarse! Todos somos culpables de lo que esta mujer ha querido hacer. No hemos estado vigilantes. ¡A pagar nuestra culpa! ¡A pagar nuestra culpa!

(*Los hombres y mujeres, arrodillados, comienzan a flagelarse con chicotes imaginarios y con movimientos angustiosos se van poniendo de pie mientras se flagelan, en una especie de pantomima grotesca y comienzan a entrar en la iglesia flagelándose con movimientos contorsionados.*)

CURA (*desde el atrio*): ¡Fuerte! ¡Más fuerte! ¡Más fuerte!

(*Los del* PUEBLO *continúan la pantomima flagelándose, giran en derredor del* CURA, *y delirantes como si obedeciesen a una fuerza ciega, desesperados, entran en la iglesia.* EL CURA *entra detrás de ellos con los brazos abiertos, como el pastor tras su rebaño.*)

DIABLO (*corre, inútilmente hacia* EL PUEBLO): No se flagelen más. No se odien de esa manera. ¡Ámense a sí mismos más que a Dios!

(EL SACRISTÁN Y EL CAMPANERO *entran en la iglesia.* EL CARCELERO *vacila, pero, resuelto, entra también en la iglesia con paso firme. Quedan solos* BEATRIZ *y* EL DIABLO, *que se desploma, sollozando, en las gradas de la iglesia.*)

BEATRIZ (*amarrada, casi exhausta*): Estas ataduras se hunden en mi carne. Me duelen mucho. No puedo más. (*Viendo al* DIABLO *con gran simpatía.*) ¿No puedes hacer ya nada por mí, amigo mío?

DIABLO: Lo único que logré fue sacrificarte. ¡Para eso es para lo único que he servido!

BEATRIZ (*con voz entrecortada*): No estés triste. Ahora comprendo que el verdadero bien eres tú.

DIABLO (*sollozando*): He perdido tantas veces esta batalla de la rebeldía y cada vez me sube el llanto al pecho como si fuera la primera. El viento del Norte moverá tu cuerpo, pobre Beatriz, y golpeará en la ventana de la celda del Hombre, que sigue prisionero. (*Patético*): No volveré a luchar más. Nunca más.

BEATRIZ (*casi sin poder hablar*): Sí. Volverás a luchar. Prométeme que lo harás por mí. Algún día se cansarán de creer en el viento y sabrán que sólo es imposible lo que ellos no quieran alcanzar. Su misma voluntad es el viento, con que hay que envolver la superficie completa de esta tierra. (*Se desfallece. El viento sopla furioso, agitando los vestidos y cabellos de* BEATRIZ.)

DIABLO (*impotente*): ¡Ya no puedo hacer nada por ti! (*Se levanta y se acerca a* BEATRIZ *y la llama inútilmente*): ¡Beatriz!... (*Pausa. La sacude con desesperación. De pronto, reacciona otra vez con energía.*) Está bien... Seguiré luchando; libraré de nuevo la batalla en otro lugar, en otro tiempo, y algún día, tú muerta y yo vivo, seremos los vencedores. (*Abre los brazos como si fuera a comenzar el vuelo. El tema musical del Demonio suena ahora dramático, mezclado con el rumor del viento.*)

TELÓN

A. CUESTIONARIO

1. ¿Qué función tiene el coro en la obra?
2. ¿Cuál es lo único que quiere el Forastero?
3. ¿Por qué está en la cárcel el hermano de Beatriz?
4. Describa la pantomima que bailan Beatriz y su hermano.

B. TEMAS DE DISCUSIÓN Y COMPOSICIÓN

1. ¿Se puede atribuir al Carcelero las injusticias descritas? O, ¿puede ser alguien «sólo una pieza de la maquinaria», como sugiere el Forastero?
2. «Me vendo como todos» —dice La Prostituta. ¿Qué cree Ud. de esta actitud hacia la vida? Según Ud., ¿tiene cada individuo su precio?
3. ¿Qué piensa Ud. del siguiente comentario del Diablo?: «Dios hace la eternidad con la sucesión de muchas vidas vacías.»
4. Comente Ud. sobre estas citadas actitudes en relación a las propias ideas de Ud. o a su vida personal: «Todos estamos prisioneros en este mundo, porque nunca podemos tener lo que queremos.» «Sólo es imposible lo que ellos no quieran alcanzar.»
5. Describa el conflicto de valores entre el Diablo y el Cura.

C. EJERCICIO

Desarrolle una oración con cada de las siguientes frases.

1. le sirve de
2. como si fuera
3. siento miedo
4. se puso
5. ni siquiera
6. a través de
7. mirar de reojo
8. fruncir las cejas
9. arrastrar los pies
10. darse vergüenza

MARCO DENEVI

FALSIFICACIONES
(Selecciones)

NOTA PRELIMINAR

Marco Denevi es una de las figuras más sobresalientes de la literatura argentina del momento. Con *Ceremonia secreta,* llevada al cine, obtuvo el premio *Life* y alcanzó fama internacional.

Nuestra grabación consiste de ocho lecturas dramatizadas extraídas del libro de Denevi, *Falsificaciones,* en las voces del autor y de cuatro prestigiosos actores argentinos.

La ironía y la sátira, expresadas a través de un estilo delicado y lleno de matices, son notas dominantes del hacer literario de Denevi.

Entre las obras seleccionadas cabe destacar por su especial agudeza *El maestro traicionado, Antígona o la caridad, El secreto de Roxana* y *Romeo frente al cadáver de Julieta.*

El maestro traicionado

SE CELEBRABA la última cena.

—¡Todos te aman, oh Maestro!—dijo uno de los discípulos.

—Todos no—respondió gravemente el Maestro—. Conozco alguien que me tiene envidia y que en la primera oportunidad que se le presente me venderá por treinta dineros.

—Ya sé a quién aludes—exclamó el discípulo—. También a mí me habló mal de ti.

—Y a mí—añadió otro discípulo.

—Y a mí, y a mí—dijeron todos los demás (todos menos uno que permanecía silencioso).

—Pero es el único—prosiguió el que había hablado primero—. Y para probártelo, diremos a coro su nombre.

Los discípulos (todos, menos aquel que se mantenía mudo) se miraron, contaron hasta tres y gritaron el nombre del traidor.

Las murallas de la ciudad vacilaron con el estrépito, porque los discípulos eran muchos y cada uno había gritado un nombre distinto.

Entonces el que no había hablado salió a la calle y, libre de remordimientos, consumó su traición.

(Jordi Liost: *El Evangelio herético*. Inédito. Trad. del catalán por M. D.)

No hay que complicar la felicidad

de Ramón Civedé

(*Un parque; sentados en banco de piedra, bajo los árboles,* ÉL *y* ELLA *se besan.*)

ÉL: Te amo.

ELLA: Te amo.

(*Vuelven a besarse.*)

ÉL: Te amo.

ELLA: Te amo.

(*Vuelven a besarse.*)

ÉL: Te amo.

ELLA: Te amo.

(ÉL *se pone violentamente de pie.*)

ÉL: ¡Basta! ¡Siempre lo mismo! ¿Por qué, cuando te digo que te amo, no contestas, por ejemplo, que amas a otro?

ELLA: ¿A qué otro?

ÉL: A nadie. Pero lo dices para que yo tenga celos. Los celos alimentan al amor. Nuestra felicidad es demasiado simple. Hay que complicarlo un poco. ¿Comprendes?

ELLA: No quería confesártelo porque pensé que sufrirías. Pero lo has adivinado.

ÉL: ¿Qué es lo que adiviné?

(ELLA *se levanta, se aleja unos pasos.*)

ELLA: Que amo a otro.

(ÉL *la sigue.*)

ÉL: Lo dices para complacerme. Porque yo te lo pedí.

ELLA: No. Amo a otro.

ÉL: ¿A qué otro?

ELLA: A otro.

(*Un silencio.*)

ÉL: Entonces, ¿es verdad?

ELLA (*vuelve a sentarse. Dulcemente*): Sí. Es verdad.

(ÉL *se pasea. Aparenta un gran furor.*)
ÉL: Siento celos. No finjo. Siento celos. Estoy muerto de celos. Quisiera matar a ese otro.
ELLA (*dulcemente*): Está allí.
ÉL: ¿Dónde?
ELLA: Allí, entre los árboles.
ÉL: Iré en su busca.
ELLA: Cuidado. Tiene un revólver.
ÉL: Soy valiente.
(ÉL *sale. Al quedarse sola,* ELLA *ríe. Se escucha el disparo de un arma de fuego.* ELLA *deja de reír.*)
ELLA: Juan.
(*Silencio.* ELLA *se pone de pie.*)
ELLA: Juan.
(*Silencio.* ELLA *corre hacia los árboles.*)
ELLA: Juan.
(*Silencio.* ELLA *desaparece entre los árboles.*)
ELLA: Juan.
(*Silencio. La escena permanece vacía. Se oye, lejos, el grito desgarrador de* ELLA.)
ELLA: ¡Juan!
(*Después de unos instantes, desciende silenciosamente el*

TELÓN.)

Los animales en el arca

Sí, Noé CUMPLIÓ la orden divina y embarcó en el arca un macho
y una hembra de cada especie animal. Pero durante los cuarenta
días y las cuarenta noches del diluvio, ¿qué sucedió? Las bestias,
¿resistirían las tentaciones que les ofrecían la larga convivencia
y el encierro forzoso? Los animales salvajes, las fieras de los
bosques y los desiertos, ¿se someterían a la etiqueta de un viaje
por mar? La proximidad de las eternas víctimas y los eternos
victimarios, ¿no desataría más de un crimen? Ya estoy viendo
al león, al águila y a la víbora mandar al otro mundo, de un
zarpazo o de una mordedura, a algún pobre animalito indefenso.
¿Y quiénes serían los más indefensos, sino los más hermosos?
Porque los hermosos no tienen otra protección que su belleza.
Pero ¿de qué les serviría en medio de aquella tripulación hete-
rogénea, hacinada en un barco de clase única que, para colmo,
cabeceaba en el vórtice de una tormenta que a todos los volvía
irritables y malhumorados? Sólo se salvarían los de piel más
dura, los de carne menos agradable, los erizados de púas, de
cuernos, de garras y de picos, los que alojan el veneno, los que
se ocultan en la sombra, los más feos y los más fuertes. Cuando
al cabo del viaje Noé descendió nuevamente a tierra, repobló el
mundo con los sobrevivientes. Pero las criaturas más hermosas,
las más delicadas y gratuitas, los puros lujos con que Dios, en
la embriaguez del quinto día de la Creación, había adornado el
Jardín del Edén, aquellas criaturas al lado de las cuales nuestro
pavo real y nuestra gacela son horribles mamarrachos y la liebre
una fiera sanguinaria, ay, aquellas criaturas tal vez no descen-
dieron jamás del arca de Noé.

(Marco Denevi: *Falsificaciones*. Editorial Eudeba. Buenos Aires, 1966.)

Antígona o la caridad

¡CUIDADO! Edipo acaba de morir. Y sobre ese cadáver cubierto de andrajos Antígona llora lastimeramente. Pero cuidado, digo. Pues Antígona está pensando para sus adentros: «¿Y ahora? ¿Qué será de mí? He vivido mis mejores años, los años de mi adolescencia y mi juventud, dedicada a cuidar a mi padre viejo y ciego. Pero mientras él vivía y yo, su hija predilecta, lo conducía por los caminos, las gentes salían a mi encuentro, me bendecían, me hacían entrar a sus casas, me daban de comer, hasta me ofrecían dinero. Yo era respetada, admirada, agasajada. Llegué a ser más famosa que mi padre. Tenía el porvenir seguro. Me sentía feliz. ¿Y ahora? Viejo imbécil, después de exprimirme como un limón te mueres y me dejas abandonada. Sola, ¿a qué puerta llamaré? Vieja y fea, ¿quién se interesará por mí?, ¿Éste es el premio de mis sacrificios? ¿Así se me despide, como una sirvienta inútil? Luego de tantos años de ejercer mi profesión de hija caritativa no estoy en edad de aprender una nueva. No sé hacer otra cosa sino extender la mano y, componiendo un semblante patético, excitar la piedad ajena. Pero una solterona sin el complemento de un padre desdichado a quien consagrarse no excita la piedad, excita la risa. Repito: ¿qué será de mí?»

Ved cómo cesa de llorar, cómo levanta la cabeza y mira a su alrededor. ¡Cuidado! Esconded vuestros tiernos hijos: Antígona no vacilaría en hacerlos huérfanos. Ocultad a vuestros ancianos padres: Antígona sería capaz de arrancarles los ojos y fabricarse nuevos Edipos. Nadie es más temible que una Antígona sin ocupación.

(Omar Denice: *Apostillas a los clásicos*. Madrid, 1945.)

La tragedia del doctor Fausto

de Gottfried Wacht

En casa de FAUSTO, *una noche.* FAUSTO, *agobiado por los acha-
ques, lee a la luz de una vela. Llaman a la puerta.*

FAUSTO: Adelante.

(*Entra* MEFISTÓFELES. FAUSTO *se pone trabajosamente de pie.*)

MEFISTÓFELES: Ya habréis adivinado quien soy. ¿O necesito
presentarme?

FAUSTO: No. Sentaos.

(*Los dos se sientan frente a frente.*)

MEFISTÓFELES: Conozco las causas de vuestra tribulación.
Sois viejo, quisierais ser joven. Sois aborrecible, deseariais ser
hermoso. Amáis a Margarita, Margarita no os ama. Tragedias
concéntricas y simultáneas que os tienen aprisionado y sin posibilidad de escapatoria. Poneros en libertad es para mí un juego
de niños. La llave de vuestra cárcel está aquí. (*Señala un porta-
folios que trae consigo.*) Os propongo un pacto, cuyo precio...

FAUSTO: Ya lo sé. Mi alma.

MEFISTÓFELES: A cambio de un cuerpo joven.

FAUSTO: Pero mi alma no es calderilla, señor. Exijo un cuerpo
bien proporcionado, musculoso sin exceso, piernas largas, cuello
fuerte, nuca corta. La fisonomía de facciones regulares. Un leve
estrabismo no me vendría mal. He notado que da cierta fijeza
maligna a la mirada y enloquece a las mujeres. En cuanto a la
voz.

MEFISTÓFELES: En cuanto a la voz, un cuerno. Yo no fabrico
hombres. Esa es la labor del Otro. Lo único que me está permitido es extraeros el alma de vuestra carne e introducirla en la
carne de otro ser vivo. ¿Comprendéis? Un trueque. El alma del
viejo doctor Fausto en el cuerpo de un joven y el alma de ese
joven en el cuerpo del doctor Fausto. Pero a ese joven debéis
elegirlo, como quien dice, en el mercado.

FAUSTO: ¿Qué me proponéis? ¿Que recorra el mundo en su
busca? ¿O los haréis desfilar por mi cuarto, uno a uno, a todos

esos buenos mozos, hasta que los vecinos murmuren y me denuncien a la autoridad?

MEFISTÓFELES: Doctor Fausto, nada de volverse insolente. Aquí tengo un álbum con los retratos de los hombres más apuestos de que dispone la plaza. Elegid.

(*Le muestra el álbum.* FAUSTO *vuelve lentamente las páginas. De pronto señala con el índice.*)

FAUSTO: Este.

MEFISTÓFELES: No tenéis mal ojo. No creo que nadie le aventaje en ese aspecto. Perfectamente. Firmemos el pacto.

FAUSTO: Un momento. ¿Me garantizáis la vida de este hombre?

MEFISTÓFELES: Nadie está libre del veneno, del puñal, de morir bajo las ruedas de un carruaje o aplastado por una piedra desprendida de alguna vieja catedral.

FAUSTO: No me refiero a eso. Me refiero al corazón, los pulmones, el estómago y todo lo demás. Ese joven semeja un Hércules, pero podría sufrir de alguna enfermedad mortal, y sea un hermoso cadáver a corto plazo lo que, en definitiva, estéis ofreciéndome.

MEFISTÓFELES: Y luego dicen que los sabios son malos negociantes. Quedaos tranquilo. El material es de primera calidad. Se trata de un atleta que se exhibe en las quermeses. Levanta esferas de hierro de cien libras cada una. Tuerce el eje de un carro como si fuese de manteca. Come por diez y bebe por veinte y jamás ha tenido la más mínima indigestión. ¿No oísteis hablar de él, de Grobiano?

FAUSTO: Hace años que no salgo de mi casa. Sólo leo libros.

MEFISTÓFELES: Los maridos les tienen prohibido a sus mujeres asistir a las exhibiciones de este joven. Se afirma que las deja embarazadas sólo con mirarlas. Recuerdo haberlo visto, una noche, en la feria de Wolfstein. Cuando apareció vestido únicamente con una ajustada malla negra, hasta los hombres bajaron los ojos. Una muchacha enloquecida, comenzó a aullar obscenidades.

FAUSTO (*jadeante*): Basta. No sigáis. Firmemos el pacto.

(*Firman el pacto mientras resuenan a lo lejos las doce campanadas de la medianoche.* MEFISTÓFELES *hace castañetear los dedos en el aire. Truenos. Relámpagos. Una nube de azufre oculta la escena.*

Cuando la nube se disipa, MEFISTÓFELES *ha desaparecido, y* FAUSTO, *metamorfoseado en un joven alto, rubio, de físico estupendo, yace tendido en el suelo. Al cabo de unos instantes despierta, se pone de pie, se palpa el cuerpo, corre a mirarse en un espejo, ríe. Hablará con una voz poderosa y viril.*) FAUSTO: El bribón no me ha engañado. Soy hermoso, soy joven, soy fuerte. Siento correr la sangre por las venas. ¡Y qué musculatura! (*Hace inflar los músculos con movimientos de gimnasia.*) En este mismo momento, el otro, el tal Grobiano, en su tienda... (*Ríe.*) O quizás el cambio lo haya sorprendido en plena función. Me gustaría ver la cara de los espectadores. (*Bosteza.*) Tengo hambre. Tengo sed. (*Masca bruscamente un trozo de pan. Bebe, de un trago, un vaso de vino.*) Mi cuerpo hierve de deseos. Iré a casa de Margarita. Esa es otra que, cuando me vea, se llevará una linda sorpresa. No le daré tiempo a que pregunte nada. Me arrojaré sobre ella y la poseeré.

(*Se limpia la boca con el dorso de la mano y se dirige hacia la puerta. Al pasar delante de los anaqueles colmados de libros se detiene, los mira, toma un libro; lo hojea, lo coloca en su sitio, se encamina hacia la salida, se para, piensa, vuelve sobre sus pasos, toma otro libro, da vuelta a las páginas, lee, con el libro entre las manos avanza hacia el proscenio, levanta la cabeza.*) FAUSTO (*la mirada perdida*): Debo ir a visitar a Margarita.

(*Pero se sienta a la mesa y lee el libro.*

A partir de este momento se desarrolla una escena muda, de varios minutos de duración, en que FAUSTO *se sienta y se levanta a cada rato, va y viene de la mesa a la biblioteca y de la biblioteca a la mesa trayendo y llevando libros, consultándolos, leyéndolos, cotejándolos, tomando apuntes, y, a medida que los minutos transcurren,* FAUSTO *irá envejeciendo rápidamente, se encorvará, se achicharrará, se arrugará. Enfrascado en la lectura, se pasará la mano por el pelo y se le desprenderá, sin que él lo advierta, un mechón. Más tarde escupirá dos o tres dientes. En alguna de sus idas y venidas, al pasar delante del espejo, se detiene, se observa, parece no comprender lo que le ocurre. Regresa a su sillón, se sienta, permanece unos instantes como alelado.*) FAUSTO (*voz cascada. Sonámbulo*): Margarita...

(*Después, distraídamente, sus ojos se posan en el libro que sostiene en la mano. Termina engolfándose de nuevo en la lectura. Mueve los labios. Al levantarse o al sentarse gime sordamente. Cuando la escena finaliza, es ya el mismo doctor* FAUSTO *del comienzo de la obra.*

Se oye una lejana campanada. Llaman a la puerta.)

FAUSTO: Adelante.

(*Entra* MEFISTÓFELES, *con guantes y bastón.* FAUSTO *intenta incorporarse, pero, falto de fuerzas, no lo consigue.*)

FAUSTO: Sois vos. Me habéis engañado como a un niño. Miradme. ¿Dónde están la juventud y la belleza que me prometisteis? ¿Es esta la manera como cumplís vuestros compromisos? Entonces, ¿no se puede confiar en vos? No tenéis palabra.

(MEFISTÓFELES *se sienta, se quita parsimoniosamente los guantes, enciende un cigarrillo.*)

MEFISTÓFELES: Poco a poco, doctor Fausto. ¿Era o no era un lindo cuerpo de atleta aquel en que, al despertaros después de la firma del pacto, os encontrasteis alojado?

FAUSTO: Sí, pero me duró menos de una hora.

MEFISTÓFELES (*sonriéndose irónicamente, señala los libros*): Y seguís leyendo, seguís acumulando datos... Demasiada memoria, doctor Fausto. Volvéis viejo cuanto tocáis.

FAUSTO: ¿Qué debía hacer, a vuestro juicio?

MEFISTÓFELES: Acabo de ver a Grobiano. Le bastaron unos minutos para ser otra vez el espléndido muchacho que hechiza a las mujeres. Pero eso sí: ni una idea, ni buena ni mala, debajo de aquella frente. Ni un recuerdo. Siempre joven, como los animales. Envejecer es el privilegio de los hombres. Y será más hombre quien más piense, quien más recuerde.

FAUSTO: Vendí mi alma a cambio de esa moraleja.

MEFISTÓFELES: Y ahora, querido amigo, llegó el momento de que me acompañéis.

FAUSTO: ¿Ya?

MEFISTÓFELES: Ya. Habéis acabado con ese cuerpo inundándolo del dolor de la ciencia, de la bilis de la memoria, de la mala sangre del conocimiento. Os espero afuera.

(MEFISTÓFELES *sale.* FAUSTO *se pasa la mano por los ojos. Parece tan viejo como el mundo. Reinicia la lectura. Súbitamente se desploma sobre los libros. La vela se apaga.*)
Y cae el

TELÓN

El secreto de Roxana

Todos me creen poco menos que estúpida. Estoy obligada a ser una figurita etérea, frágil, delicada, soñadora, casi incorpórea, siempre en las nubes. Me han asignado un papel con cara de muñeca y voz de falsete. Debo hablar sólo de frivolidades, suspirar, poner los ojos en blanco, abanicarme y sonreír frente al espejo. Naturalmente, según ellos, no sé nada del mundo. En mi presencia, ciertos temas nunca se tocan. Soy pura. No hay que rozarme ni con el pétalo de una flor, no sea que me deshaga en pedazos. Soy inocente. Mi madre dice: «¡Ah, si Roxana conociera lo que es la triste humanidad!» No soy práctica. Mi padre añade (y aunque trate de ocultarlo advierto su fastidio): «Roxana no mataría una mosca». En consecuencia, todos creen que pueden engañarme como una babieca. Pero soy yo la que los engaño a todos. He comprendido desde el primer día que las cartas de Christián las escribe mi primo Cyrano. Y que el famoso discurso debajo de mi balcón lo pronunció Cyrano (reconocí inmediatamente su horrible voz gascona) y no Christián. Sé que mi novio es un burro y Cyrano una lumbrera. Pero amo a Christián y no amo a Cyrano. Christián es hermoso y Cyrano un adefesio. Finjo, pues, no darme cuenta de nada y sigo la comedia. ¿O qué querían? ¿Que confesase que sí, que Christián, con su linda cara, es incapaz de decir cuatro frases bien hilvanadas y escribir una decente carta de amor? Jamás. ¿Y que todos los méritos son de Cyrano y que se los reconozca en público? Menos aún. Nuestro triángulo se iría al diablo, Cyrano pasaría al frente, Christián se vería en la picota y yo caería en el más atroz ridículo. En cambio así, cada uno es el personaje que me conviene que sea: el monstruoso Cyrano, nuestro correveidile; Christián, un buen partido, y yo, la novia que está siempre en la luna. Una mujer con reputación de despierta lo echaría todo a perder. Mi aparente ingenuidad, por el contrario, permite esa componenda que es la base de mi dicha. Esperad a que contraiga matrimonio. Entonces veréis si mato o no mato moscas.

(Cecil Barrow. En la *Greenwich Review*, N.° 1, enero 1964.)

Romeo frente al cadáver de Julieta

de Georges Cahoon

Cripta del mausoleo de los Capuletos, en Verona. Al levantarse el telón, la cripta, en penumbras, deja ver un túmulo, y, sobre éste, el cadáver de JULIETA. *Entra* ROMEO *con una antorcha encendida. Se acerca al túmulo. Contempla en silencio los despojos de su amada. Luego se vuelve hacia los espectadores.*

ROMEO: ¡Era, pues, verdad! ¡Julieta se ha suicidado! Veloces mensajeros, oculto el rostro chismoso tras la máscara de un falso dolor, corrieron a Mantua a darme la noticia. Pero, junto con la noticia, hacían tintinear en el aire la intimación a que volviese, la amenaza de que, en caso contrario, me traerían por la fuerza. Todos se despedían de mí con el mismo adiós: «Romeo, ahora sabrás cuál es tu deber». He comprendido. He vuelto. Aquí estoy. No he encontrado a nadie en el camino. Nadie me estorbó el paso para que llegase hasta este lúgubre sitio y me enfrentase a solas con el cadáver de Julieta. Excesivas casualidades, demasiada benevolencia del destino, sospechoso azar. Alcahuetería de la noche, ¿cuál es tu precio? Los que te han sobornado ahora me espían, huéspedes de tu sombra. Aguardan que les entregues lo que les prometiste. ¿Y qué les prometiste, noche rufiana? ¡Mi suicidio! Así podrán dar por concluida esta historia que tanto los irrita y que, en el fondo, los compromete de una manera fastidiosa. Julieta ya ha escrito la mitad del epílogo. Ahora yo debo añadirle la otra mitad para que el telón descienda entre lágrimas y aplausos, y ellos puedan levantarse de sus asientos, saludarse unos a otros, reconciliarse los que estaban enemistados, tú Montesco, con vos, Capuleto y luego volverse a sus casas a comer, a dormir, a fornicar y a seguir viviendo. Y si no lo hago por las buenas, me obligarán a hacerlo por las malas. Me llamarán Romeo de pacotilla, amante castrado, vil cobarde. Me cerrarán todas las puertas. Seré tratado como el peor de los delincuentes. Terminarán por acusarme de ser el asesino de Julieta y alguien se creerá con derecho a vengar ese crimen. O escribo yo la conclusión o la escribirán ellos, pero siempre con la misma tinta: mi sangre. De lo contrario la muerte de Julieta los haría sentirse culpables. Suicidándonos, Julieta y yo intercambiamos responsabilidades y ellos quedan libres. (*A* JULIETA.) ¿Te das cuenta, atolondrada? ¿Te das cuenta de lo que has hecho? ¿Tenías necesidad de obligarme a tanto? ¿Era necesario recurrir a estas exageraciones? Nos amábamos, está bien, nos amábamos. Pero de ahí no había que pasar. Amarse tiene sentido mientras se vive. Después, ¿qué importa? Ahora me enredaste en este juego siniestro y yo, lo quiera o no, debo seguir jugándolo. Me has colocado entre la espada y la pared. Sin mi previo consentimiento, claro. Nací amante, no héroe. Soy un hombre normal, no un maniático suicida. Pero tú, con tu famosa muerte, te encaramaste de golpe a una altura sobrehumana hasta la que ahora debo empinarme para no ser menos que tú, para ser digno de tu amor, para no dejar de ser Romeo. ¡Funesta paradoja! Para no dejar de ser Romeo debo dejar de ser Romeo. (*Al público.*) Esto me pasa por enamorarme de adolescentes. Lo toman todo a la tremenda. Su amor es una constante extorsión. O el tálamo o la tumba. Nada de paños tibios, de concesiones, de moratorias, de acuerdos mutuos. Y así favorecen los egoístas designios de los mayores, que aprovechan esa rigidez para quebrarles la voluntad como leña seca. (*Otro tono.*) Pero yo me niego. Me niego a repetir su error. Todo esto es una emboscada tendida con el único propósito de capturarme. Señores, miladis, rehuso poner mi pie en el cepo. Amo a Julieta. La amaré mientras viva. La lloraré hasta que se me acaben las lágrimas. Pero no esperéis más de mí. No me exijáis más. La vida justifica nuestros amores, en tanto que ningún amor es suficiente justificación de la muerte. Buenas noches.

(*Arroja la antorcha en un rincón, donde se apaga; se emboza en su capa y sale.*

La escena queda sola unos instantes. Luego entran dos PAJES *conduciendo el cadáver de* ROMEO *con una daga clavada en el pecho. Lo depositan a los pies del túmulo. Uno de los* PAJES *coloca la mano de* ROMEO *en la empuñadura de la daga. Se retiran.*

Entra FRAY LORENZO. *Cae de hinojos. Alza los brazos.*)

FRAY LORENZO: ¡Oh amantes perfectos!

TELÓN

La niña rosa

EN EL INTERIOR de su palacio, todas las tardes la niña rosa se asomaba al paisaje de los gobelinos, los tapices flamencos y los cuadros de un célebre pintor inglés. Sus escarpines de seda se posaban apenas sobre el musgo, ya de un solo color, ya jaspeado, de las alfombras. Comía en vajilla de porcelana y con cubiertos de plata, la niña rosa. Decía: «Por favor, por favor, no os incomodéis», y con un ademán que era como si dibujase en el aire el cuello de un cisne os invitaba a sentaros. Recitaba en francés la fábula de *La cigale et la fourmie*. Por la mañana oía gavotas, al mediodía un rigodón, a la tarde varios minués y se dormía con una chacona, que como tiene un ritmo lento estimula el sueño. La zarabanda también tiene un ritmo lento, pero la niña rosa había prohibido tocar zarabandas porque su origen no es nada decente. La niña rosa olía rosas, y cuando no olía rosas olía su pañuelo perfumado con esencia de rosas, la niña rosa. Prohibido acercarse a la niña rosa los que tenían un rostro medianamente hermoso. Había que ser muy bello y muy fino, y saber hacer una reverencia y besarle la mano y después hablar de temas elevados y profundos en un lenguaje recamado de palabras preciosas. Hasta las uñas eran rosas en la niña rosa. No tenía rodillas, porque las rodillas siempre son feas, ni codos, que se parecen al trasero de las gallinas. De las gallinas, porque el trasero de la niña rosa era un clavel oculto entre amapolas y su sexo una rosa. La niña rosa, una vez al día se encaminaba hacia cierto lugarcito secreto del palacio. Prohibición absoluta de preguntar qué lugarcito. Cuando iba al lugarcito todos los relojes se detenían y no volvían a andar sino cuando la niña rosa reaparecía, sonriente y más perfumada que antes, la niña rosa.

Así fue hasta que el palacio se derrumbó y la niña rosa salió al mundo. Vio los paisajes de sal y de arena, el barro donde chapoteaban los cerdos, el agua fétida de los albañales. Vio la boñiga de las bestias, olió el olor del sudor y de la sangre, oyó juramentos y blasfemias y la música canalla que exhalan los prostíbulos. Vio rostros de cómitres, de usureros, de ladrones, de rameras; rostros barbudos, siniestros, pintarrajeados, con heridas, con cicatrices, con pústulas y con granos. Un cojo escupió a su paso. Un ciego le tendió la mano llagada. Un marinero borracho quiso besarla y la besó. Viejas patibularias le guiñaban un ojo cegado por la catarata y la invitaban a entrar en covachas alumbradas con luz roja. Niños desnudos orinaban a su vista y una pareja de leprosos copuló delante de ella. A través de ventanas sin visillos presenció las riñas de los enamorados, la llegada del marido que apaleaba a su mujer, el velatorio de un recién nacido, el parto de una mujer que gritaba entre sangre y agua, y el asesinato de un viejo a manos de su sobrino seminarista. Un paralítico le robó el pañuelo perfumado con esencia de rosas y, arrojando al suelo las muletas, echó a correr. Un jorobado se masturbó en su presencia. Perros sarnosos y gatos lúbricos le mordieron las piernas. Perdió, no se sabe cómo, los chapines de raso. Y una muchacha bizca le arrebató el abanico con varillas de nácar y un paisaje bordado sobre seda de la China.

Todos ustedes estarán pensando: «La niña rosa se va a morir de asco y de horror. Y merecido lo tiene, la niña rosa, criada entre algodones. Merecido lo tiene quien no participa de la miseria del mundo».

¿Pero de qué niña rosa creéis que os hablo, tontos míos? ¿De una niña rosa que es niña rosa porque se pintó de rosa la cara, de rosa las uñas, de rosa el sexo y el trasero? Os estoy hablando, y a ver si me entendéis, de una niña rosa como pude hablaros de un hombre tuerto o de la mujer del lunar en la espalda.

Así que no imaginéis tonterías. Después de atravesar el barro, los salivazos, los orines, los excrementos, los vómitos, los besos de marineros borrachos, las insinuaciones de las viejas celestinas y los insultos y los manoseos y las mordeduras, después de verlo todo y escucharlo todo, la niña rosa llegó a un nuevo palacio, y allí se bañó y se perfumó, y luego se sentó a la mesa y comió en vajilla de porcelana, con cubiertos de plata, y dijo: «Por favor, por favor, no os incomodéis», y todo recomenzó.

(Ludovico Strozzi: *Interpolaciones*. Traducción del italiano de J. R. W. Buenos Aires, 1917.)

Anunciación de la Muerte

LA MUERTE me envió sus heraldos:
esta dulzura, esta nostalgia.
Mis amigos me aguardan,
levantamos las copas y brindamos
como todos los días: ¡Salud, Pedro!
¡Salud, Juan!
Pero yo sé que me despido.
A mi alrededor todos hacen planes,
proyectos. Dicen:
«El año próximo me casaré, palabra».
Dicen: «Me compraré un automóvil rojo,
un traje azul, una pipa».
O: «En el verano viajaré al mar».
Pero yo sé que me despido.
La Muerte me envió sus dos embajadores:
esta desolación, esta tristeza.
Veo a las parejas de los enamorados
que se pasean del brazo por la calle
y adivino el odio que un día se instalará entre los dos
como un amante nuevo.
Veo a los niños que juegan en las plazas
y oigo las voces con que disputarán más adelante
alrededor de las mesas de los cafés,
voces de abogados, de oficinistas, de matarifes,
cuando la manzana de ahora esté podrida
y el vino sea un poco de sucia borra
en el fondo del vaso.
Todo esto me parece
una lotería que ya ha sido jugada,
pero nadie lo sabe, y siguen esperando
pacientemente, alegremente, la fortuna.
La Muerte me ha enviado sus dos nuncios gemelos:

esta piedad, esta melancolía.
Un muchacho, sentado en el umbral
de una puerta, dialoga con su alma
y siento compasión
por él, por ese solitario,
y tantos miedos, y tantas dudas,
y quedarse hasta la mañana despierto
pensando si Dios existe o todo es una broma.
La Muerte me envió por fin un mensajero, un niño,
un recuerdo, el recuerdo de un helado.
No piensen que esto es demasiado pueril, que esto es indigno,
que la palabra helado no debe figurar en un poema
como la palabra pañuelo en una tragedia.
Un helado. Un helado de chocolate
que me compró mi madre con sus últimas monedas.
Yo lo paladeo, sorbo a sorbo, avaramente,
y lo paseo en procesión por todo el barrio.
Y entretanto el rostro de mi madre, bajo la canasta de mimbre,
        llamea
y una gota de sudor le corre por la mejilla.
La Muerte me envió todos sus reyes de armas.
Y yo me someto a la etiqueta:
me visto de gala,
hago encender las luces,
mando que toquen música: «Una música
en tiempo de marcha, por favor»,
salgo a su encuentro y digo:
Placet.

    (Iván Dorceme: *Les mots quotidiens*, Las palabras de todos los días. París,
    1914.)

El maestro traicionado

A. CUESTIONARIO

1. ¿Por qué cree Ud. que cada persona grita un nombre distinto?
2. Explique qué tiene que ver esta selección con el chisme y la mala fe.
3. ¿En qué sentido es irónica esta «falsificación»?
4. Indique cuál detalle de la pieza nunca aparece en la literatura bíblica popular.
5. ¿Encuentra Ud. un rasgo político en la situación de la pieza?
6. ¿Se incluye también alguna lección sobre la condición humana?

No hay que complicar la felicidad

A. CUESTIONARIO

1. ¿Qué significado tiene la felicidad para Ud.? ¿Debe ser sencilla o hay que complicarla un poco?
2. ¿Siente Juan celos o los finge? ¿Es caprichoso él?
3. ¿Cómo se juntan la realidad y la invención en esta pieza?
4. ¿Por qué grita Ella al final de la escena? ¿Qué ha «pasado»?

Los animales en el arca

A. CUESTIONARIO

1. ¿Dicta la naturaleza que los animales salvajes ataquen a los más delicados?
2. ¿Cree Ud. que los animales más indefensos siempre son los más hermosos?
3. ¿Cuáles animales desembarcaron del arca?
4. ¿Cómo describe el autor al pavo real, a la gacela y a la liebre en comparación con los animales más hermosos?

Antígona o la caridad

A. CUESTIONARIO

1. ¿Cómo ha pasado toda su vida Antígona?
2. ¿Qué tipo de mujer se considera Antígona, una mujer de categoría u ordinaria?
3. ¿Siente ella la amargura o la angustia sincera por la muerte de su padre?
4. ¿Qué le excita la piedad? ¿Qué le excita la risa?
5. ¿Por qué es temible una Antígona sin ocupación?

La tragedia del doctor Fausto

A. CUESTIONARIO

1. ¿Para qué va Mefistófeles a la casa de Fausto?
2. ¿Cuáles características desea Fausto incorporar en su nuevo cuerpo?
3. ¿Dura mucho el joven parecer de Fausto?
4. Según Mefistófeles, ¿cuál es el precio de mantenerse joven y atractivo?
5. ¿Cómo termina la obra?
6. ¿Qué prefería Ud. personalmente, ser inteligente o físicamente atractivo(-a)? ¿Por qué?

El secreto de Roxana

A. CUESTIONARIO

1. ¿Tiene Roxana más de un secreto?
2. ¿Cómo se comporta Roxana? ¿Qué impresión le interesa crear a los demás?
3. ¿Quién es Cyrano? ¿Cuáles son sus sentimientos hacia Roxana?
4. Describa a Christián.
5. ¿En qué sentido es monstruoso Cyrano? ¿Cuáles son las características que mejor describen su personalidad?
6. Si los méritos de Cyrano y los engaños de Christián y Roxana se revelaban, ¿cómo terminaría su triángulo?

Romeo frente al cadáver de Julieta

A. CUESTIONARIO

1. ¿Qué esperaban los veroneses de Romeo?
2. ¿Qué actitud demuestra Romeo frente al cadáver de Julieta?
3. ¿Cómo se expresa Romeo para que llegue Ud. a su conclusión?
4. ¿Queda engañado Fray Lorenzo cuando ve el cadáver de Romeo en el mausoleo?
5. ¿Sabemos quiénes mataron a Romeo?

La niña rosa

A. CUESTIONARIO

1. ¿Qué revela esta selección sobre la naturaleza cíclica del tiempo?
2. ¿Qué significa ser una «niña rosa»? ¿Quisiera Ud. ser semejante a una «niña rosa»?
3. ¿Qué le sucedió a la niña rosa después de experimentar todo lo miserable de la vida cotidiana afuera del palacio?

Anunciación de la muerte

A. CUESTIONARIO

1. ¿Cuáles mensajeros mandó La Muerte al narrador?
2. Describa la actitud del narrador ante La Muerte.
3. ¿Qué tiene que ver un helado de chocolate con la muerte?

JORGE DÍAZ

EL CEPILLO DE DIENTES

o
Náufragos en el parque
de atracciones

Obra en dos actos

NOTA PRELIMINAR

Jorge Díaz nace en Rosario, Argentina en 1930. En 1934 su familia se traslada a Chile. Jorge Díaz cursa estudios de arquitectura en la Universidad Católica de Chile, recibiendo su título de arquitecto en 1955. Desde 1959 se dedica activamente al teatro y en 1961 se estrenan sus dos primeras obras. En 1965 se traslada a España, donde reside actualmente.

Entre sus obras destacan *Réquiem por su girasol, El velero en la botella, Topografía de un desnudo* y *La víspera del degüello.* La angustiosa conciencia de lo absurdo y la soledad del individuo frente a la paradoja son temas constantes de este teatro. Su actividad prolífica en el teatro actual se manifiesta por una cantidad de obras contemporáneas. Entre ellas se destaca *Desde la sangre y el silencio.*

En los Estados Unidos, *El cepillo de dientes* es la más conocida de las obras de Díaz. Estrenada en Chile en 1961 por el teatro ICTUS, ha recorrido los escenarios de América y Europa con extraordinario éxito de público y de crítica. Recientemente, ha sido estrenada en Nueva York.

Dentro del ámbito del teatro absurdo, con matices que nos recuerdan a veces las maneras del teatro de Pinter, Díaz ha creado una auténtica pieza de teatro moderno en la que se conjugan el deseo de ternura del ser humano y la enajenación que su mundo le impone.

Tanto la crítica chilena, como la argentina, la mexicana, la española y la neoyorquina, han recibido la obra con entusiasmo y consideran a Díaz entre los grandes dramaturgos latinoamericanos.

Acto Primero

(*Entra* ELLA. *Joven y bonita. Viste un pijama de seda sobre el cual lleva una bata. Zapatillas de levantarse. Trae una bandeja. Debajo del brazo un periódico y una revista. Deja todo sobre la mesa. Al hacerlo se le cae descuidadamente un tenedor. Busca otra emisora en el transistor. Deja de escucharse en ese momento la música de arpa. Consigue por fin dar con una música de «Jazz». Satisfecha, sigue el compás con el cuerpo y sale nuevamente hacia la cocina. Un momento la escena vacía. El «Jazz» se escucha muy fuerte.* ELLA *vuelve a entrar. Esta vez con la cafetera y la leche. Las deja sobre la mesa. Da los últimos toques a la mesa del desayuno. Sólo ahora observa que uno de los dos tenedores está en el suelo. Lo recoge y se lo queda mirando fijamente.*)

ELLA: Anoche... sí, anoche soñé con un tenedor. Bueno, eso no tiene nada de raro. Debe ser un símbolo sexual inconsciente... (*Arrugando el ceño.*) Pero lo raro era que el tenedor decía que quería ser cuchara. El pobre tenía complejo de cuchara... de cuchara de postre. ¡Wa!

¡Ah! Yo no sé por qué soy tan complicada. El psiquiatra tampoco. Me dijo que hablara en voz alta por las mañanas, que eso era bueno para la salud mental. Sirve para desintoxicarse después de la noche. «Imagínese—me dijo—que está sola en un escenario iluminado, frente a grandes personalidades que la están mirando y a usted no le importa nada, nada, nada. Bien, nada. Ahem...» (*Se dirige con soltura y desinhibición al público desde la desembocadura del escenario.*) «¡Excelentísimo señor presidente, excelentísimo ministro consuetudinario, miembros del Cuerpo Diplomático y de otros cuerpos, señorita Agregada Escultural... ¡Oh, monseñor!...» (*Hace una genuflexión. Repentinamente se pone a cantar con energía y sin la menor inhibición un fragmento de «Madame Butterfly». Desde el baño llega el incon-*

161

fundible ruido de una persona haciendo gárgaras. ELLA *trata de acallar el ruido cantando más fuerte y echando miradas furiosas hacia el baño, pero, finalmente, se interrumpe y en forma rencorosa señala hacia el dormitorio.*) Vivo, vivo con un hombre. Por lo menos todos llaman así a ese ser de pies grandes que hace gárgaras en los momentos más inesperados, la noche de bodas, por ejemplo.

Oho, yo soy su mujer. Eso quiere decir que debo ser femenina. Lo que no es fácil. Hay que sentirse débil, poner los ojos brillantes para que el ser de los pies grandes la proteja a una; ah, y también debo ser atractiva. No puedo permitir que me crezca bigote ni que se me caigan los dientes. Además debo recordar que los ravioles ensanchan las caderas y los espárragos achican el busto. (*Dando un gran suspiro.*) Ahh, pero la verdad, la verdad es que estoy cansada, terriblemente cansada de ser la esposa femenina de ese animal masculino que se rasca, pierde el pelo sistemáticamente y, oh, ¡y canta tangos pasados de moda!... (*Soñadora.*) Oh,¡ quisiera... quisiera engordar, fumar un puro, o enviudar de una manera indolora y elegante.

El monólogo, como psicoterapia, también sirve para que a una se le ocurran ideas, bueno, ideas inocentes como... enviudar sin anestesia. Hoy, como todos los días, tengo preparadas algunas sorpresas. Para empezar, el café no es café. No. Tampoco es nescafé. Es veneno. Veneno con gusto a café descafeinado.

Las tostadas... parecen tostadas, ¿verdad?, nadie diría que no lo son. Bueno, en cierto modo lo son, pero las tosté con gas de hidrógeno que producen efectos fatales al ser digeridas. (*Encantada.*) ¡Ah... y el azúcar! El azúcar tiene un poco de raticida granulado. Esto último es un virtuosismo de especialista que muchos considerarán exagerado pero que es propio de mi sentido de la responsabilidad.

(*Se oye un canturreo que proviene del dormitorio.*)

ÉL: ¿Dónde dejaste mi corbata, Marta?

ELLA (*con una risita siniestra*): ¡Es hora de actuar! Sh, Sh (*gritando hacia el dormitorio*): ¡Hijito, está servido el desayuno! (ELLA *se sienta y empieza a poner mantequilla a una tostada. Pausa. Más fuerte*): ¡Está servidooo el desayuno!

(*Entra* ÉL *terminando de arreglarse la corbata. Lleva la chaqueta en la mano. Parece tener prisa.* ELLA *aumenta el volumen en el transistor, que sigue transmitiendo «Jazz».* ÉL *se sienta y abre el periódico.*

El «Jazz» se escucha muy fuerte. ÉL *deja el periódico y le habla a* ELLA, *pero sólo se ve el movimiento de sus labios porque la música impide oír lo que dice. Este juego monologal del que no se escucha una palabra dura un rato.*)

ELLA (*gritando*): ¿Qué dices? ¡No oigo nada!

ÉL (*gritando*): ¡Que cortes esa radio!

ELLA (*gritando*): ¡Egoísta!

(ELLA *se pone un audífono en un oído y lo conecta al transistor. La música deja de oírse. Ahora las voces son normales.*)

ÉL: El veneno, por favor. (ELLA *no lo oye.*) Un poco de café, querida. Sst, ¿qué dice?, sst. (ELLA *lo hace callar con un gesto. Evidentemente está concentrada en lo que escucha a través del audífono.*)

ELLA (*con tono misterioso*): Es el pronóstico.

ÉL: ¿De qué?

ELLA (*casi confidencial*): Del tiempo.

ÉL (*un poco irritado*): ¿Y qué dice?

ELLA: ¿Ah?

ÉL: ¿Qué dice?

ELLA (*escuchando primero*): «Nubosidad parcial en el resto del territorio...»

ÉL: (*asombrado*): Oh, oh, ¿será posible?

ELLA: Sí, sí, parece increíble, ¿no?, pero es cierto.

ÉL: Sírveme el café, querida. (ELLA *toma la cafetera, pero en vez de servirle café empieza a seguir con ella el compás de una música que se adivina por la cara absorta y los ojos en blanco.* ÉL, *distraído con el periódico, no se ha dado cuenta de que no le ha servido café. Revuelve tranquilamente en su taza vacía.*) ¿Qué estás escuchando ahora?

ELLA: «Desayuno en su hogar». Consejos para comenzar la jornada. (*Escucha primero y luego habla.*) Hoy es el feliz aniversario de la revolución sangrienta de octubre... Empecemos, pues, la jornada con optimismo y energía... Respiremos hondo... Ah, (ELLA *respira hondo*)... y digamos: «Hoy puedo hacer el bien a mis semejantes...»

ÉL (*que no la ha escuchado*): Sírveme el desayuno.

ELLA: «Pensando en los demás nos libraremos de nuestras propias preocupaciones...» Y ahora, te levantas y

...uno, dos, tres, cuatro...

...uno, dos, tres, cuatro...

...uno, dos...

(ELLA *se pone de pie y empieza a mover la cabeza en forma rotatoria y luego echa los hombros hacia adelante y hacia atrás y mueve las manos como epiléptica.*)

ÉL (*alarmado*): ¿Te sientes bien?

ELLA: uno..., dos..., tres, cuatro, uno, dos...

ÉL (*golpeando la mesa y lanzando un grito*): ¡El café!

ELLA (*sobresaltada*): Gimnasia de relajación es a ti que te hace falta. Escucha, la mejor gimnasia de relajación es el revolcarse por el suelo, primero sobre la nalga derecha y luego sobre la nalga izquierda. ¡Oy!, tiene que ser delicioso... ¿Quieres probar?

ÉL: Quiero probar el café. ¡Sírvemelo inmediatamente, que estoy atrasado! (ELLA *da un suspiro y se saca los audífonos.*)

ELLA: Bien, hoy puedo hacer el bien a mis semejantes... ¿Hijito, quieres leche?...

ÉL: ¡No me llames hijito!... Y menos cuando me ofreces leche. Es repugnante.

ELLA: Te gustaba hace poco.

ÉL: ¿La leche?... Por supuesto.

ELLA (*mohina*): Te gustaba que te llamara así.

ÉL: Eso fue hace años, cuando nos casamos; pero ahora he crecido... y he envejecido.

ELLA: Bueno, ¿y cómo quieres que te llame entonces?

ÉL: Por mi nombre.

ELLA: Lo olvidé completamente, pero estoy segura que terminaba en o... Bueno, tienes que apuntármelo hoy día sin falta en la libreta de teléfono. (ELLA *de pronto levanta la vista y mira hacia el público. Se sobresalta.*) ¡Cierra las cortinas que nos están mirando!

ÉL: Es que nos gusta. Somos exhibicionistas para... Y aprovechando la oportunidad voy a decir algunas palabras... (*Directamente al público.*) Como presidente del Partido Cristiano Familiar Unido, he reiterado en muchas ocasiones que la madurez cívica se expresará repudiando a los demagogos profesionales. Así se robustecerá aún más nuestro sistema de convivencia que es el reflejo del científico sistema de convivencia individual y familiar...

ELLA (*interrumpiéndolo y leyendo en la revista femenina*): «Aplique al matrimonio técnicas nuevas...»

ÉL (*indiferente*): ¿Divulgación erótico-científica?

ELLA: Capricornio.

ÉL: ¿Qué?

ELLA: Capricornio.

ÉL: ¿Qué?

ELLA: Capricornio. Es el horóscopo. Mi signo es Capricornio: «Aplique al matrimonio técnicas nuevas. El amor conyugal no debe ser ciego. La lucidez mental no le hace mal a nadie. Usted está capacitada para desarrollar un activo intercambio social. El primer día de la semana estará brillante e imaginativa...» (*Encantada con el descubrimiento*.) ¡Hoy estoy brillante e imaginativa!

ÉL (*leyendo*): «Por viaje al extranjero, vendo muebles de comedor muy finos, camas y colchones».

ELLA (*que no ha levantado la vista de la revista*): Ah, no sabía que te ibas al extranjero, pero los colchones no permitiré que los vendas por ningún motivo. El comedor me da lo mismo.

ÉL (*distraído*): A mí también. Dejaremos los colchones... (*Reaccionando*.) Pero si yo no voy a viajar.

ELLA: Ah, pensé que te ibas de casa.

ÉL: ¿Por qué dices eso?

ELLA: Bueno, últimamente estás haciendo cosas muy sospechosas... Por ejemplo, ayer te cortaste el pelo.

ÉL: Fue un error. Entré creyendo que era una farmacia. Lo peor de todo es que me lo dejaron demasiado corto.

ELLA (*sin levantar la vista de la revista*): A ver... No, no, no, no, no. A mí me parece que está bien.

ÉL (*aliviado*): Me quitas un gran peso de encima. (ÉL *vuelve a enfrascarse en su diario*.)

ELLA: ¿Cuál es tu signo?

ÉL: Una maquinita...

ELLA: ¿Qué?...

ÉL: ¡Qué ingenioso!: «Una maquinita, apenas del tamaño de una caja de zapatos, especial para cortarse las uñas sin tijeras...» Hmm...

ELLA: No, no, no, no, no, ¡tu signo astral!... Ah, ya sé: Sagitario, Sagitario, Sagitario, los nacidos entre el 1 de enero y el 31 de diciembre... «Se le reprochará estar distante. Es verdad que el cielo no favorecerá sus sentimientos, pero usted puede aportar mayor pesimismo. Semana beneficiosa para arreglar litigios en suspenso. Existe el peligro de superficialidad espiritual, frivolidad y engreimiento. Pensamientos depresivos oscurecerán su rostro...» (*Dejando de leer*.) A ver, mírame, mírame, mírame...

(ÉL *tiene su rostro enteramente cubierto con el periódico.* ELLA *hace esfuerzos por verle la cara*.)

ÉL (*leyendo en el periódico y sin mostrar la cara*): «Masacre en el Vietnam».

ELLA: ¿Qué?

ÉL: «Masacre en el Vietnam».

ELLA: Esa película es de reestreno, está pésimamente doblada. ¡Me encantan las películas de guerra! Son tan instructivas.

EL (*bajando el periódico y mostrando la cara*): Sí, pero le está dando demasiada publicidad a estas películas. Y uno ni siquiera se entera de lo que sucede en el mundo. (*Tomando la mantequillera*.) ¿Quieres más café? ¿Mantequilla?

ELLA (*con rencor*): Ah, lo dices a propósito para martirizarme. Sabes que eso me engorda.

ÉL: Es que no comes científicamente. Eso es todo.

ELLA: Ah, tú lo sabes todo. Comes científicamente, pero se te saltan los botones del pantalón.

ÉL: ¿Sabes cuál es el animal más fuerte y mejor alimentado?... La hiena. Supongo que no será necesario que te explique lo que come; come carne podrida al igual que las demás fieras porque así ya está medio digerida. Así es como se mantienen fuertes y sonrientes las hienas.

ELLA: ¿Se te ocurre que todo esto tiene algo que ver conmigo?

ÉL: Todo depende del punto de vista.

ELLA (*leyendo en la revista femenina*): Oh... «Los huevos y vuestro hígado» o «La importancia de los huevos en la vida de la mujer».

(*De pronto, ÉL, que también se ha enfrascado en el periódico, lanza una exclamación*.)

ÉL: ¡Por fin!

ELLA: ¿Qué te pasa?

ÉL (*leyendo*): «Señorita extranjera, francesa, necesita alquilar pieza amueblada con desayuno». (*Se levanta con rapidez y va hacia el teléfono*.)

ELLA: ¿La conoces?

ÉL (*con el teléfono en la mano y empieza a marcar*): No, pero pensé que podríamos arrendarle la pieza de los alojados.

ELLA: Sabes perfectamente que no tenemos pieza de alojar.

ÉL: ¿Y si pusiéramos una cama en el escritorio?

ELLA: Sabes perfectamente que no tenemos escritorio.

ÉL: ¿Y si pusiéramos un biombo en nuestro dormitorio?

ELLA: Es demasiado chico.

ÉL: ¿Y en nuestra propia cama?

ELLA: Pero, si apenas cabemos nosotros.

(ÉL *cuelga el teléfono y se sienta nuevamente a la mesa.*)

ÉL: Es verdad. Aunque no puedes negar que habría sido un ingreso extra. ¡Claro que tú siempre te opones a disminuir los gastos! (*Soñador.*) Además..., ¡era francesa!

ELLA: ¿Y qué tiene que ver que sea francesa?

ÉL (*confuso*): Bueno..., Francia es todo... lo desconocido. Lo que uno siempre ha soñado. Es el país de los tam-tam, las criadillas al jerez, las flores de loto.

ELLA (*seca*): Oh no, no, no. No armonizaría con nosotros. Nuestros muebles están en la línea danesa.

ÉL: Esos serán *tus* muebles. Los míos son de estilo.

ELLA: ¡Arcaico!

ÉL: ¡Antiséptica!

ELLA: ¡Morboso!

ÉL: ¡Escandinava!

ELLA: ¡Qué!

(*Silencio corto.* ÉL *bebe su café.*)

ELLA (*siniestra*): El café no está como todos los días, ¿verdad?

ÉL (*abatido*): Teresa, cuando acabas de levantarte das miedo. ¿Es que ni siquiera alcanzas a lavarte la cara?

ELLA: Por favor, no nos pongamos románticos, cariñito. Acuérdate que hoy es mi día de lucidez mental, según mi horóscopo.

ÉL: Entonces es quizás el momento de hablar con honestidad y sin hipocresías.

ELLA: ¡Oh!...

ÉL (*decidiéndose*): Tengo que decirte algo que me tortura.

ELLA: Sí, sí, sí, sí. (*Comiendo con la boca llena y leyendo su revista.*) Estoy pendiente de tus palabras.

ÉL: Hace días que pienso en esto sin parar. Tal vez resulte chocante confesarlo pero... estoy decidido.

ELLA: Bueno, sea lo que sea, seré indulgente.

ÉL (*buscando las palabras*): Es verdad que somos marido y mujer y que me he acostumbrado a vivir contigo. Todo parecía estar bien, pero sin embargo un día cualquiera, algo surge en tu camino que lo transforma todo. Al principio uno, claro, lucha y se resiste. Nada debe turbar la paz que se ha conseguido, pero al final el sentimiento triunfa y te encuentras atrapado. (ÉL *se ha sentado en la mecedora.*)

ELLA: Bueno, dilo de una vez.

ÉL: Creo...

ELLA: ¿Sí?...

ÉL: Creo que estoy empezando a enamorarme.

ELLA (*conmiseración*): Oh, pobre.

ÉL: Créeme que me he resistido hasta lo último.

ELLA: ¿Y de qué mujerzuela, se puede saber?

ÉL: ¡No la llames así!

ELLA: ¿Por qué? ¿De quién te has enamorado?

ÉL (*vacilante y tímido*): De... ti.

ELLA: ¡Qué tontería!

ÉL: No es una tontería. Cuando caminamos del brazo por la calle te miro de reojo. Es completamente estúpido, pero me gustas mucho.

ELLA: ¡Vicioso! ¿No te da vergüenza enamorarte de tu propia mujer? ¡Rebajarme hasta ese punto! Olvídalo que yo también lo olvidaré. (ELLA *empieza a acunarlo moviendo la mecedora*. ELLA *canta una canción de cuna*. ÉL *parece un inválido o un niño pequeño*.)

ÉL (*sincero*): Me costará olvidarte.

ELLA: Ah, piensa en otra cosa, hijito, piensa en otra cosa.

ÉL (*con cara estúpida*): ¿En qué?

ELLA: En cualquier cosa..., en la vecina gorda.

ÉL: Ya pensé en ella noches mientras me desnudaba. Ya he pensado en todas las cosas que hemos escogido para hoy.

ELLA: Bueno, entonces piensa... en el colesterol.

ÉL: ¿Y qué es el colesterol?

ELLA: Un... un insecticida.

ÉL: Pero si viene en «shampoo».

ELLA: Ay, si viene en «shampoo» entonces es para el dolor de cabeza.

ÉL (*pensando en forma concentrada*): ¡Colesterol! ¡Colesterol! ¡Colesterol!... (*Levantándose de la mecedora desanimado.*) Ah, es inútil. Tú eres para mí mucho más importante que el colesterol. Eres diferente. ¡No eres como todas!

ELLA (*leyendo en la revista femenina*): «Ah, ¿es usted como todas..., sin iniciativa? Siga el ejemplo de Dora Zamudio; hasta hace poco modesta empleada en una corsetería, gana hoy tres mil escudos mensuales como laboratorista en cálculos biliares. Nuestro sistema la capacita para progresar y ser alguien. He aquí la lista de nuestros cursos: Control mental, Respiración vibratoria, Elocuencia sagrada, Inseminación artificial, Personalidad radial, Taquigrafía plástica, Inglés al tacto, Recuento hormonal. ¡Y 35 especialidades femeninas! ¡El destino es para

la mujer independiente! ¡Inscríbase hoy mismo!» (*Reflexiona*.)
Me gusta, me gusta el curso de Control mental. Ay, yo puedo
concentrarme extraordinariamente. Ayer· saqué tres crucigramas
en misa de doce... Concéntrate tú también para que me trasmitas
tus pensamientos...

(ELLA *cierra los ojos en forma patética, como una médium.* ÉL,
sin advertirlo, mira fijamente al público y habla en forma desolada.)

ÉL: Señor director, hace tiempo que quería dirigirme a usted
para manifestarle el desconcierto que me produce el pasar frente
al parque, el sector comprendido entre la plaza y la estación.
He notado con creciente temor que día a día desaparece algo.
Hoy es el buzón, mañana la rejilla del alcantarillado o un árbol,
pero sobre todo, señor director, están desapareciendo esas parejas
de enamorados que daban esos inmorales ejemplos. ¡Es una
lástima! Me dirijo a usted para que haga llegar mi voz a las
autoridades.

ELLA (*aún con los ojos cerrados y haciéndole callar con una voz
de médium*): Haré lo que pueda, haré lo que pueda, pero... no
me llames señor director.

ÉL (*volviendo a la realidad*): Sírveme el desayuno.

(ELLA, *al moverse de sitio, ha conseguido ponerse detrás de* ÉL *y
coloca sus manos extendidas sobre la cabeza de* ÉL, *como si fuera
una bola de adivina.*)

ELLA (*aún con los ojos cerrados*): ¡Cochino!... Ahora veo claro.
¡Sí, ahora veo por qué querías alojar aquí a la francesa!

ÉL (*leyendo*): «Monito tití, muy habilidoso, especial para donde
hay niños, vendo...» Podríamos tener niños, Consuelo. Se podrían comprar cosas tan divertidas. Imagínate tener un monito tití.
Tendremos que pensar en eso cuando decidamos no tener niños.

ELLA (*indiferente*): Sabes perfectamente que no me llamo Consuelo. (*Abriendo los ojos.*) Oh, ese curso de Control mental no es
mi fuerte. Me marea. Pero seguiré otro curso por correspondencia.
Hoy en día una puede hacerse hasta la... hasta la cirugía estetica
por correspondencia.

ÉL (*ofreciendo*): ¿Más café, querida?

ELLA: Con dos terrones, por favor.

ÉL: ¿Con crema o sin?

ELLA: Ah, eso es en las películas, mi amor.

ÉL: ¿Qué cosa?

ELLA: La crema.

ÉL: ¿Qué crema?

ELLA: La que me ofreciste antes.
ÉL: ¿Yo? ¿De qué estás hablando?
ELLA: De la crema.
ÉL: ¿La crema para la cara?
ELLA: Pero, ¿de qué cara? Si yo no uso crema.
ÉL: Yo tampoco.
ELLA: ¿Y la de afeitar?
ÉL: Eso es jabón.
ELLA: Pero muy bien que te sirve.
ÉL: Bueno, de servir, sirven..., como las arañitas en el jardín.
ELLA: ¿Para qué?
ÉL: Se comen a los insectos dañinos. ¿No lo sabías?
ELLA: No, no, nadie cree en eso..., es como las ventosas.
ÉL: ¿Qué tienen que ver las ventosas con el jardín?
ELLA: Muy simple. ¿De qué estábamos hablando?
ÉL: No sé.

(*Los dos comen un momento silenciosamente.* ELLA, *de pronto, da un grito.*)

ELLA: Aieee... ¡Era acerca del jabón de afeitar!
ÉL: ¿Qué cosa?
ELLA: De lo que estábamos hablando antes.
ÉL: No creo. Es un tema idiota. (*Un silencio tenso.* ELLA *en su revista.* ÉL *en su periódico.*)
ELLA (*leyendo*): «Ideas novedosas para esta semana: ¿qué hacer con esta incómoda guardilla que nadie ocupa?» (ELLA *se pone de pie y mira despectivamente el rincón de* ÉL *con los muebles estilo español.*)
ÉL (*leyendo*): «Ocasión única. Vendo por viaje...»
ELLA (*continuando con lo anterior*): «... basta ingenio, tres rollos de papel y un tarrito de esmalte...»
ÉL (*mirando los muebles de* ELLA): «... muebles de comedor nórdicos... Muy finos».
ELLA: «Empecemos por quitarle las telarañas...»
ÉL: «... una radio a pilas de frecuencia inmoderada y un cajón de sopa en polvo».
ELLA (*repentinamente lúgubre*): ¡Polvo somos y en sopa en polvo nos convertiremos!... ¿Tienes algo grave sobre tu conciencia?
ÉL (*sin levantar la vista del periódico*): No, pero tengo en el Consultorio sentimental cartas para «Madre afligida» y «Flor Silvestre»... «¿Quieres vivir intensamente junto a un alma tierna?

Escríbeme a Correo Central. Ojalá seas apasionada, independiente, sin prejuicios, con buena situación económica y buen físico. Fines absolutamente serios y apostólicos. La saluda lleno de ansiedad, *Lucho solo*».

ELLA (*con sencillez*): Yo firmo siempre: «Esperanzada».

ÉL: Usted no tendrá prejuicios, ¿verdad?

ELLA: ¿Me hace esta pregunta con fines serios?

ÉL (*triste*): Soy un Lucho solitario.

ELLA: Por el momento no puedo contestarle nada, pero... escríbame a Correo Central.

ÉL: Es una buena idea. Me gustaría conocerla.

ELLA: Diríjala simplemente a «Esperanzada».

ÉL (*escribiendo en un papel*): Ay, «Esperanzada»: desconociendo su nombre me veo en la obligación de imaginármelos todos. Su aviso ha sido un grito en medio de mi rutina gris. Tengo la impresión de que nos complementaremos para siempre. Si tiene algún defecto físico visible o alguna enfermedad invisible, le ruego me lo haga saber. Es imprescindible enviar foto. Yo, tímido, pero dicen que simpático y sin compromisos. La saluda lleno de ansiedad, *Lucho solo*.

(*Ambos están de cara al público.* ÉL *dobla la carta y se la desliza a* ELLA *subrepticiamente, como haciendo un acto inmoral.* ELLA *la toma de la misma forma. La lee ansiosamente y luego ambos dialogan sin mirarse, como separados por una gran distancia.*)

ELLA: No quiero aventuras. Busco un alma gemela.

ÉL: Soy un industrial extranjero que quiere echar raíces.

ELLA: Prometo comprensión.

ÉL: Reunámonos pronto.

ELLA: No soy mujer de un día.

ÉL: Tengo cultura casi universitaria.

ELLA: Oooh, hay tanto melón podrido en el mundo.

ÉL: Le prometo absoluta discreción.

ELLA: ¿Y cómo nos encontraremos?

ÉL: Yo estaré con la cabeza inclinada frente a la tumba del soldado desconocido.

ELLA (*con angustia*): ¿Y si no nos reconocemos jamás?

ÉL: ¡Llevemos alguna señal inconfundible!

ELLA: Yo..., yo llevaré una orquídea que masticaré disimuladamente.

ÉL (*con entusiasmo*): ¡Y yo lo dejaré estacionado en dirección opuesta!

ELLA: ¿El qué?

ÉL: Mi abuelo paralítico.

ELLA (*intensa*): ¡Oh, escríbeme a Correo Central!

ÉL (*intenso*): ¡Escríbeme a Correo Central! (*Después de una pausa y rompiendo el clima de intensidad romántica, ÉL arruga la hoja del periódico y la tira al suelo con desesperación.*) Es inútil. El diario no es de hoy. Es de pasado mañana...

ELLA (*arrugando la carta y tirándola al suelo*): ¡Ah, si la hubiese contestado ayer!...

ÉL: ¡Ah, si pudiesemos alquilarle a alguien la pieza de alojados!

(ÉL *se desplaza distraídamente por el escenario. Se encuentra con el gramófono y acaricia suave y largamente la enorme bocina. Ta-rarea casi para sí el inicio del tango «Yira-yira», y luego canta suavemente los dos versos:*)

ELLA: ¡Ay, hm que espanto!

ÉL:
> «Buscando un pecho fraterno
> para morir abrazao...»

(*Con un disco viejo en la mano,* ÉL *le habla a* ELLA.) ¿Bailamos este tango, nena?... Para los dos solamente.

ELLA: Obsceno.

ÉL: ¿Y por qué?

ELLA: El tango no es un baile. Es casi una cosa fisiológica.

ÉL: Y Gardel ha muerto. No nos verá nadie.

ELLA: No eches tierra sobre tu conciencia. Hay un gran ojo que nos está mirando.

ÉL (*suplicando*): ¡Hacelo por mí, nena!

ELLA: Y lo único que puedo hacer por vos es guardar un minuto de silencio.

ÉL (*cantando suavemente y desilusionado*):
> «No esperes nunca una mano,
> ni una ayuda,
> ni un favor...»

(ÉL *se sienta de nuevo a la mesa. Pausa larga.* ELLA *le observa fijamente.*)

ELLA: Te escuchan. (*Muy cariñosa*): Amorcito...

ÉL: ¿Sí, mi amor?

ELLA: Por favor...

ÉL: ... hmm.

ELLA: Fíjate un poco más.

ÉL: ¿En qué?

ELLA: No ensucies el mantel.

ÉL: ¡No me lo digas todos los días!

ELLA (*subiendo el tono*): ¡No hagas ruidos al comer!

ÉL: ¡No hagas sonar la cucharilla!

ELLA: ¡No mojes el azúcar!

ÉL: ¡No frunzas las cejas cuando muerdes las tostadas!

ELLA: ¡No arrastres los pies!

ÉL (*gritando*): ¡No leas en la mesa!

ELLA (*gritando*): ¡No me grites!

ÉL: ¡No me escupas!

ELLA (*aullando*): ¡No voy a permitir groserías en mi propia casa!

ÉL (*aullando*): ¡Yo no voy a permitir que me humilles delante del perro!

ELLA: ¿De qué perro me estás hablando? (*Ya no se les entiende nada porque gritan a la vez sin darse respiro. Casi ladran. Bruscamente ambos se callan. Ahora bruscamente inician los gritos simultáneos y vuelven a callarse. Silencio cargado de tensión. Cada uno se enfrasca en su lectura. Leyendo.*)

ÉL: ¿Qué?

ELLA: Nada.

ÉL: ... «Jaulas individuales, las mejores con bebederos irrompibles *Rosatex*».

ELLA (*molesta*): No necesitamos eso.

ÉL: Quizá sí.

ELLA: ¿Lo dices por nosotros?

ÉL (*candoroso*): Pensé que sería bueno que tuviéramos huevos frescos en la casa.

ELLA: ¿Y qué tienen que ver las jaulas?

ÉL: He oído decir que los huevos se sacan de allí.

ELLA: ¡Pero, hijito, que no sabes que las gallinas!...

ÉL (*gritando enfurecido*): ¡No me llames «hijito» o me hago pipi aquí mismo!

ELLA (*picada*): Podrías comprarte una de esas jaulas para ti.

ÉL (*picado*): Estaría seguramente ocupada por tu madre que necesita urgentemente una.

ELLA (*furiosa*): ¡Grosero! ¡Límpiate la boca antes de hablar de mamá!

ÉL: Eso es exactamente lo que tendría que hacer, pero después de hablar de tu mamá; sólo que esta mañana no pude encontrar mi cepillo de dientes.

ELLA: En ciertas comidas... Dentol después de las comidas. (*Sonriendo en forma automática.*) «¡El dentífrico con gustito a *whisky* escocés!» «Yo, como Susan Hayward y miles de artistas de Hollywood, sólo uso... dentadura postiza!»

ELLA y ÉL (*al unísono cantan un* jingle):

«Un centímetro basta
en cepillo familiar,
con la misma pasta
da mucho más, más, más...»

ÉL (*reaccionando*): ¡Sólo dije que no pude encontrar mi cepillo de dientes esta mañana!

ELLA: Ay, eres un descuidado. (ELLA *abre la revista femenina y lee.*) Mira, mira lo que dice mis Helen, «la amiga de la mujer frente al espejo...» (*Leyendo.*) «El cutis, el cabello, la dentadura, cualquiera que sea vuestro rasgo más hermoso, empecemos desde ahora por darle ese toque justo de arreglo extra que hechiza. Sobre todo, mantenga los dientes libres del sarro, la nicotina y las partículas de cerdo o bacalao, mediante el uso constante de la soda cáustica. Así su novio dirá, su novio dirá...»

ÉL (*novio fascinado*): ¡Tiene algo *indefinible* que me atrae!... Ah (*reaccionando*), ¡basta, sólo dije que no pude encontrar mi cepillo de dientes esta mañana!

ELLA (*candorosa*): Le podemos preguntar a miss Helen. Le escribiré a ella. Ella devuelve hasta la virginidad.

ÉL: ¡No! Quiero que *tú* me digas dónde está mi cepillo de dientes.

ELLA (*con amable condescendencia*): Pero, hijito..., ¿dónde quieres que esté! En el lugar de siempre: tirado en cualquier parte.

ÉL: No, no. Esta mañana no estaba allí.

ELLA: ¿Se te ocurrió pensar que podía estar en el vaso de los cepillos de dientes?

ÉL: ¡No!..., pero tampoco estaba.

ELLA: Extraño. ¿No te lo habrás llevado a la oficina?

ÉL: ¿Y para qué?

ELLA: Para escribir a máquina.

ÉL: Pero, si tengo otro allá para eso.

ELLA: Ay, entonces, no entiendo. ¿Quieres que vaya a ver?

ÉL: Será inútil. Es el colmo que mi único objeto personal, el refugio de mi individualidad, también haya desaparecido.

ELLA: Voy a ver. Haz mientras tanto gárgaras de sal. (ELLA *echa agua y sal en un vaso y luego sale.* ÉL *empieza a hacer gárgaras. De pronto la mujer entra gritando.* ÉL, *sobresaltado, se atraganta con el agua salada y tose.*) ¡Aiee!... ¡Lo encontré! ¡Lo encontré!...

¡Aquí está!... ¡Aquí está! Sí. (*Con cara compungida muestra un cepillo de dientes atrozmente inutilizado con pintura blanca para zapatos.*)

ÉL: ¡No! ¡No! ¡No!

ELLA (*tímidamente*): Sí, lo... lo usé ayer para limpiar mis zapatos.

ÉL (*espantado*): ¿Cómo?

ELLA (*confundida*): Mis zapatos..., mis zapatos blancos necesitaban con urgencia una manita de negro y...

ÉL: ¡No encontraste nada mejor que inutilizar mi cepillo de dientes!

ELLA: No, no, no, no, no, no. Primero traté de usar la brocha de afeitar, pero hacía espuma.

ÉL (*furioso*): Lo que va a echar espuma por la boca soy yo.

ELLA (*ingenua*): Pero si las gárgaras eran de sal.

ÉL (*patético*): Esta es la atroz realidad: en mi casa no hay un cepillo de dientes. Parece increíble, ¿no es cierto?, pero es así. (*Mientras ÉL habla hacia el público derrochando lástima de sí mismo, ELLA ha salido un momento hacia el baño.*) Quiero empezar mis labores en forma cristiana, pero no..., no es posible, ¡el cepillo de dientes de uno ha desaparecido! Yo trabajo como una bestia toda la semana, y cuando al final de la jornada llego a mi casa en busca de alguna distracción, como, como es lavarse los dientes o tejer un poco... ¡No, no es posible! ¡O le han usado el cepillo a uno o le han escondido el tejido!... ¡No, yo no pienso lavarme los dientes todos los días, tampoco pienso que la vida sea una juerga..., pero un día de fiesta es un día de fiesta y hasta los monjes trapenses se permiten este tipo de esparcimiento! Pero para mí, no. Para mí no es posible. Yo debo hacer gárgaras con salmuera y esconder mis dientes pudorosamente..., si casi es un problema de dignidad humana.

ELLA (*ríe*).

ÉL: ¡Hasta las hienas sonríen sin temor!

ELLA (*encantada con la idea*): ¡Pero si hay un cepillo de dientes!

ÉL: ¿Y cuál, se puede saber?

ELLA (*triunfante*): El mío. Fue el regalo de matrimonio de mi padre.

ÉL: ¡No pretenderás que me lave los dientes con *tu* cepillo!

ELLA: Bueno, ¿y qué tendría de particular?, ¿no somos acaso marido y mujer?

ÉL: Pero no se trata de eso. No digas tonterías.

ELLA: No es una tontería. Es el matrimonio. La compartición

de todo: Penas, angustias, alegrías ¡Y, y... bueno, cepillos de dientes! ¿Acaso no nos queremos?

ÉL: Sí, pero no hasta ese punto.

ELLA (*llorosa*): ¡Esto es lo último que creí que iba a escuchar! (*Hacia el público.*) Ah, claro, claro..., puede compartir nuestro dormitorio con una francesa, pero no puede compartir un simple inofensivo implemento doméstico con su mujer...

ÉL (*terco*): Quiero tener mi propio inofensivo implemento doméstico.

ELLA: No decías eso cuando estábamos de novios.

ÉL (*hacia el público*): Nunca le prometí usar su cepillo cuando estábamos de novios.

ELLA: Lo habrías hecho. Me querías.

ÉL: Pero no se trata de eso. Se trata de higiene.

ELLA (*lastimera*): Y cuando yo me lastimaba un dedo no pensaba en la higiene. No, me lo chupaba y me decía: «Sana, sana, culito de rana...»

ÉL: ¡Ay, me cansa..., me cansa oírte, Mercedes!

(ÉL, *lleno de desesperación, se mete debajo de la mesa hasta desaparecer completamente cubierto por el mantel que llega al suelo.* ELLA *va hacia la mesa y golpea con los puños sobre la cubierta.*)

ELLA: No me llames más Mercedes... No quiero que me llames de ninguna manera... ¿lo oyes?, de ninguna manera.

ÉL (*hablando debajo de la mesa sin que se le vea en ningún momento*): Pero puedo ingeniármelas para no verte, pero tengo que oírte. Es verdad que tú tienes tus audífonos y yo tengo mis discos viejos, pero así y todo ¡te oigo! El único lugar en donde encuentro un poco de tranquilidad es aquí en mi cuarto de baño. Aquí todo es funcional. Aquí reina el desodorante y los polvos de talco. Aquí es preciso. Aquí no puedes entrar..., ¡pero has entrado y me has robado mi cepillo de dientes!

ELLA (*repentinamente mirando hacia el público*): ¡Cierra las cortinas que están escuchando todo!

ÉL (*asomando la cabeza por debajo del mantel*): Me importa un bledo que escuchen todo. Para eso pagaron.

ELLA: Si quieres soledad, quédate en tu querido excusado..., lo que es yo, me iré donde mi madre.

ÉL: No te pongas melodramática, querida. Sabes perfectamente que tu madre vive aquí con nosotros.

ELLA (*gritando*): ¡Ay, no lo soporto más! ¡Te odio! ¡Estoy cansada de la marca de tus cigarrillos y el ruido de tus tripas cuando tomas Coca-Cola! ¡Vete! ¡Jamás podremos seguir viviendo como antes!

ÉL: Pequeña mujerzuela histérica.

ELLA: ¡Sádico!

ÉL: ¡Orgánica!

ELLA: ¡Muérdago!

ÉL: ¡Mandrágora!

ELLA: ¡Tóxico!

ÉL: ¡Crustáceo!

ELLA: Voy a empezar a gritar...

ÉL: ¡Grita y revienta!...

(ELLA *empieza a gritar como una loca.* ÉL *sale de debajo de la mesa y se pone de pie enfurecido.*)

ÉL: ¡Cállate, Marta!...

(ÉL *se acerca a* ELLA. *Toma de la mesa el transistor y con un rápido movimiento pasa la larga correa de la radio por el cuello de la mujer. Luego empieza a apretar hasta silenciarla. La mujer cae al suelo. El hombre la mira un momento. Está jadeando. Luego la toma de las axilas y la arrastra dificultosamente en dirección al dormitorio. Un momento el escenario vacío. Aparece* ÉL. *Ya no jadea en absoluto. Silba un tango. Trae en la mano una corbata negra. La mira reflexivamente y se quita la de color que lleva puesta cambiándola por la de luto. Silba una melodía. Se sienta y se sirve más café. Mientras lo bebe lee en voz alta los titulares de un periódico de formato más pequeño que el anterior.*)

ÉL: «Colegiala vejada por siniestro profesor de lenguas muertas...» «Dos actores golpean violentamente a nuestro crítico teatral...» Bien hecho. «Una mujer estrangulada por un marido furioso...» (*Presta más atención a esto último y sigue leyendo.*) «Fue encontrado ayer el cadáver de una bella mujer ultrajada cobardemente. Presentaba huellas evidentes de haber sido estrangulada con la correa de cuero de una radio a pilas. La situación se presenta bastante confusa a pesar de su aparente sencillez. Estos son los hechos: a las 8,30 de la mañana, la mujer que hacía el aseo en el departamento y que dice llamarse Antona, tocó repetidas veces el timbre. Al no abrirle nadie usó su propia llave y entró. Preguntó si había alguien en la casa para no importunar y oyó una voz que le decía: «Pasa, Antona...» Encontró al señor preparándose una tostada y en el dormitorio el cadáver de la pobrecita. Las declaraciones que hizo el marido a la policía fueron confusas... (ÉL *deja el diario y habla directamente al público. Se suelta el cuello y la corbata y adopta el aire fatigado de un acusado en un interrogatorio policial.*) Sí, yo la maté. Por lo menos, la persona que está tirada allí en el dormitorio es la que yo maté. Y sé muy bien por qué lo hice. Ustedes habrían hecho lo mismo al encontrar a un extraño adueñándose de vuestra casa, desde el pijama hasta el cepillo de dientes. ¿Saben ustedes?... Ella estaba en todas partes. Inexplicablemente la encontraba en la mesa al desayuno, comiéndose mis tostadas; la encontraba en la tina del baño; al afeitarme, en el espejo, me encontraba su cara echándose crema o depilándose las cejas. La encontraba, la encontraba algunas veces al despertarme por las noches, la encontraba en mi propia cama. Era algo irritante. Pero, señoras y señores... ¿a quién maté? ¿A la mujer del espejo? ¿A la mujer que encontraba algunas veces en mi cama y que se parecía tanto a la mujer con la que me casé hace cinco años? ¿La mujer de la tina de baño? ¿La mujer de la radio a pilas? ¿La mujer de la que estaba empezando a enamorarme ahora? ¿O, era simplemente «Esperanzada», a quien había yo escrito a Correo Central?... No lo sé. Los extraños me dan miedo y lo que estaba ocurriendo ahora, como encontrar mi dentadura postiza dentro de la zapatilla de levantarse de una desconocida, fue superior a mis fuerzas. Ustedes han visto: mis discos de Gardel se llenaban de polvo porque ella se negaba a bailar tangos. Yo puedo llorar horas enteras escuchándolos. Pero ella no. Ella sólo sufría con el Cuarteto de «Jazz» Moderno. ¿Y qué se puede hacer cuando una persona se pone nostálgica con el bandoneón y la otra sólo con la trompeta?... Y si dos personas no pueden llorar juntas por las mismas cosas, ¿qué otra cosa se puede hacer?... ¡Ustedes tienen la palabra, señoras y señores! ¡Pero recuerden que *todos*, todos tenemos un cepillo de dientes...!

(ÉL *se vuelve a sentar y a anudar la corbata. Adopta el aspecto anterior, despreocupado, casi sonriente. Toma el periódico y lee en voz alta e indiferente.*)

ÉL: «Esas fueron sus declaraciones. La policía piensa que se trata de un caso típico de crimen pasional. Se busca a una tercera persona, posiblemente francesa. Mañana daremos más informaciones.» (ÉL *deja el periódico.*) ¡Oh, lo mismo de siempre...! Esta prensa sensacionalista se está poniendo cada vez más morbosa. Es el veneno del pueblo... la realidad, la vida es mucho más aburrida.

(*Empieza a echar mermelada en una tostada. Se oye sonar el timbre de la puerta del apartamento. Un silencio. Nuevamente el timbre en forma insistente. Un silencio. Ruido característico de una llave en una cerradura y luego el crujido de una puerta al abrirse. Pasos.*)

UNA VOZ: ¿Se puede?

ÉL: ¡Pasa, Antona, el cadáver está en el lugar de siempre!...

(*Las cortinas se cierran.*)

FIN DEL PRIMER ACTO

Acto Segundo

(*El segundo acto empieza en el mismo momento en que terminó el primero.*

ÉL, *con el gesto detenido en el aire y parte de la tostada con mermelada en la boca.*

La escenografía se ha invertido, es decir, sobre un eje imaginario ha girado en 180°. Todo lo que se veía a la izquierda está a la derecha y viceversa.

Se escucha el timbre de la puerta. Un silencio. Nuevamente el timbre. Un silencio. Se abre la puerta y se escuchan los pasos de alguien.)

UNA VOZ: ¿Se puede?...

ÉL: ¡Pasa, Antona, el cadáver está en el lugar de siempre!...

(*Entra* ANTONA. *Es* ELLA, *sólo que lleva un vestido barato, peluca y pendientes. En sus manos un cubo de limpieza, un estropajo, balletas y un escobillón.* ANTONA *es decidida y enérgica, aunque ingenua. Deja el cubo en el suelo y se coloca en la cintura una balleta a manera de delantal.*)

ANTONA: Buenos días, señor...

ÉL: Buenos días, Antona.

ANTONA: Para mí nada de buenos,... ¡Ah, que mañana llevo! Si lo único que me hace falta es encontrar un muerto debajo de la alfombra...

ÉL (*sobresaltado*): Y, ¿por qué dices eso, Antona?

ANTONA: Porque hay mañanas en que uno no sabe qué sería mejor: si tomarse una aspirina o cortarse la cabeza.

ÉL (*indiferente*): Ah, no lo dudes. Córtate la cabeza.

ANTONA: Empecé por el departamento 18; me recibió el señor completamente desnudo. «¡Cúbrase!», le dije, y me contestó: «Guárdate tu beatería, que hoy ando con el diablo en el cuerpo y huelo a infierno!»

180

ÉL (*perplejo*): Antona, dime... ¿Yo huelo a infierno?

ANTONA (*distraída*): Sí, señor.

ÉL: Gracias.

ANTONA: Luego en el 25 fundí la aspiradora, me resbalé con el jabón y rompí un espejo. La señora se puso histérica.

ÉL: Pero luego, gracias a Dios, llegaste aquí.

(ANTONA *limpia activamente el piso con el escobillón.*)

ANTONA: Ay, sí. Mientras subía la escalera venía pensando: «Por fin llego a una casa decente y tranquila, ay, donde esos señores que viven como palomos...»

ÉL: ¿Estás segura de que así viven los palomos?

ANTONA: Mire, trabajar para gente distinguida y educada, no sé, pero a mí me vuelve el alma al cuerpo.

ÉL: ¿Y cómo se consigue volver el alma al cuerpo, Antona?

(ÉL *se ha quedado inmóvil con la mirada fija en dirección al dormitorio.*)

ANTONA: Señor, señor, ¿se siente bien, señor?

ÉL (*reaccionando*): Ah, sí, sí. Completamente purificado. Como un cuerpo glorioso. Es curioso, pero esta mañana me siento tan viudo como el cardenal Richelieu.

ANTONA: Ah, ¿y la señora?

ÉL: *Requiescat in pace.*

ANTONA: ¿Qué dice?

ÉL: Que duerme como una muerta.

ANTONA: Ay, no diga eso, señor, que trae mala suerte. Un tío mío, el pobre, se acostó cantando... y amaneció afónico. (ANTONA *pone algunas cosas sobre la bandeja.*) Eh, ¿terminó su desayuno, señor?

ÉL: Sí, algo me quitó el apetito.

ANTONA: Bueno, entonces voy a llevarle el desayuno a la señora. (ANTONA *se dispone a dirigirse al dormitorio.* ÉL *se levanta y se interpone entre ella y el dormitorio.*)

ÉL: ¡No! No conseguirás que trague nada, Antona. Ay (*quitándole la bandeja de las manos*), lo estropeas todo con tus prisas, Antona. Por eso te resbalas en los jabones y quiebras·los espejos... (*Acercándose mucho a ella.*) Parece que anduvieras huyendo de algo. Lo peor de todo es huir, Antona, aunque se haya matado a alguien... Ay, no, eso es malo para la presión y para los nervios. Si hay tiempo para todo. (ÉL *le pone una mano en la cintura.*) Me gustó eso que dijiste de «vivir como palomos». Repítemelo otra vez, ¿quieres?... (ANTONA *se separa de él.*)

ANTONA (*en voz baja*): ¡Ya, pues, no se ponga pesado que la señora puede venir!

ÉL (*sonriendo*): No, si no vendrá.

ANTONA: Sí, siempre dice lo mismo. Tendría que estar muerta para no escuchar las carreras y los gritos que doy todas las mañanas para librarme de sus agarrones. ¡Suélteme!

ÉL: Eres completamente tonta, pero... pero tienes un encanto animal.

ANTONA (*feliz*): ¿De veras?...

ÉL: Palabra; ah, Antona, dime, ¿estás enamorada?

ANTONA: ¿Qué es eso?

ÉL: ¿Me vas a decir que no has oído hablar del amor?

ANTONA (*perpleja*): Me suena.

ÉL: No es posible, Antona.

ANTONA: Palabra.

ÉL: Pero si eso es tan importante, o más aún, que la laca para el pelo, los cupones premiados o los supositorios.

ANTONA: ¿De veras?

ÉL: Lógico. Eso se lo enseñan a uno en primera preparatoria.

ANTONA: Bueno, lo que pasa es que una no ha estudiado.

ÉL: ¡Pero si basta con leer las enciclopedias, Antona. (ÉL *va hacia un mueble bajo y coge un grueso libraco*.) Vamos a ver, vamos a ver, vamos a ver... Amor... amor, amor, amor; aquí está, amor, amor, amor: «Afecto por el cual el hombre busca el bien verdadero...» Y no hay que confundirlo, Antona, porque hay mucho. Fíjate: «Amor seco: Nombre que se da en Canarias a una planta herbácea cuyas semillas se adhieren a la ropa», ni tampoco con el «Amor al uso»: Arbolillo, árbol, «Arbolillo malváceo de Cuba parecido al abelmosco»... ni muchísimo menos con el «lampazo» ni «el almorejo» ni el «cadillo», planta umbelífera que tiene la base de satisfación...

ANTONA: Usted no tiene moral.

ÉL (*consultando el diccionario*): Moral... Moral, moral, moral, moral, moral: «Arbol moráceo de hojas ásperas, acorazonadas y flores verdosas, cuyo fruto es la mora».

ANTONA: Debería darle vergüenza, ¿no?

ÉL (*consultando el diccionario*): Vergüenza... Vergüenza, vergüenza, vergüenza, vergüenza, vergüenza, vergüenza, vergüenza: vamos a ver, vergüenza; aquí está vergüenza: «Turbación del ánimo que suele encender el color del rostro. Se usa también la expresión de cubrir las vergüenzas refiriéndose a las partes pudendas del hombre y la mujer».

ANTONA: Yo no sé nada de esas cosas.

ÉL: Ah, pero por lo menos deberías saber que las relaciones amorosas se clasifican según su intensidad y sus circunstancias en: condicionales, consecutivas, continuativas, disyuntivas; defectivas, dubitativas... dubitativas y copulativas.

ANTONA: ¡Ay, Dios mío! ¿Y qué voy a hacer yo que soy analfabeta? (ÉL *la toma nuevamente de la cintura y trata de atraerla hacia sí*.)

ÉL: Antona, Antona, dime, dime, ¿has tenido amantes?

ANTONA: ¡Y dale con la misma música!

ÉL: No te suelto si no me dices la verdad.

ANTONA: ¡Y cómo va a saber uno eso de los amantes, digo yo...!

ÉL: Bueno, pero... pero una mujer siempre sabe... ¡cuando sí y cuando no!

ANTONA: Ay, yo no, palabra de honor. A mí como si nada. Cuando voy a darme cuenta ya están abotonándose. ¡Suélteme!

ÉL: ¡Eres completamente idiota e insensible!

ANTONA: Es que me criaron con leche de burra. Es una porquería, le digo... Yo opino como mi tío, que decía: «Habiendo una mujer cerca, que se lleven las burras».

ÉL: Pero tú eres un animal premiado en cualquier feria, Antona.

ANTONA: Ah, sí. Eso es lo que decía mi madre: «Antona, Antona, nadie te podrá reprochar de ser una mala mujer, y eso es mucho decir, pero de ramera tienes bastante».

ÉL: Palabras cariñosas y sabias.

ANTONA: Ay, sí. Bueno, voy a despertar a la señora. (ÉL *intenta tomarla de un brazo y retenerla*.)

ÉL: No, no, no, no, no, ¡espera!... Han sucedido algunas cosas...

ANTONA: Déjeme, que usted tiene mucho cuento para todo.

(ÉL, *instantáneamente, se pone a contar un cuento con tono paternal*. ANTONA *escucha fascinada*.)

ÉL: Pero este cuento no lo conoces. Es el cuento del rey Abdula, el que perdió su armadura: «Había una vez un rey que tenía la mala costumbre de comerse las uñas. Un día descubrió que su esposa, la reina, se acostaba con un anarquista de palacio, dentro de su propia armadura y debajo de su propia cama. Desde entonces el rey dejó de comerse las uñas y comenzó a comerse los cuernos...»

ANTONA (*fascinada*): ¡Oh!... ¿Y el príncipe?

ÉL: ¿Y el príncipe?... ¿Qué príncipe?

ANTONA: El príncipe.

ÉL: ¿Qué príncipe?

ANTONA: Siempre hay un príncipe. Hay príncipe o no hay príncipe.

ÉL: Oh, sí, sí, sí, el príncipe... Es que no había querido hablarte de él por delicadeza, porque este príncipe tenía un vicio secreto: arrastraba la lengua por todo el palacio.

ANTONA: ¿Por qué?

ÉL: ¡Era filatélico!

ANTONA (*con admiración*): ¡Ay, Dios mío, pero que sabe cosas! Lo que es la falta de ignorancia de una... (ANTONA *vuelve a dirigirse al dormitorio. Nueva interposición de* ÉL.)

ÉL: ¡No, no entres al dormitorio, Antona!

ANTONA: Bueno, ¿por qué?

ÉL: Es que todo está desordenado allí dentro. Hay cosas tiradas: mi ropa sucia, mi mujer..., tú sabes, lo de todos los días.

ANTONA: Bueno, pero ese es mi trabajo, ¿no es cierto?

ÉL: ¡Te lo prohibo, Antona!

ANTONA: Ah, voy a pensar que oculta algo, ah.

ÉL: ¿Y cómo lo adivinaste?

ANTONA: ¿Qué?

ÉL: Es verdad. Oculto algo y tengo que decírtelo. Ven, siéntate aquí.

ANTONA: ¡Bueno, lárguelo de una buena vez! ¿Otro cuento? ¡No!... Iré yo misma a enterarme.

ÉL (*en un grito*): ¡Antona, escúchame! (ANTONA, *antes de entrar al dormitorio, se vuelve hacia* ÉL.)

ANTONA: ¿Qué?...

ÉL: Es que yo... yo...

ANTONA: Bueno, ¿usted qué?

ÉL: Yo, yo ya no soy el mismo de antes, desde hace media hora que lo sé.

ANTONA: Ah, no entiendo.

ÉL: Pero si te lo he explicado en forma delicada durante todo este rato y te niegas a comprenderlo... ¿Cómo puedes ser tan tonta?

ANTONA: Pero... ¿darme cuenta de qué? (*Pausa conmovida de* ÉL.)

ÉL (*sin poder contenerse*): ¡Voy a ser madre!

ANTONA: ¿Qué dijo?

ÉL: Que voy a tener un niño, sí.

ANTONA: Si, ay niño, no, no, ¡no puede ser!

ÉL: Sí. Un niño que es fruto de tu irresponsabilidad y egoísmo.

ANTONA: Ah, ¿de modo que quiere achacarme ese crío a mí?

ÉL (*lastimero*): Ah, no pretenderás negarlo ahora, Antona... ¡No puedes ser tan desnaturalizada!

ANTONA: ¿Pero cómo? Pero, si lo único que hemos hecho ha sido darnos pellizcones y manotazos en la cocina.

ÉL (*con pudor*): Ya ves, así es la Naturaleza... (*Bajando la vista.*) Voy a tener un niño.

ANTONA: No, no, no, no, no; no lo creo.

ÉL (*digno y sufriente*): Ah, ¡Antona, no me pedirás las pruebas ahora!, pero tú sabes mejor que nadie todo lo que ha habido entre tú y yo..., ¡pero yo te juro que tú has sido la primera!

ANTONA (*confusa*): Y mire, todo esto es un lío. Yo vengo aquí solamente a limpiar el piso y no a sacarle a usted las castañas del fuego. (ANTONA *ya se ha olvidado del dormitorio y está en medio de la sala.*)

ÉL (*haciendo pucheros*): Claro, para ti es fácil, apenas un remordimiento... en cambio para mí... (*Su voz se quiebra.*) ¡Jamás podré decírselo a mi madre!

ANTONA: ¿Su madre?... ¿Pero qué diablos tiene que ver ella en todo esto?

ÉL: Me repudiará.

ANTONA: ¿Y qué dirá su esposa, digo yo?

ÉL (*digno*): Espero que ella le de su apellido por lo menos.

ANTONA: Cualquier cosa que esté tramando o engendrando, yo no tengo nada, nada que ver.

ÉL: ¡Antona, no me des la espalda ahora, después de haberte aprovechado de mí! ¡Ah, ah, ay...! (ÉL *sufre un desvanecimiento.*)

ANTONA (*alarmada*): Venga, siéntese, siéntese y deje de pensar en tonterías. Si no es nada del otro mundo. Todas tenemos que pasar por esto tarde o temprano. Le traeré un vaso de agua. (ANTONA *lo arrastra hasta una silla y corre a buscar un vaso a la cocina. Desde allí grita.*) ¡Quédese tranquilo! Si eso solamente pasa los primeros meses. (*Aparece nuevamente y le da un vaso de agua. ÉL bebe el agua y luego estalla en sollozos.*)

ÉL: Por un momento de placer me he convertido en un paria... He sido deshonrado.

ANTONA: No, no sea tonta. Si ahora la sociedad es mucho más

comprensiva que antes... En cambio, en mi pueblo, mi abuelo era tan puritano que cuando la yegua parió, hizo buscar el caballo culpable por todo el campo y, cuando lo pilló, lo capó.

ÉL (*espantado*): ¿Por qué hizo eso?

ANTONA: Porque dijo que era un mal ejemplo para mi madre, que estaba soltera. (ÉL, *al oír el cuento, estalla nuevamente en sollozos.*)

ANTONA: Bueno, ¿pero qué le pasa ahora?

ÉL (*haciendo pucheros*): Me da miedo tu abuelo puritano.

ANTONA: No, si está enterrado en el pueblo.

ÉL: Ah, sí, yo también nací en un pueblo.

ANTONA: Ah, sí.

ÉL: Sí, por eso fui siempre muy ignorante en todas estas cosas. Yo creía que los niños se hacían mezclando tres partes de harina, dos de leche y una de levadura.

ANTONA: Y por qué no se va una temporada al pueblo; allí los niños se crian sanitos. Y nadie se entera.

ÉL: Claro, la reacción típica: librarte de mí. Ahora ya no piensas para nada en el matrimonio.

ANTONA: Nunca, nunca le he ofrecido matrimonio. Además, usted está casado. Debería decirle todo a su mujer. Ella debería conocer la situación... ¡Yo misma se lo diré! Si no le da un infarto es señal que terminará por reconocer al crío. (ANTONA *se dirige al dormitorio, pero* ÉL *la detiene con un grito.*)

ÉL (*como un demente*): ¡Antona, si entras en ese dormitorio, me mato!... Comenzaré ahora mismo comiéndome este diario hasta morir.

(ÉL *muerde ferozmente el periódico.* ANTONA, *asustada, trata de quitárselo. En el tira y afloja lo desgarran completamente.*)

ÉL (*patético*): Sí, mañana tendrás que explicar todo a la opinión pública: muerto y deshonrado por intoxicación de prensa amarilla... ¡La autopsia lo revelará todo! (ANTONA *retrocede unos pasos.*)

ANTONA: Usted es un hombre peligroso.

ÉL: Soy una víctima.

ANTONA: Quien mal anda mal acaba.

ÉL: Al que no es ducho en bragas las costuras lo matan.

ANTONA: En comer y en rascar todo es empezar.

ÉL: Lo que no se hace en un año se hace en un rato.

ANTONA: Quien su trasero alquila no pasa hambre ni fatiga.

ÉL: Cada uno habla de la feria según le va en ella.

ANTONA: Si quieres un crío, búscate un sobrino.

ÉL: Hijo sin dolor, madre sin amor.

ANTONA: Eramos treinta y parió la abuela.

ÉL: A mulo cojo e hijo bobo lo sufren todos. sq...ow

ANTONA: Más vale una de varón que cien de gorrión.

ÉL: El lechón de un mes y el pato de tres.

ANTONA: Más arriba está la rodilla que la pantorrilla.

ÉL: Más vale casada que trajinada.

ANTONA: Casarme quiero, que se me eriza el pelo.

ÉL: Antona, Antona, uno la deja y otro la toma.

(ANTONA *empieza a deshojar tristemente una rosa del florero.*)

ANTONA: Me quieres mucho... poquito... nada...

ÉL: No, no pierdas las esperanzas de casarte, Antona; si estás muy bien todavía a pesar de tu cicatriz de tu operación de apendicitis.

ANTONA (*desilusionada*): No, estoy muy venida a menos. Debe ser que me estoy volviendo solterona. Es fatal. Engordaré, me arrugaré y el día menos pensado, ¡paf!..., amaneceré tan inservible y pasada de moda como un corset en naftalina.

ÉL: Pero tienes tiempo todavía para escoger entre tanto sinvergüenza suelto que anda por ahí.

ANTONA: No, es inútil. Soy el estropajo de todos. ¿Quién me va a querer para otra cosa que no sea hacer tortilla a la española?

ÉL: Ah, ¡qué ideas tienes, Antona!

ANTONA: Claro, porque la encuentran a una gusto a... se aprovecha.

ÉL: En ese sentido eres verdaderamente apasionante.

ANTONA: No, lo he intentado todo. Hasta escribí a un consultorio sentimental. Firmé «Esperanzada» y sólo me contestó un tipo baboso que debe ser casado y barrigudo. No le entendí nada. Firmaba «Lucho solo». Debe ser un vicioso.

ÉL (*estupefacto*): Entonces... ¿tú eres «Esperanzada»?

ANTONA: Sí, sí. Sé que se va a reír de mí.

ÉL (*para sí*): Tú eres la que buscaba un alma gemela.

ANTONA (*orgullosa*): Esa frase la escuché en *Flor de Fango.*

ÉL: ¿Hmm?

ANTONA: En *Flor de Fango.* ¿Que usted no escucha *Flor de Fango?*

ÉL: No.

ANTONA: Pero no escucha *Flor de Fango,* si es terriblemente apasionante. Una escucha primero una de esas músicas que ponen la carne de gallina y luego la voz de un locutor medio marica, pero muy simpático, que dice: «¡Nosotras sabemos que Fibronailon nos acaricia! ¡Fibronailon remercerizado, su nailon de confianza, el nailon que es casi un confesor!, presenta *Flor de Fango*», Ay, de sólo pensarlo me pongo tiritona. Ay.

③ ÉL (*para sí*): «Esperanzada, tengo la impresión de que no nos complementaremos para siempre... Si tiene algún defecto físico visible o alguna enfermedad invisible, consulte al especialista... Ya no es necesario enviar foto... Yo, tímido, pero dicen que neurasténico sin remedio. La saluda y olvida para siempre..., Luis.

ANTONA: No sé lo que quiere decir, pero ya es hora de que termine mi trabajo. (ANTONA *se dirige al dormitorio en forma decidida.*)

ÉL: ¡No te vayas todavía!

ANTONA: Voy a despertar a la señora.

ÉL: Se necesitarían las trompetas del Juicio Final.

ANTONA: No quiero seguir jugando a las adivinanzas y si usted me sigue poniendo dificultades me marcharé al extranjero.

ÉL: Ah, no, no, no, eso no...

ANTONA: Hoy en día una está muy solicitada, no crea.

ÉL (*impresionado*): Ay, Antona, Antona. Tú sabes que nosotros somos buena gente, sin antecedentes penales... (*Apasionado.*) Mira, si quieres, te casaremos con mi jefe que es alcohólico o con el hijo de mi vecino que es numismático, o con mi director espiritual que es pastor luterano o, en un último caso, conmigo mismo... ¡Cualquier cosa, pero no te vayas!

ANTONA: ¿Y querrá la señora!

ÉL: ¡Qué cosa!

ANTONA: Bueno, esta boda tan precipitada.

ÉL: Pero por supuesto. Ella no dirá una sola palabra. Tú sólo tendrás que regarla y pasarle el plumero de vez en cuando. (*Tierno.*) Envejeceremos los tres juntitos frente al televisor.

ANTONA: ¿Podré usar la ropa de la señora también?

ÉL: Por supuesto. Hasta su cepillo de dientes.

ANTONA: Ah, ah. Voy a pensar. De todas maneras, tráigame referencias, recomendaciones y radiografías.

ÉL (*implorante*): Antona, Antona, tú sabes que yo tengo buenos antecedentes bancarios. Mira, si quieres aprenderé el alemán para que te sientas en el extranjero. ¡Cualquier cosa... no te vayas!

ANTONA: No, no, no, no. No creo que sea posible casarme con usted por el momento. Y no es que sea beata, pero me resultaría chocante que su esposa, usted y yo..., usted me comprende, ¿no?

Existe la moral y las buenas costumbres. Una puede haber llegado muy bajo, pero eso de compartir la televisión y el cepillo de dientes con un hombre casado por las dos leyes es repugnante.

ÉL: Pero tiene el gusto de lo desconocido, Antona.

ANTONA: Las fantasías tienen su límite. No forcemos a la Naturaleza.

ÉL: ¡Traspasa tus propios límites, Antona!

ANTONA: ¿Y no tiene nada más que ofrecerme?... ¿Eso es todo?

ÉL: Te haré socia del discomanía.

ANTONA: Es inútil.

ÉL: Te sacaré una póliza de seguros.

ANTONA: No. (ANTONA *está a punto de entrar en el dormitorio.*)

ÉL: ¡Antona, por ti llegaré hasta el fin!

ANTONA (*embelesada*): No, el fin, no.

ÉL: Sí, el fin. Bailaremos un tango cada día.

(ÉL *coloca en el viejo gramófono un disco de Gardel.* ANTONA *tira al aire el estropajo y el cubo de limpieza.*)

ANTONA: Será capaz de tanto.

ÉL: ¡Cuqui!... ¡En este maldito claustro, un tango después de ocho años de silencio!

(*Bailan apasionadamente. Parecen transportados. Casi al terminar el tango, el disco se pone a girar sobre el mismo surco rayado.* ÉL *se desprende de ella y va hacia el gramófono.* ANTONA, *mientras tanto, se arregla el delantal y entra al dormitorio diciendo entre risitas nerviosas:*)

ANTONA: Suélteme; no, no, no, no, la señora.

ÉL: Sigamos bailando.

ANTONA: No, no. ¡Señora, no vaya a pensar nada malo..., le juro que antes que faltarle al respeto!... ¡Ah!

(*Se interrumpe. Se escucha un grito penetrante de* ANTONA *desde el dormitorio. Sale* ANTONA *tambaleándose por la impresión.* ÉL, *abstraído, parece casi feliz. En el gramófono se escucha un acompañamiento de guitarra para el canto de* ÉL.)

ANTONA: ¡Ay, Dios mío!... ¿Qué ha pasado?

ÉL (*cantando el conocido tango de Gardel*):
> «Sus ojos se cerraron
> y el mundo sigue andando,
> su boca que era mía
> ya no me besa más...»

ANTONA (*espantada al ver la insensibilidad de* ÉL, *que canta tangos*): ¿Se ha vuelto loco?... ¿Es que se olvidó que tiene a su mujer tirada en el dormitorio?... ¿Es que no tiene compasión por nadie?...

ÉL (*canta*):   «Y ahora que la evoco
sumido en mi quebranto
las lágrimas prensadas
se niegan a brotar
y no tengo el consuelo
de poder llorar...»

ANTONA (*retorciéndose las manos*): ¿Por qué lo hizo?... ¿Por qué?

ÉL: «Por qué sus alas
tan cruel quemó la vida.
Por qué esta mueca
siniestra de la suerte...
Quise abrigarla
y más pudo la muerte...»

ANTONA: Claro, dentro de un momento estará aquí la Policía...

ÉL: «Yo sé que ahora
vendrán caras extrañas
con su limosna
de alivio a mi tormento...»

ANTONA: ¡Le arrancarán la verdad!... Yo podré atestiguar la verdad...

ÉL: «Todo es mentira,
mentira este lamento,
hoy está solo mi corazón...»

ANTONA: No se haga ilusiones, el que la hace la paga.

ÉL: «En vano yo alentaba
febril una esperanza.
Clavó en mi carne viva
sus garras el dolor...»

ANTONA: Yo no sé por qué está explicando todo esto. Abriré las ventanas y empezaré a gritar como una loca a la gente que pasa por la calle...

ÉL: «Y mientras en la calle
en loca algarabía
el carnaval del mundo
gozaba y se reía,
burlándose el destino
me robó su amor...»

(ANTONA, *fuera de sí, coge el disco de Gardel y lo rompe. Luego se enfrenta a* ÉL.)

ANTONA (*frenética*): ¿Por qué... por qué... por qué... por qué, por qué?

(ÉL *la mira un momento fijamente, casi dolorosamente y luego estalla.*)

ÉL: ¡Porque sí!..., porque yo tengo cinco millones de glóbulos rojos y ella tiene sólo cuatro millones doscientos mil; porque sus hormonas son distintas de las mías; porque yo calzo el 42 y ella el 37; porque a mí las lentejas me hinchan y a ella la deshinchan; porque yo fumo negro y ella fuma rubio; porque a mí me gustan las mujeres y a ella le gustan los hombres; porque yo creo en Dios y ella también; porque somos tan distintos como dos gotas de agua, pero, sobre todo, ¡porque sí, porque sí!

ANTONA (*recobrándose poco a poco*): ¡Era... era tan buena la pobrecita! Todos los Miércoles de Ceniza me regalaba sus medias corridas. ¡Ay, Dios mío! ¿Cómo fue capaz?... ¿Qué hace usted aquí todavía?... Seguramente quiere comprometerme, quiere mezclarme en toda esta pesadilla... ¡Pero yo diré la verdad!... ¡Me creerán...! Tienen que creerme... ¡Yo no sé nada...! ¡No sé nada!... (*Gritando.*) ¡No sé nada!

(*Se apagan casi todos los reflectores hasta producirse una penumbra.* ÉL *enfoca el rostro de* ANTONA *con una potente linterna. La cruda luz de la linterna cae de lleno sobre el rostro asustado de* ANTONA. ÉL *habla desde la penumbra.* ANTONA *está inmovilizada. El diálogo es seco y rápido.*)

ÉL: ¿Nombre?

ANTONA: Antona los días de trabajo y Cuqui los días de fiesta.

ÉL: ¿Edad?

ANTONA: Vaya uno a saber...

ÉL: ¿Domicilio?

ANTONA: Al fondo, a la derecha.

ÉL: ¿Profesión?

ANTONA: Lo que caiga.

ÉL: ¿Religión?

ANTONA: Homeópata.

ÉL: ¿Estado?

ANTONA: Un día sí, otro no.

ÉL: ¿Víctima?

ANTONA: La señora del 36: ¡una santa!

ÉL: ¿Arma homicida?

ANTONA: Transistor de alta infidelidad.

ÉL: ¿Móvil del luctuoso suceso?

ANTONA: Bueno, nada de palabrotas con una que es decente, ¿no?

ÉL: Existen pruebas de robo y profanación del cadáver.

ANTONA (*lloriqueando*): Yo me visto con su ropa porque ella misma me la daba. Si le saqué al cadáver una cadenita de oro y un anillo, fue sólo para tener un recuerdo... ¡Era como una madre para mí!... ¡Mamaaaa!

ÉL: ¡Basta! (*Cesa el lloriqueo.*) ¿Coartada?

ANTONA: ¿Qué?

ÉL: ¡Sea precisa!... ¿Qué hizo la noche del 25 de julio?

ANTONA: Lo que me pedía el cuerpo, señor comisario.

ÉL: Ah, ¿confiesa entonces?

ANTONA: No, soy inocente como un recién nacido. Puedo atestiguar que a la hora del crimen le hacía el amor al señor, mientras comía un *sandwich* y veía un concurso por la televisión. Bueno, a mí me gusta así, ¿sabe?...

(*Vuelve la luz al escenario.* ÉL *cambia a locutor de TV usando la linterna como micrófono.* ANTONA, *nerviosa y sonriente como una concursante. Ambos hablan directamente al público.* ÉL *hace las preguntas con un tono brillante y empalagoso propio de los locutores de TV.*)

ÉL: Mire, le voy a dar la última oportunidad. Si usted no contesta a mis preguntas perderá la gran oportunidad que le ofrece Bic o Gillette, la única fibra de *homologación texilor*. Vamos a ver, ¿quién mató a la mujer del departamento veinticinco?

ANTONA: Sst, sst, el, el, ¡el manco de Lepanto!

ÉL: Do, do, do, do, do, do. Tibio, tibio... ¿Quién fue el culpable? Sí, adelante, señorita, por favor, por favor, adelante, vamos a ver quién mató a la mujer del departamento veinticinco.

ANTONA: Caín.

ÉL: Da, da, da, da, da, da, da, da. Casi, casi... Piense, piense que la están mirando 150 millones de telespectadores a través de nuestro sistema de Eurovisión. Vamos a ver, ¿quién mató a la mujer francesa del cuarto de alojados?

ANTONA: Hmmm, Benito.

ÉL: No.

ANTONA: La del manojo de rosas.

ÉL: No.

ANTONA: Mi tío Onofre.

ÉL: No.

ANTONA (*pujando en forma concentrada*): Mmmmmmm...

ÉL: ¡Haga otro esfuerzo más!

ANTONA (*sigue pujando con esfuerzo*): Mmmmmm...

ÉL: ¡Basta, no siga pujando!... ¡Que Bic o Gillette *piensa* por usted!

ANTONA: Pero, deme una última oportunidad.

ÉL: ¿Le damos la última oportunidad? ¿Le damos la última oportunidad? Bien, le damos la última oportunidad. ¿Quién mató a la mujer radio transistorizada?

ANTONA: Bueno, sí..., lo tengo en la punta de la lengua...

ÉL: Dícela.

ANTONA (*triunfante*): A ver, ay, ya sé, ¡el gas licuado!

ÉL: Do, do, do, do, do, do. Sí, sí, sí, sí, sí, sí.

ANTONA (*sonriendo picarescamente*): Ya sé... Pero si era tan fácil.

ÉL: Da, da, da, da, da,

ANTONA (*empujándolo con coquetería*): ¡Usted!

ÉL: Da, da, da, da, da. Desgraciadamente ha perdido su última oportunidad. El Jurado me dice que la respuesta a la pregunta es: ¡San Inocencio Abad!, ¡1235 a 1303! (*Bruscamente*, ÉL *se sienta y habla con un tono grave y sacerdotal. La vista baja. Las manos en el regazo.* ANTONA *se arrodilla junto a él. Como padre abad.*) ¿Tienes algo más que decirme, hija mía?

ANTONA (*contrita y avergonzada*): No, padre abad, creo que no; no, no, padre, no.

ÉL: ¿Estas segura, hija mía?... ¿Nada más?

ANTONA (*muy avergonzada*): Ay, sí, padre. Falta lo más gordo. El caballero me pellizca todos los días. Nosotros ponemos mucho cuidado para no pecar, claro. Incluso él busca las partes más neutras y menos pecaminosas —los codos, por ejemplo—, pero, así y todo, es completamente desmoralizador. ¿A usted lo han pellizcado alguna vez, padre?

ÉL: Sí. No, no, niña. No. No. No.

ANTONA: Créame, es terrible. A mí eso me deja totalmente deshecha. Yo he pasado por este mundo como una mártir, de pellizco en pellizco.

ÉL (*empezando con tono de inquisidor y continuando con un progresivo tono libidinoso*): ¡Culpables de Alta concuspicencia... Concuspicencia... Concuspichencha... (*Mimoso, acariciándole la barbilla a* ANTONA.) Cocupichencha... Cocupichencha... Cocupichenchita... Cocupichenchita.

(ANTONA *reacciona, le muerde el dedo y se pone de pie.*)

ANTONA: Basta, señor, que yo no voy a seguir esta comedia. Está muy bien que una sea un poco ignorante y un algo diabética, pero eso de guardarle sus muertitos debajo de la cama, no, no, no, no, no, es mucho pedirme.

ÉL (*mimoso*): Ay, Antona, pero no te pongas escrupulosa ahora.

ANTONA: No, avisaré a la Policía. Conozco a un general retirado que viene en cuanto yo doy un silbidito.

ÉL: ¡Hazlo, me encantan los generales en retiro!

(ANTONA *se mete dos dedos en la boca y lanza un silbido penetrante.*)

ANTONA: Ah sí, este general entra siempre por las ventanas rompiendo los cristales.

ÉL: Tenemos poco tiempo entonces.

ANTONA: ¡Ay, no, no me toque! ¡No se acerque!

ÉL: ¡Ay, Antona; sí, Antona!

(*Ruido de cristales rotos fuera del escenario.* ÉL *se acerca a* ANTONA *con apasionamiento.*)

ÉL (*intensamente*): Antona, mira, tu olor a lavaplatos me conmueve, me enloquece, me rejuvenece. Mira, déjame mirarte por la cerradura de la llave y seré feliz. Si me dejas atisbar tu escote con una lente granangular teleobjetivo de dos milímetros y medio moriré de placer, Antona.

(ANTONA, *se deshace del abrazo.*)

ANTONA: No se ponga pesado, señor, que el cadáver de la señora nos puede sorprender.

(ÉL *con más intensidad y apasionamiento todavía.*)

ÉL: ¡Átame las manos si quieres!... ¡Ahórcame, márcame, mutílame!... ¡pero déjame sacarte esa legaña del ojo!

ANTONA (*entregándose*): ¡Basta! ¡Basta!... No resisto más... Yo también soy de carne y hueso... (*Desfallecida.*) ¡Oh, lujuria, lujuria, aquí estoy!

ÉL: ¡Y que el mundo se haga polvo a nuestro alrededor! (*Se acercan apasionadamente e inician una grotesca parodia del acercamiento o del abrazo amoroso. Toda la pantomima de grotesca incomunicación física se desarrolla siguiendo una música distorsionada. Sería preferible usar música concreta y no electrónica.*

Da la impresión de una pesadilla. Esta especie de absurda lucha amorosa frustrada lleva una progresión que culminará con la destrucción de objetos. Jarrones, sillas, cuadros caen al suelo. Algún muro de la habitación caerá hacia atrás. Del techo caen objetos diversos que se rompen en el suelo. La pareja está ajena a todo esto. Ambos, jadeantes y hechos un nudo, ruedan por el suelo y se separan. No pueden hablar durante un momento. ANTONA *se pone de pie dificultosamente después de un momento y cambia sus modales y su voz por los de* ELLA, *o sea, la* ESPOSA *del primer acto.* ÉL *le habla desde el suelo. Ninguno de los dos parece advertir la destrucción general.*) Isabel, Mercedes, Soledad..., ¿es realmente necesario que tengamos que repetir esto todos los días?

ELLA: ¿A qué te refieres, cariño?

ÉL: Sabes perfectamente bien a qué me refiero. Resulta agotador.

ELLA: Mi parte no es fácil tampoco. Si por lo menos se te ocurriera algo nuevo.

ÉL: Eso es lo más espantoso. ¡Que siempre hay algo nuevo! Para hacernos el amor vamos a tener que contratar a un asesor...

ELLA: Yo creo que las ideas iniciales no eran malas, lo que pasa que lo hemos bordado tanto que ahora están prácticamente agotadas.

ÉL: ¿Qué podemos hacer?

ELLA: Nada, dejemos las cosas en su lugar.

ÉL: Es verdad que si no te estrangulo todos los días no te quedas tranquila.

ELLA: Bueno, eso es muy corriente... ¿Qué esposa decente no desea ser estrangulada de vez en cuando?

ÉL: No, si no te lo critico. Pero no me eches en cara que yo también tenga algunas debilidades.

ELLA: No, si yo no te critico nada, solamente que no entiendo porque no vives con Antona y ya está.

ÉL: Es una idea que ya se me había ocurrido. Siempre que Antona acepte disfrazarse de ti. Bueno, pongamos las cosas en su lugar.

ELLA: Nada. (*Un silencio.*)

ÉL: Y si nos hiciéramos el amor en latín.

ELLA: Es una lengua muerta.

ÉL: ¿Y en sánscrito?

ELLA: ¿En qué?

ÉL: En sánscrito. Es el lenguaje de los sordomudos, ¿no lo sabías?

ELLA: No, no tenía idea.

ÉL: Podrías habérmelo dicho cuando nos casamos.

ELLA: No me atreví.

ÉL: Esta vez sí que la has hecho buena. ¡Estamos arreglados! No conoces el sánscrito.

ELLA: Bueno, pero conozco unas palabras en arameo.

ÉL: Y yo conozco unos *slogans* de propaganda en checo.

ELLA (*apasionada*): «Cravina el Mutara».

ÉL: (*apasionado*): «Mirkolavia Elbernia kol». (*Un silencio.*)

ELLA: «Alaba del Tamara jaín».

ÉL: «Eskoliava prinka Voj».

ELLA: ¿Te pasó algo?

ÉL: No.

ELLA: ¿Estás seguro?

ÉL: Sí.

ELLA: A mí tampoco.

ÉL: Es horrible.

ELLA: ¿Qué?

ÉL: Todo.

ELLA: No lo había pensado.

ÉL: Pero es así.

ELLA: Ah, no nos pongamos tontitos, mi amor. Es verdad que tu madre embalsamada nos da un poco la lata, que a ti se te cae el pelo y a mí el repollo me da flatos, pero así y todo lo pasamos extraordinariamente bien. Tenemos nuestro departamento al lado mismo del parque de atracciones. Todas las noches tenemos al alcance de la mano tómbolas con premios, tiro al blanco, túnel del amor y sorpresas... ¿Qué más se puede pedir?

(ÉL *se acerca a* ELLA *y la abraza suavemente hundiendo su cara en su cuello.*)

ÉL: Quizás tengas razón. (ÉL *la besa en el cuello. Se empieza a escuchar la música de arpa que sugiere la tonadilla de un tiovivo en una feria.*)

ELLA: ¿Escucha?... ¡Es la música del carrousel! Es la hora en que empieza a girar... Comienzan las atracciones. (ELLA *lo besa.*)

ÉL: ¡Qué bien hueles!

ELLA (*coqueta*): Sé que te vuelve loco. Es el superdetergente tamaño gigante Bimpo.

ÉL (*cariñoso*): No digas tonterías, cariño... Sabes que sólo me descontrolo con Tersol, «que brilla en su cocina como un sol...»

ELLA (*impaciente*): No seas testarudo... «Sólo Bimpo huele a Bimpo».

ÉL: «Hace tiempo que hice mi elección: insisto en Tersol».

ELLA (*molesta*): «Bimpo es más blanco y contiene Fenol 32».

ÉL (*enojándose*): ¡Idiota! «Tersol no es un sustituto, es el detergente definitivo».

ELLA: ¡Ignorante! Bimpo es la fórmula alemana para la ropa blanca del mundo.

ÉL (*gritando*): ¡Tersol blanquea *más*!

ELLA: ¡Bimpo hace millonarios y elimina el fregado!

ÉL (*aullando*): ¡Tersol es la vida en su hogar!

ELLA (*aullando*): ¡Bimpo cuida sus manos!

ÉL (*aúlla con la cara pegada a la de ELLA*): ¡¡Tersol!!

ELLA (*aúlla con la cara pegada a la de ÉL*): ¡¡Bimpo!! (*Los dos gritan al mismo tiempo los nombres varias veces. Súbitamente, ELLA toma un tenedor de la mesa. ÉL, instintivamente, coge un cuchillo. Ambos están frenéticos. Se miran fijamente nombrando sus detergentes favoritos en voz baja. Ambos se agreden salvajemente en una especie de duelo a muerte. Aprovechando un movimiento en falso de ÉL, ELLA le entierra el tenedor en el vientre. ÉL se dobla sobre sí mismo. ELLA, aún histérica, se lo clava varias veces más en el cuerpo repitiendo como una loca:*) ¡¡Bimpo, Bimpo, Bimpo...!! (*ÉL cae pesadamente al suelo. ELLA lo arrastra hacia el dormitorio. Sale casi inmediatamente de allí con el tenedor completamente ensangrentado en la mano. Lo mira un momento fijamente, deteniéndose en medio del escenario.*) Anoche soñé con un tenedor. Bueno, eso no tiene nada de extraordinario porque «todas las noches» sueño con un tenedor...

(*Limpia el tenedor cuidadosamente con una servilleta. Se sienta a la mesa y se prepara una tostada con mermelada. Suena el timbre. ELLA no le hace caso. Suena nuevamente el timbre.*)

ELLA: Anoche, anoche soñé con un tenedor. Bueno, eso no tiene nada de raro porque todas las noches sueño con un tenedor.

VOZ DE ÉL: ¿Se puede?...

ELLA: ¡Pase, el cadáver está en el lugar de siempre!...

(*Una pausa. Entra ÉL tambaleándose. Su camisa blanca bañada en sangre. Con una mano se aprieta convulsivamente el vientre.*)

ÉL: ¡No, el cadáver no está en el lugar de siempre!

ELLA (*levantándose*): ¡¡Padre!!

ÉL: Isabel, es preciso decir algunas palabras antes de terminar... ¡El mundo debe escucharnos!

(*Las rodillas se le doblan y cae al suelo, pero aún tiene fuerzas para arrastrarse hasta cerca de las candilejas.* ELLA, *horrorizada, corre hacia* ÉL.)

ÉL (*en un supremo esfuerzo*): Te perdono el día... Hemos buscado la felicidad equivocadamente y hemos fracasado...

ELLA (*gime*): Sí, nos hemos destruido... ¿Por qué matamos siempre lo que más amamos?

ÉL: Sólo... el amor... es fecundo.

ELLA: ¿Qué será de nosotros?

ÉL: Más allá del juicio de los hombres... nos levantaremos... de nuestras propias tumbas.

ELLA (*patética*): Sólo ahora, cuando es demasiado tarde, veo claramente la verdad: ¡la incomunicación..., la incomunicación... es producida por las malas condiciones atmosféricas!

ÉL (*a punto de morir*): Mi última palabra,...

ELLA: ¿Sí?

ÉL: ... es ...

ELLA: ¿Sí?

ÉL (*en un estertor*): ¡Paz..., paz!

ELLA (*conteniendo sus lágrimas estoicamente*): La grabaré en mi corazón para no olvidarla nunca; ¡paz, paz!

ÉL: Espera..., no he terminado aún... Mi última palabra es paz..., ciencia..., paciencia.

ELLA: ¡Oh! Es una palabra simple, reveladora, una palabra suave como una mordaza y llevadera como una espina.

ÉL (*con un hilo de voz*): Calle niva.

ELLA (*sin mirarlo*): Espina.

ÉL: Calle niva.

ELLA: Espina.

ÉL: Calle niva.

ELLA: Espina.

ÉL: Ay, no calle niva.

ELLA (*insistiendo*): Es-pi-na. (*Poniéndose de pie y dejándose llevar por su propia exaltación.*) ¡Gracias por el sacrificio de tu vida!... Te lo juro que no será inútil. (*Al público y en tono trascendental.*) Si cada uno de nosotros llevamos la guerra en nuestro propio corazón, ¿cómo evitaremos la conflagración mundial?

ÉL (*elevando el tono de moribundo*): ¡Ah!

ELLA (*exaltada*): En el más pequeño rincón de cada hogar se juega el porvenir de la Humanidad.

ÉL (*perdiendo el tono de moribundo*): ¡Josefina!

ELLA (*adelantándose unos pasos hacia el público*): Cuando en el secreto de nuestra intimidad no se levante ni una sola voz agresiva... ¡el mundo estará salvado!

ÉL (*levantando la cabeza y aullando*): ¡¡Calle, niña!!

ELLA (*volviéndose con naturalidad*): ¿Qué?

ÉL (*después de una pausa y dejándose caer muerto*): Adiós.

(*En este momento los bastidores que conforman la escenografía o cualquier otro elemento que se haya usado, empiezan a moverse desapareciendo, unos hacia arriba y otros hacia el lado. Se desplazan lentamente. Sólo quedan los muebles. Al fondo se verá la muralla del escenario manchada y llena de palos y bastidores inconclusos. Los muebles y los actores parecen flotar en un ámbito incongruente y absurdo.* ELLA *mira a su alrededor muy desconcertada.*)

ELLA: Adiós. Oiga, oiga, oiga pero todavía no hemos terminado. Dejen las cosas como están..., no hemos terminado.

ÉL (*incorporándose*): Ay, ¿qué pasa?

ELLA: Que están deshaciendo nuestro campo de batalla.

ÉL (*de pie*): ¡Todos los días lo mismo!... (*Gritando hacia los laterales.*) ¡Dejen todo como está, que no hemos terminado todavía. (*Un silencio. Y luego el último bastidor o elemento es retirado.*)

ELLA: Oh, deberías quejarte a alguien.

ÉL: Sí, uno de estos días lo voy a hacer.

ELLA (*desalentada*): Uno de estos días... Es inútil. Además, no podía durar, era demasiado divertido y esto no está bien.

ÉL: ¿Qué es lo que no está bien?

ELLA: Divertirse sin remordimientos.

ÉL: Bueno, pero no habíamos terminado y ¡eso es lo importante!

ELLA: No he visto nunca algo más terminado que lo nuestro.

ÉL: Pero no se llevarán mi gramófono ni mis discos viejos. (*Va a la mesa y coge la enorme bocina. Su aspecto sosteniendo el gramófono es grotesco.*

ELLA: Y yo no permitiré que se lleven mi lámpara china de papel de arroz. (ELLA *coge un globo de papel que cuelga en un costado. Ambos se quedan en la mitad del escenario sin atinar a dónde ir con sus respectivas cargas. De pronto se quedan mirando el uno al otro.*)

ÉL: Te ves ridícula.

ELLA: Te ves grotesco. (*En ese momento se apagan algunos focos.*) Están apagando las luces de nuestro teleteatro del amor.

ÉL (*gritando hacia el fondo de la sala*): ¡No apaguen, que no hemos terminado todavía!

ELLA (*se apagan casi todos los focos*): Dentro de un momento estaremos a oscura.

ÉL: Como siempre. (*Se apagan los últimos focos. Sólo queda uno, cenital, en medio del escenario.*) Casi me siento mejor así, en esta oscuridad sin nada alrededor.

ELLA: Sí, por lo menos es una sensación nueva que no se nos había ocurrido. Ay, me voy.

ÉL (*sincero*): No te vayas todavía, es importante.

ELLA: ¿Para qué?

ÉL: Deja ese absurdo globo en cualquier parte y dame la mano.

ELLA: Para eso tendrás que soltar primero esa espantosa victrola. (*Ambos dejan sus respectivas cargas en el suelo.*) ¿Y?...

ÉL: Bueno, estaba pensando que a lo mejor no era tan difícil...

ELLA: ¿Qué?

ÉL: Todo.

ELLA: ¿Qué quieres decir?

ÉL: Que a lo mejor sólo se trataba de decir una sola palabra. Una palabra bien sencilla que lo explique todo... Una palabra justa en el momento justo...

ELLA: ¿Una palabra?

ÉL: Sí... ¡y voy a decírtela!

ELLA (*sincera*): ¡Sí, dilo, por favor! (*Se juntan al medio del escenario bajo el único foco cenital. Sus manos están a punto de tocarse.*)

ÉL: Bueno..., yo... (*Se apaga el foco cenital. Oscuridad completa. Un largo silencio expectante.*)

ELLA (*anhelante*): ¡Dilo, por favor!... Dilo, dilo.

ÉL (*aullando en la oscuridad*): ¡¡Mierda!! ¡Danos un poco de luz! (*Un largo silencio expectante en la más completa oscuridad.*)

ELLA (*en la oscuridad y con una voz susurrante*): Ah, dame la mano. No te veo. Tengo miedo.

ÉL (*con la misma voz*): ¿Dónde estás?

ELLA: Tal vez encendiendo un fósforo.

ÉL: Sí, los cirios de nuestro último velatorio.

ELLA: Se podría intentar... (*Ambos encienden una cerilla y prenden las velas de dos candelabros mortuorios que antes no se habían visto en el escenario, pero que ahora están en el suelo. El escenario desnudo se ve a la débil y parpadeante luz de los cirios. ELLA toma el arpa que se había visto durante la obra en un rincón y ÉL un largo tejido inconcluso. Con él en las manos se sienta en la mecedora. ELLA empieza a tocar el arpa. Interpreta el «leit motiv» de la obra el sugerente y reiterativo tema del tiovivo del parque de*

atracciones. ÉL, *sin pizca de inhibición ni de burla, se pone a tejer,*
meciéndose. Ambos sonríen beatíficamente. ELLA, *sin dejar de tocar*
el arpa.) ¡El día ha sido maravilloso!

ÉL: Sí, pero ya no queda nada de nuestro parque de atracciones.

ELLA: Solamente hasta mañana en que inventaremos otro.

ÉL: Cada día es una maravillosa caja de sorpresas con premios,
un largo túnel del amor.

ELLA: En realidad..., ¿cómo podemos sobrevivir?

ÉL: ¿A qué?

ELLA: A este cariño tremendo.

ÉL: ¡Somos fuertes!

ELLA: ¡Invulnerables!

ÉL: ¡Inseparables!

ELLA: ¡Intolerables!

ÉL: ¡In-to-le-ra-bles!...

AMBOS: ¡In-to-le-ra-bles!

(*Las cortinas se cierran mientras* ÉL *sigue tejiendo y meciéndose*
y ELLA *sigue tocando el arpa.*)

FIN DE LA OBRA

A. CUESTIONARIO

1. ¿Cuál es el lamento de Ella? *está cansada de ser feminina*
2. Describa la relación entre Él y Ella. *¿*
3. Señale algunas técnicas teatrales que se usan en la obra.
4. ¿Cuáles elementos e instituciones de la sociedad contemporánea critica el autor en la obra?
5. Los elementos sorpresivos o contradictorios que confunden la lógica cotidiana son elementos del absurdo. Señale unos ejemplos del teatro del absurdo en *El cepillo de dientes*.
6. ¿A qué frase bíblica alude Díaz en esta línea: «¡Polvo somos y en sopa en polvo nos convertiremos!. . .»?
7. ¿A qué se refiere Él en este comentario: «Es el colmo que mi único objeto personal, el refugio de mi individualidad, también haya desaparecido.»
8. ¿Qué utiliza Ella para limpiar los zapatos? ¿Qué trata de usar primero?
9. ¿Qué significado tiene la posición de la escenografía en el segundo acto?
10. Describa a la criada Antona físicamente y como personaje.
11. ¿Qué sabe Antona del amor?
12. ¿Qué representa el gesto de Él de «comer el diario»?
13. ¿Quién es «Lucho solo»? ¿Quién es «Esperanzada»?

B. TEMAS DE DISCUSIÓN Y COMPOSICIÓN

1. ¿Qué comentario sobre el matrimonio contemporáneo hace *El cepillo de dientes?*
2. ¿Qué implica la obra sobre las relaciones entre la mujer y el hombre?
3. Qué sugiere la obra sobre la naturaleza de la realidad y la fantasía?
4. Interprete el desenlace de la pieza, incorporando comentarios sobre los siguientes elementos: la oscuridad, el arpa, el tejido y la última palabra de la pieza, «Intolerables».

C. EJERCICIO

Llene los espacios en cada frase usando por *o* para.

1. Me dijo que hablara en voz alta _____ las mañanas, que eso era bueno _____ la salud.
2. Pero los colchones, no permitiré que los vendan _____ ningún precio.
3. Cuando caminamos del brazo _____ la calle te miro de reojo.
4. Tú eres _____ mí mucho más importante que el colesterol.
5. _____ el momento no puedo contestarle nada.
6. Tengo la impresión de que nos complementaremos _____ siempre.
7. Hazlo _____ mí, nena.
8. Eso no es malo _____ la presión y _____ los nervios.
9. Todos tenemos que pasar _____ esto tarde o temprano.
10. Pero tienes tiempo todavía _____ escoger entre tanta sinvergüenza suelta que anda _____ ahí.
11. No creo que sea posible casarme con Ud. _____ el momento.
12. Le saqué una cadenita de oro sólo _____ tenerle un recuerdo.

D. EJERCICIO

Escriba la definición de las siguientes palabras en inglés y desarrolle cada palabra en una oración en español.

1. atroz	4. patético	6. vacilante
2. candoroso	5. terco	7. juerga
3. ingenuo		

ENRIQUE SOLARI SWAYNE

COLLACOCHA

Drama en tres actos

NOTA PRELIMINAR

Nace Solari Swayne en Miraflores, suburbio de Lima, Perú, en 1915. Durante su juventud recorre varios países europeos, en especial España y Alemania donde cursa sus estudios de medicina y psicología. Actualmente reside en Perú y es profesor de la Universidad Nacional de San Marcos. A pesar de su escasa producción, las características especiales de su teatro lo han colocado a la cabeza del teatro peruano contemporáneo.

Poeta y novelista, es autor de tres obras dramáticas: *Collacocha* (1955), *Pompas Fúnebres* (sin estrenar) y *La mazorca*.

Collacocha, estrenado en Perú, ha sido representado en casi todo el continente americano y en varios países europeos. Los críticos recibieron esta obra con entusiasmo, no sólo por considerarla una pieza de indiscutible valor literario sino también por su significado en el panorama general del Teatro Latinoamericano.

El amor del ser por su tierra, por verla florecer, crecer y por hallar el justo nivel de armonía entre la naturaleza que le rodea y su visión del mundo, constituyen los temas centrales de una obra escrita con sobriedad y con extraordinario sentido dramático.

DEDICATORIA

Dedico esta obra, en general, a todos los que están empeñados, generosa, sana y vigorosamente, en forjar un Perú más justo y más feliz. En forma especial, la dedico a todos aquellos que están empeñados en la habilitación de nuestro suelo como morada del hombre. Porque, quizás, ellos también podrían decir, con el protagonista de la obra: «Estamos combatiendo la miseria humana y estamos construyendo la felicidad de los hombres del futuro».

EL AUTOR

Huaraz, abril de 1955

PERSONAJES

EL ESCENARIO   El escenario, que es igual para los tres actos, está constituido en la siguiente forma (desde la perspectiva de los actores): A la izquierda, una tosca cabaña de troncos, con techo de calamina. La pared izquierda es de roca y presenta una gran abertura (es la ventana del abismo). A la derecha, una puerta que da hacia el socavón. A la derecha del escenario, un socavón que termina en uno o dos grandes arcos de roca. Se sobrentiende que este socavón se comunica con el túnel.

En la cabaña se encuentran dos escritorios y aparatos de ingeniería (mesa de dibujo, reglas T, teodolitos, etc.). En la pared del fondo de la cabaña se ve un gran plano de la región.

En las otras paredes debe haber dos clavos, para colgar un manojo de llaves y un rollo de mecha. El mapa debe estar colgado de tal forma que caiga al suelo al producirse el último temblor de tierra. Al lado derecho de la puerta de la cabaña, llave de luz.

VESTUARIO   Ropa de campo para ingenieros: *slacks*, botas de media pierna, cascos. El vestuario debe corresponder a una región muy fría (bufandas, guantes). La ropa de Fernández debe ser elegante (casco y botas nuevas, casaca de piel).

LOS TEMBLORES   Los temblores deben ser de distinta intensidad. Los primeros son relativamente débiles y el último muy fuerte. Los temblores tienen todos su ritmo creciente. La mejor manera de lograrlos es golpeando rápidamente con los puños las puertas de ingreso al escenario; a falta de ellas,

208

grandes cajones vacíos, que produzcan un ruido sordo y lejano. En el momento culminante del temblor debe remecerse también la cabaña. Al producirse los dos últimos temblores debe titilar la luz de la cabaña. Igualmente, en ambos, pero más en el último, deben arrojarse pequeñas piedras sobre el techo de calamina de la cabaña.

INTERMEDIO   Entre los actos I y II debe concederse al público una pausa de cinco minutos; entre los actos II y III, una pausa de quince minutos.

LOS PERSONAJES   ECHECOPAR es un hombre sumamente varonil, casi rudo, desaliñado. Su habla es pausada y enérgica. Cuando se encoleriza es cortante y casi desmedido. También debe ser unas veces tierno, otras socarrón. En el acto III, todo su ser está tocado por un halo profético. En la última escena, su voz es absolutamente serena, íntima y transfiguradamente feliz. FERNÁNDEZ es un muchacho muy bien educado, tranquilo, varonil, bondadoso y aristocrático. BENTÍN es inteligente y nervioso, posee cierta tendencia declamatoria y no es muy atinado en sus expresiones. SOTO es serio y natural. DÍAZ, frívolo, inconsistente. Conviene, aunque no es indispensable, que ECHECOPAR y BENTÍN sean mestizos; DÍAZ y FERNÁNDEZ, blancos. Edad: ECHECOPAR y SOTO, entre cuarenta y cinco y cincuenta; FERNÁNDEZ y BENTÍN, entre veinticinco y treinta; DÍAZ y SÁNCHEZ, entre veintidós y veinticinco.

NOTA   En la entrada al teatro, conviene poner un cartel dando a conocer al público que durante la pieza se simulan temblores de tierra. Puede también avisarse que si, por extraña casualidad, se produjera durante la representación un verdadero movimiento sísmico, el público será avisado expresamente.*

DEDICATORIA   Donde se impriman programas, debe anotarse, en la carátula de éste, la dedicatoria que aparece en la primera página.**

---

*Esta nota, naturalmente, se destina al público peruano, dado que temblores de tierra se producen con frecuencia en el Perú. (*N. del E.*)
**Página 207 de esta edición. (*N. del E.*)

Acto Primero

(*El ingeniero* DÍAZ *trabaja en el escritorio de la izquierda. Se interrumpe para consultar el reloj. Da muestras de aburrimiento. Vuelve a trabajar. Se oye acercarse el ruido de un autocarril que, un momento después, se detiene muy cerca de la barraca. Llaman a la puerta.* DÍAZ *se levanta y se dispone a abrir. Pero antes que lo haya hecho, la puerta se abre e ingresa el ingeniero* FERNÁNDEZ. *Este lleva botas y casco nuevos y elegante* slack *con casaca de piel. Pendiente del cuello, lleva un estuche de binoculares.*)

DÍAZ: ¡Adelante, adelante! Me imagino que es usted el ingeniero Fernández.

FERNÁNDEZ: Exactamente. ¿Con quién tengo el gusto...?

DÍAZ: Díaz, encantado. (*Se estrechan las manos.*)

FERNÁNDEZ: Creo que es a usted a quien vengo a reemplazar...

DÍAZ: Sí, ¡a Dios gracias! Dentro de pocos meses también usted soñará todas las noches con el reemplazo.

FERNÁNDEZ: Quizá no sea así...

DÍAZ: No se haga usted ilusiones. ¡Esto es el infierno!

FERNÁNDEZ: En Lima me lo han explicado con toda claridad.

DÍAZ: ¿Y a pesar de eso se vino? ¡Si yo lo hubiera sabido! (*Riendo.*) Para mí que viene usted huyendo de la Policía... o de alguna mujer.

FERNÁNDEZ: No vengo huyendo de nadie. Más bien vengo buscándome a mí mismo.

DÍAZ: Pues aquí se va a encontrar a sí mismo hora a hora, minuto a minuto, de día y de noche, hasta que se harte y se largue, como yo. ¡Abandonar la ciudad para meterse en un túnel húmedo y helado!

FERNÁNDEZ (*encogiéndose de hombros*): Me interesa hacerme hombre. Pero ¡qué frío de los demonios hace aquí! (*Cierra la puerta.*)

DÍAZ: Como que estamos sepultados en el centro mismo de

210

los Andes. Y eso que hoy es un día de calor. ¿Se toma un trago? (*Saca del bolsillo una licorera.*) Es *whisky* puro.

FERNÁNDEZ (*bebe y devuelve la botella*): Gracias.

DÍAZ (*bebe*): Sin esto no se puede vivir a cinco mil metros de altura. Pero sentémonos. No debe tardar en venir Echecopar. (*Se sientan.*)

FERNÁNDEZ: En el campamento me dijeron que lo encontraría aquí.

DÍAZ: Debe de haber ido a la central tres, o donde Soto, a la laguna.

FERNÁNDEZ: ¿Qué es eso de las centrales? No entiendo nada.

DÍAZ: Es bastante fácil. Nosotros estamos aquí, en la central dos, que queda exactamente en el centro de este túnel, que es el túnel uno.

FERNÁNDEZ: Eso lo sabía ya.

DÍAZ: Bien. Si sale usted de aquí, hacia la derecha, por donde ha venido, pasa primero por la central uno, que está casi a la salida del túnel. Después sale usted del túnel y pasa por el campamento, ¿no? Luego viene el valle, los pueblos...

FERNÁNDEZ: Sí, todo eso lo recuerdo.

DÍAZ: Bueno; si usted sale de aquí, de donde estamos, y va hacia la izquierda, más o menos a un kilómetro y poco antes que acabe el túnel, llega a la central tres.

FERNÁNDEZ: Y saliendo del túnel, ¿adónde se llega?

DÍAZ: El túnel acaba en una pequeña quebrada. El camino sigue unos trescientos metros por la falda del cerro y entra en otro túnel. Después viene una serie interminable de túneles y puentes, y más túneles y quebradas y puentes. El túnel dos es el más largo: tiene cosa de cuatro kilómetros.

FERNÁNDEZ: ¡Es una obra formidable!

DÍAZ: ¡Extraordinaria! Pero quiero acabar de explicarle. El túnel uno y el túnel dos están, pues, separados por una pequeña quebrada, completamente cerrada y bastante alta. Arriba de esa quebrada, y un tanto lejos del camino, hay una laguna: es la laguna Collacocha. Y en la quebrada, pero al otro lado de la laguna y encima de un pequeño cerro, está la central cuatro, o central de Collacocha. Naturalmente, los otros túneles y el campamento tienen también sus centrales.

FERNÁNDEZ: Ahora entiendo perfectamente.

DÍAZ: Orientarse aquí es muy sencillo. De todos modos, dentro de poco tiempo estará usted tan harto de todo esto como lo estoy yo ahora.

FERNÁNDEZ: Quién sabe si eso dependa del carácter de cada uno. Por ejemplo, el ingeniero Echecopar creo que está ya hace mucho tiempo aquí...

DÍAZ: Algo así como ocho años. Siete, mejor dicho, porque un año estuvo afuera. Vino una Comisión de Lima y tuvieron un pleito, espantoso. (*Confidencial*): Imagínese que Echecopar, en una asamblea delante de todos los obreros, llamó a los de la Comisión «una banda de ociosos y desalmados». Un año después, los trabajos iban tan mal que tuvieron que llamarlo de nuevo. Y aquí lo tiene usted tan campante y feliz como siempre. Cuanto más pasa el tiempo, tanto menos lo comprendo: ¡imagínese, ser feliz en este infierno!

FERNÁNDEZ: Quizá no sea tan difícil...

DÍAZ: Mire usted. (*Se levanta y apaga la luz. La barraca queda en la penumbra. Tan sólo una luz pálida penetra por la ventana del abismo.*) ¿Ve usted? Una penumbra húmeda, un silencio helado y sucio, eso es todo. Pues bien: estamos en la hora más alegre del más radiante día primaveral. Aquí, este es un clima de golondrinas, de brisas perfumadas. ¡Es el climax del embrujo bucólico!

FERNÁNDEZ: ¡Caramba!...

DÍAZ: ¡Asómese usted a la ventana!

FERNÁNDEZ (*después de haberse asomado*): ¡Qué horror! Da vértigos...

DÍAZ: Aguarde. ¿Ve esas florecitas rojas que crecen en la ventana? Son exactamente seis. Cuéntelas, si quiere. Es el vergel bíblico del ingeniero Echecopar. Para él, esa es la eclosión botánica más jubilosa de la Naturaleza.

FERNÁNDEZ (*arrancando una flor*): ¡Qué hombre extraño!

VOZ DE ECHECOPAR (*de lejos y con eco, grita*): ¡Echecopaaaaaaaaaaaar...!

FERNÁNDEZ: ¿Qué ha sido eso?

DÍAZ: Es Echecopar mismo, que está viniendo. Él no usa autocarriles. Va a pie por el túnel, jugando con el eco. Se llama a sí mismo y se ríe a carcajadas. Llegará dentro de cinco minutos.

VOZ DE ECHECOPAR (*ríe*): ¡Ja, ja, ja, ja, jaaaaaaaa...!

DÍAZ: ¿Lo oye? Todos los días es igual: sus gritos, sus risas, sus saludos. En este mismo momento está ocurriendo a medio kilómetro de aquí: el túnel, la oscuridad, los pasos que retumban, los obreros con sus linternas. (*La escena se oscurece. Lo que sigue ocurre en la boca del escenario. Por ambos lados, silbando o ha-*

blando en voz baja, circulan obreros aislados o en grupos, todos
con linterna de mano, lamparinas, etc.)

VOZ DE ECHECOPAR (*muy cerca*): ¡Echecopaaaaaaaar...! (*Un*
grupo de OBREROS *aparece por la derecha y se detiene.*)

OBRERO 1.° (*a los demás*): ¡El ingeniero Echecopar!

ECHECOPAR (*aparece por la izquierda y se detiene. Teatral-*
mente): ¡Salud, hijos de la noche y el silencio, primos del frío
y del abismo, hermanos del cóndor y del viejo Echecopar!

TODOS: Buenos días, patrón, buenos días...

ECHECOPAR: Pero, ¿es de día?

OBRERO 1.° (*desconcertado, a los otros* OBREROS): ¿Es de día...?

ECHECOPAR: ¿O es de noche...?

OBRERO 2.° (*a los otros* OBREROS): ¿Es de noche?

OBRERO 3.°: No es de día ni de noche. (*Todos ríen.*)

ECHECOPAR: No es de día ni de noche: ¡es de túnel! (*Risas.*)

OBRERO 4.°: ¡El patrón, siempre de broma!

OBRERO 1.°: Hoy hace mucho frío en el túnel, patroncito...

ECHECOPAR: ¿Mucho frío?

TODOS: Mucho frío, mucho frío...

OBRERO 1.°: Pero no importa, patrón. Cuando le oímos a
usted entrar gritando en el túnel, nos olvidamos del frío y nos
ponemos alegres.

ECHECOPAR: ¡Ajá! He hecho preparar en el tambo un espléndido café para los que han trabajado de noche.

TODOS (*alegres*): ¿Hay café?

ECHECOPAR: Y lo habrá siempre para los formidables trabajadores de Collacocha.

OBRERO 2.°: Vamos, entonces.

TODOS: Vamos, vamos... (*Avanzan hacia el extremo de la*
izquierda, mientras ECHECOPAR *cruza hacia la derecha.*)

ECHECOPAR (*deteniéndose y avanzando hacia ellos*): ¡Ruperto!
(*Los* OBREROS *se detienen.*) ¿Cuánto se ha avanzado esta noche
en el asfalto del túnel dos?

OBRERO 1.°: Serán unos treinta metros, pues, patrón...

ECHECOPAR: ¡Formidable! ¡Treinta metros más cerca de todos
los que nos aguardan! ¡Hasta más tarde, entonces!

TODOS: Adiós, patrón, adiós... (*Salen por la izquierda.*)

ECHECOPAR: ¡Adiós, hijos del abismo y la tiniebla, hermanos
del silencio y del viejo Echecopar! (*Dos sombras de* OBREROS
cruzan de izquierda a derecha.)

LOS DOS: ¡Buenos días, patrón!

ECHECOPAR: ¡Ah! Roque y Mateo, buenos días. (*Las dos sombras desaparecen por la derecha. Otra sombra cruza de derecha a izquierda.*)

SOMBRA: Buenas noches, patrón...

ECHECOPAR: Buenas noches, Pedro... ¿Y cómo va la mujer?

SOMBRA: ¿La mujer? ¡Ya parió ayer en la tarde! ¿Serás padrino, pues, patrón?

ECHECOPAR: El bautismo, para el sábado al mediodía. Yo llevo el pisco.

SOMBRA: Muchas gracias, patrón. Buenas noches. (*Sale por la izquierda.*)

ECHECOPAR: ¡Buenos días! ¡Buenas noches! ¡Buenos túneles! Coman bien, duerman bien, tengan hijos, trabajen duro: métanle el hombro al Ande. ¡Millones de hectáreas de tierra nueva nos aguardan! ¡Buenos días, mar Pacífico! Buenos días, selva virgen! ¡Buenas noches, Roque y Mateo, Pedro y tu hijo! (*Alejándose por la derecha*): ¡Buenos días, túnel! ¡Puna, buenas noches! ¡Buenos túneles, hombres del futuro! (*Desaparece por la derecha. La escena se ilumina y aparece la barraca tal como estaba antes.*)

DÍAZ (*encendiendo la luz*): Vaya usted preparándose. ¿Sabe lo que hizo conmigo el día de mi llegada?

FERNÁNDEZ: ¿Qué hizo?

DÍAZ: Me dijo: «Oye, monigote: toma una silla y anda a sentarte al túnel». Le pregunté qué debería hacer allí, y me respondió: «Nada. Absolutamente nada. Pones la silla en el suelo, te sientas y te quedas sentado. Así comenzarás a conocer tres cosas fundamentales: el silencio, el frío y la oscuridad. Son los tres elementos que te rodearán constantemente. Conócelos, aprende a dialogar con ellos, arráncales sus secretos, porque para individuos como tú en el país hay sólo dos caminos: o te enfrentas a los elementos, que en nuestro país son hijos de la cólera de Dios, o te vas a Lima, a adular a los potentados, a ver si les caes en gracia y te hacen rico».

FERNÁNDEZ: Curioso personaje... Pero no le falta algo de razón.

DÍAZ: Y también me dijo: «Si quieres enfrentarte a los elementos, aprende antes a estar solo. En nuestro maldito país sólo llega a ser fuerte el que sabe estar solo y puede prescindir de los demás».

FERNÁNDEZ: Yo no le negaría toda la razón...

DÍAZ: Echecopar tiene la manía de los hombres fuertes que necesita el país; se ríe de todo lo demás. Hablando del Perú y de los peruanos, es implacable. Aunque sospecho que, en el fondo, es un gran patriota. A veces se emborracha con los indios y se queda a dormir en sus chozas. ¡No comprendo cómo puede soportar la pestilencia! Pero él dice que el único hedor que no resiste es el de la adulación y la maledicencia. (*Se oyen acercarse los pasos de* ECHECOPAR.) Y no se vaya a molestar cuando le diga que usted es también uno de la «pandilla de tirifilos» o del «rebaño de monigotes» o de la «banda de ladrones». Pero aquí está ya. (*Se sienta rápidamente en su escritorio y hace como si trabajara.* ECHECOPAR *entra y, sin reparar en nadie, va a sentarse a su escritorio. Retira unos papeles, enciende un cigarrillo y se dispone a trabajar.*) Ingeniero: le presento al ingeniero Fernández, que viene a reemplazarme.

ECHECOPAR (*sin levantar la vista*): ¡Ajá!

FERNÁNDEZ (*acercándosele y de mala gana, en vista del frío recibimiento*): Buenos días. (ECHECOPAR *se levanta y va a ponerse delante de* FERNÁNDEZ, *ríe, cada vez más fuerte, hasta estallar en una carcajada.*) Oiga: ¿me puede usted decir de qué se ríe?

(ECHECOPAR *trata de coger los prismáticos, pero* FERNÁNDEZ *le aparta la mano con energía.*)

ECHECOPAR (*súbitamente colérico*): ¿Pero se han creído en Lima que aquí vamos a filmar películas para Hollywood? ¿Para qué demonios me mandan a mí monigotes disfrazados de ingenieros?

FERNÁNDEZ (*cortante*): Yo no soy monigote, ¿entendido?

ECHECOPAR (*a quien ha gustado la dureza de* FERNÁNDEZ, *entre burlón y conciliador*): ¡No se indigne, hombre, no se indigne! Pronto reconocerá usted mismo que es una de las figuras más ridículas que han entrado en este túnel, con excepción, naturalmente, de Díaz y de don Alberto Quiñones, nuestro presidente del Directorio.

DÍAZ (*tratando de ser gracioso*): El ingeniero Echecopar es un hombre original, ¿no se lo dije? Hay que ser tolerante con él...

ECHECOPAR: ¡Tú cállate! (*A* FERNÁNDEZ): ¿Qué pensaría usted de mí, ingeniero Fernández, si me viera en un baile, en Lima, con la indumentaria que llevo ahora? Lo mismo... (*Se interrumpe, reparando en la flor que* FERNÁNDEZ *tiene en la mano. Va hacia la ventana, cuenta las flores y se vuelve colérico.*) Señor Fernández: aquí, como en cualquier parte, uno puede ser todo lo imbécil que quiera, siempre que eso no le haga mal a nadie. Mi imbecilidad consiste en querer a las flores que crecen en mi ventana...

FERNÁNDEZ (*cortado*): Yo no podía saber que hacía mal arrancando una...

ECHECOPAR: Pues ahora lo sabe. Y le prohibo terminantemente que las toque. (*Pausa incómoda.*) Mire, Fernández: aunque usted no lo crea, me es simpático. Por lo menos más simpático que Díaz. Voy a preocuparme por hacer de usted un ingeniero de verdad, un hombre fuerte. ¿Por qué se ha disfrazado de ingeniero para venir aquí? ¿A qué vienen esos prismáticos en medio de las tinieblas? Démelos. (FERNÁNDEZ *se los entrega y* ECHECOPAR *los coloca sobre su escritorio.*) ¿Cree que va a ver mujeres desnudas al otro lado del precipicio? Aquí usted me ve a mí y a Díaz, y yo y Díaz le vemos a usted. También están Soto, Bentín, Sánchez, Roberto y los cuatrocientos indios trabajadores. Usted los ve a ellos y ellos le ven a usted. Nada más. Nada nuevo. Nunca otra cara. ¿Se afeita usted con espejo? (FERNÁNDEZ *asiente con la cabeza.*) Entonces, se verá de vez en cuando a sí mismo. ¿Le parece terrible? Pues no lo es, se lo aseguro; un hombre puede soportar todo.

FERNÁNDEZ: ¿Me he quejado, acaso?

ECHECOPAR: No. (*Pausa.*) Bueno, Fernández, desde hoy reemplaza usted a Díaz. ¿Quiere iniciarse con una tarea un tanto curiosa?

FERNÁNDEZ: Inmediatamente.

DÍAZ: Pero creo que ya es la hora del desayuno.

ECHECOPAR: Aquí no hay hora del desayuno. Fernández, saliendo de aquí, a la derecha, a unos quinientos metros, hay una puerta blanca con una cruz negra pintada encima. Es nuestro almacén de explosivos. Quiero que me traiga en un autocarril diez cajas de cartuchos. Esta es la llave. (*Coge la llave de la pared y se la entrega.*)

DÍAZ (*asustado*): ¡Qué! ¿Piensa usted volar el túnel?

ECHECOPAR: ¡Cállate! (*A* FERNÁNDEZ): ¿De acuerdo, entonces?

FERNÁNDEZ: Claro que sí.

ECHECOPAR: Así me gusta, muchacho. (FERNÁNDEZ *va a salir.*) Haga todo con cuidado. Encienda también las luces posteriores del autocarril, porque el tren con el relevo está por llegar.

FERNÁNDEZ: Perfectamente. (*Desaparece hacia el túnel.*)

ECHECOPAR (*desde la puerta*): Al regresar, ponga su autocarril en el desvío de la derecha con las luces rojas encendidas...

FERNÁNDEZ (*desde afuera*): Así lo haré. (*Se oye el encendido del motor de un autocarril.* FERNÁNDEZ *aparece nuevamente en la puerta.*) Si lo hace para probarme, sepa que usted no es aquí el único valiente.

(*Sale. Se oye alejarse el autocarril.*)

DÍAZ: No teme usted que...

ECHECOPAR: Tú cállate y aprende de Fernández a no tener miedo. (*Llamando por el dictáfono*): ¡Aló, aló, central del campamento!

ROBERTO (*por el dictáfono*): Central del campamento...

ECHECOPAR: Roberto: que parta el tren con los relevos.

ROBERTO: Muy bien, ingeniero.

ECHECOPAR (*al dictáfono*): ¡Aló, aló, central uno...!

SANTIAGO (*por el dictáfono*): Central uno.

ECHECOPAR: Santiago, dentro de unos minutos va a pasar el tren con los relevos. Avisa al maquinista que hay un autocarril cargando explosivos.

SANTIAGO: Muy bien, ingeniero.

ECHECOPAR (*al dictáfono*): ¡Aló, aló, central tres! (*Aguarda.*) ¡Central tres, aló! (*Aguarda.*) ¡Aló!... No hay nadie. Sánchez podría ser un magnífico ministro. Jamás se le encuentra. ¡Aló, central tres!...

DÍAZ: ¿Nadie?

ECHECOPAR: Nadie. No trabajan para rendir, para ser útiles. Trabajan para tragar. *Swallow*

DÍAZ: Quizá tengan razón. Confieso que a mí me pasa algo semejante. ¿A usted no?

ECHECOPAR: No. Yo trabajo para no morirme de hambre, y también para ser útil. Tengo algunas ideas al respecto, pero de nada serviría exponértelas a ti. ¡Aló, aló, central tres! ¡Central tres! ¡Nada! Y también trabajo para que mi mujer eduque a sus hijitas en el mismo colegio que las de las señoronas. Si no, se mue--- .. ¡Aló, central tres!

SÁNCHEZ (*por el dictáfono*): Si, central tres...

ECHECOPAR: ¿Sánchez?

SÁNCHEZ: Diga, ingeniero... *ready patrols*

ECHECOPAR: Que se alisten las patrullas. El tren con el relevo llega en diez minutos.

SÁNCHEZ: Muy bien, ingeniero.

ECHECOPAR: Sánchez, si la próxima vez no contestas inmediatamente, te largo. *release*

SÁNCHEZ: Ingeniero, es que estaba viendo una perforadora que...

ECHECOPAR (*interrumpiéndolo*): ¡Nada! Te pago para que atiendas al teléfono. (DÍAZ *se asoma a la ventana.*) ¡Aló, aló, central de Collacocha!

AYUDANTE (*por el dictáfono*): Central de Collacocha.

ECHECOPAR: Llámame al ingeniero Soto.

AYUDANTE: Ha salido, ingeniero.

ECHECOPAR: ¿Sabes adónde ha ido?

AYUDANTE: A la laguna no ha subido, ingeniero, porque estuvo allí hace un rato. Debe de estar en camino al campamento.

ECHECOPAR: Ya.

DÍAZ (*desde la ventana*): Arriba, una tirita de cinta azul: el cielo. Abajo, una tenue serpentina blanca: el río. Y en medio, dos paredes de piedra de mil quinientos metros de altura, separadas por unos palmos... (*A* ECHECOPAR): ¿Puede usted vivir así?

ECHECOPAR (*trabajando*): Sí.

DÍAZ: ¿Puede usted ser feliz metido en una barraca que, por un lado, da a un túnel y por el otro a un precipicio?

ECHECOPAR (*sin levantar la vista*): ¿Por qué no? ¿No lo son otros metidos en una oficina o en un club?

DÍAZ: ¿Pero no extraña usted nunca la ciudad, la gente bien vestida, las mujeres, las flores?

ECHECOPAR (*riendo*): ¡Oh, no, no, no! Hace tres años que fui por última vez y aún no siento los menores deseos de regresar.

DÍAZ: Yo me vuelvo loco de alegría al pensar que dentro de tres días estaré allá.

ECHECOPAR: Mira, yo no lo oculto: mi mujer y mis hijas son envidiosas y necias, como muchas. Creen que la situación del mundo se va a arreglar organizando fiestas para dar a los pobres por caridad lo que merecen por derecho. Mi hermano es un adulón que no pierde un besamanos en Palacio. Además, es uno de esos tipos que se sonríen distinto, según la persona a que saludan. Es débil con los fuertes y fuerte con los débiles, al revés de lo que debe ser. Y mi hijo, que es periodista y poeta, cree que en el Perú vale más participar poéticamente en el dolor universal que taladrar montañas y salvar abismos. Naturalmente, me cree un animal. No sabe que si nuestro país estuviera un año en manos de cretinos como él, nos olvidaríamos hasta de cómo se enciende el fuego. ¿Para qué, pues..., para qué? (*Ruido de autocarril que se acerca.*) ¡Ah, ese debe de ser Soto!

DÍAZ: Es usted un hombre original.

ECHECOPAR: Si crees que es originalidad preferir el olor de

los indios a la pestilencia de la molicie y la indignidad... (*Ruido y pito de tren.*) Ya llegan los relevos.

DÍAZ: Bentín llega ahora con las patrullas de relevo. ¿Piensa usted hablar con él sobre la reunión sindical de esta tarde?

ECHECOPAR (*cortante*): Yo no trato con Bentín. Si quieren entenderse conmigo, que me manden a Rojas. Rojas es revolucionario porque ama a los de abajo; Bentín, porque odia a los de arriba. Él también incurre en el pecado nacional de no amar a nadie. Porque tú sabes que aquí nos odiamos y nos despreciamos entre blancos, indios, cholos, negros, zambos, ricos, pobres, cultos y analfabetos. No es un mal muchacho, pero me hartan sus discursos.

DÍAZ: ¿Puedo irme a desayunar?

ECHECOPAR: Anda. Y di que al mediodía manden en un autocarril almuerzo para mí y para Fernández.

(*El autocarril se detiene. Entra* SOTO.)

SOTO: ¿Se van ustedes?

ECHECOPAR: No. Yo voy a quedarme aquí todo el día.

DÍAZ: Yo tengo un hambre canina. (*A* ECHECOPAR): ¿Puedo irme, ingeniero?

ECHECOPAR: Vete.

DÍAZ: Hasta la tarde, señores.

SOTO: Hasta luego, Díaz. (*DÍAZ sale. Se oye alejarse su autocarril. Vehemente*) Echecopar: ¡algo importantísimo!

ECHECOPAR: ¿Qué pasa, Soto?

SOTO: Echecopar: ¡la muerte está rondando en Collacocha!

ECHECOPAR: ¿Y por qué no me la trajiste? Hace tiempo que tengo curiosidad de conocerla.

SOTO: No es para bromear. Hace media hora que he bajado de la laguna. Echecopar: ¡en seis horas, el nivel del agua ha bajado sesenta centímetros!

ECHECOPAR (*alarmadísimo*): ¿Qué?

SOTO: Sesenta centímetros, ¿comprendes? Son miles de metros cúbicos...

ECHECOPAR (*interrumpiendo*): ¿Sesenta centímetros?

SOTO: Son miles de metros cúbicos de agua que han desaparecido, Echecopar...

ECHECOPAR (*reponiéndose*): Bueno, viejo, ¿no sabes que esas cosas suelen ocurrir? ¿No es así, acaso, nuestro país? Hay una laguna: un cerro la aplasta. Luego, un río se lleva al cerro y, finalmente, vuelve a salir la laguna un par de kilómetros más allá.

SOTO: Echecopar, te suplico...

ECHECOPAR: Y el hombre que quiera dominar esta Naturaleza tiene que ser fuerte, como ella.

SOTO: Echecopar, por Dios, ¿no te das cuenta?

ECHECOPAR: Nada, hombre, tú te asustas de todo. Los últimos días han estado cayendo grandes bloques de hielo de los nevados; ha aumentado enormemente la presión del agua, se han abierto grietas en el fondo y ha habido grandes filtraciones. Eso es todo. ¿No es natural?

SOTO: Comprendo..., comprendo... Pero, Echecopar, por Dios, ¿adónde irán a salir esas grietas?

ECHECOPAR: ¿Pero te crees que yo soy Papalindo para saberlo todo?

SOTO: ¿Y si las grietas van a salir a la quebrada, o al túnel?

ECHECOPAR (*levantándose*): ¡Imposible, Soto! Olvidas lo que nos han dicho los geólogos: trabajamos en un gigantesco macizo de millones y millones de toneladas. Los mares de todos los planetas no podrían moverlo.

SOTO: Echecopar, te ruego que me respondas con la mayor seriedad: ¿sabes exactamente lo que estás diciendo?

ECHECOPAR: ¿Y cuándo digo yo lo que no sé? ¡Niñerías, Soto, niñerías! Estás solo allí arriba y tienes miedo, eso es todo. Ahora que, tratándose de este país, yo nunca respondo de nada. (*Ríe.*) Tú sabes que toda la fuerza y la pujanza que le faltan aquí al hombre las tiene, con creces, la Naturaleza salvaje, contra la que tú y yo luchamos.

SOTO: Entonces, ¿no crees que sea necesario tomar precauciones?

ECHECOPAR: ¿Y qué precauciones quieres que tome?

SOTO: Que no se trabaje hasta que se normalice el nivel de la laguna.

ECHECOPAR: ¡De ningún modo! El año pasado, en las tres ocasiones en que ocurrió algo parecido, me hiciste paralizar el trabajo para nada. No se puede hacer esperar a la civilización tan sólo porque un hombre tiene miedo.

SOTO: Es que algún día puede ocurrir una catástrofe. ¿Te imaginas si la laguna se viene por el túnel? ¿Puedes imaginarte lo que pasaría?

ECHECOPAR: En alguna forma hay que reventar, Soto. No podemos contar con algo que lo mismo puede ocurrir hoy como dentro de cien o de mil años, o nunca. Además, ¿qué quieres que haga? ¿Pretendes domar una cordillera con cintitas celestes?

Yo, por mi parte, estoy dispuesto a asfaltar esta carretera con mis huesos y con los de ustedes.

SOTO: Es que no todo está en nuestras manos...

ECHECOPAR: No; todo, no. Pero portarnos como hombres de verdad, eso siempre está en nuestras manos. Lo que pasa es que, como todos, tú ves en nuestra obra tan sólo una inversión, un negocio, que ni siquiera es tuyo. Pero nuestra obra es más que eso. Estamos combatiendo la miseria humana y estamos construyendo la felicidad de los hombres del futuro.

SOTO: Echecopar, ¡son sesenta centímetros!

ECHECOPAR: Somos un país demasiado salvaje como para darnos el lujo de hacer esperar al progreso y a la civilización. ¿No han comenzado, acaso, las lluvias? ¿No sabes que si no defendemos algunos puntos, un par de huaycos destruye en media hora lo que hemos hecho en dos años?

SOTO: Como quieras, viejo; pero la muerte ronda en Collacocha.

ECHECOPAR: ¡Pues acuéstate con ella!

SOTO: ¡Eres intolerable!

ECHECOPAR: Nada. Si tienes miedo, lárgate, que ya conseguiré otro. (*Amistoso*): ¿Sabes tú cuántos miles mueren al año porque no hay medicinas ni alimentos? ¿Sabes tú que cada hora que se trabaja aquí significa rescatar a muchos de la muerte y la miseria? Todo esto no puede detenerse porque un señor Soto tiene miedo...

SOTO: ¡Yo no tengo miedo!

(*Se oye el ruido del tren que se detiene y rumor de voces.*)

ECHECOPAR: ¡Lárgate, entonces, a tu laguna! ¿A qué demonios has venido?

SOTO: Adiós, Echecopar. Ojalá tengas razón. (SOTO *sale.*)

ECHECOPAR (*desde la puerta*): Aquí no se trata de quién tiene razón. El que está llevando la felicidad a otros, no puede tenderse a roncar en el camino.

(*Regresa a su escritorio. Mira unos momentos el mapa que está detrás de él. Hace un gesto de despreocupación y se dispone a trabajar. Entra* BENTÍN.)

BENTÍN: Buenos días, ingeniero.

ECHECOPAR: Buenos días, Lenin.

BENTÍN (*sonriendo*): Gracias por la comparación. Lenin fue un gran hombre.

ECHECOPAR: ¿Y yo no soy un gran hombre? Y Pedro Mamani, el brequero, ¿no es un gran hombre? Pedro Mamani come, trabaja, procrea, duerme, anda en harapos, come hambre, duerme en el suelo y goza de la vida. Yo encuentro eso sencillamente formidable.

BENTÍN: Pero Lenin, ingeniero... Piense usted en la situación europea de principios de siglo.

ECHECOPAR: La situación europea... La situación europea,... ¡Qué demonios me importa a mí eso, hombre!

BENTÍN: Es que no se puede pensar como usted, ingeniero. Hay causas universales. ¡Todos somos hermanos!

ECHECOPAR: Lo serás tú, anarquista de carnaval. Yo no, ¿entiendes? Yo soy hermano de Soto y de Sánchez y de Fernández y de los cuatrocientos indios que trabajan aquí y de los Quiñones. De nadie más.

BENTÍN: ¿Y los millones de hombres que sufren en el mundo?

ECHECOPAR: No faltará otro que se preocupe por ellos. Yo soy hermano de los que puedo tocar, de los que puedo reventar o enaltecer. De nadie más. Tú no haces nada por los indios de aquí. ¿De qué les sirve a ellos que seas hermano de los pobres de la India o del Turquestán?

BENTÍN: Es que, además, ingeniero...

ECHECOPAR (cortando): Además no hay sino dos cosas, hombre: los grandes apóstoles, que ni tú ni yo lo somos, y las grandes mentiras y la conversación, y el negocio y el arribismo. ¡Me indignas! ¿Pero piensas tú en la situación del país? ¡Nadie trabaja! ¡Todos conversan! Los directores conversan de mujeres. Los indios conversan de su hambre. Tú conversas de tus hermanos del Turquestán. Y, entretanto, los puentes se tienden solos, los túneles se abren solos. No sé. Debe de ser un milagro de fray Martín...

BENTÍN: Es que yo insisto en que la democracia...

ECHECOPAR (cortante): ¡Qué democracia ni qué veinte mil demonios! Tú no insistes sino en tus mentiras y en tus estupideces. ¿Acaso te he dicho yo que vengas a hablarme de la situación europea? Yo rompo montañas y salvo abismos. ¡Qué cuernos, si tú lo comprendes y lo agradeces... o tus hermanitos de Siberia... o tus primitos de Beluchistán...!

BENTÍN: Bueno... bueno. (Cambiando de tema): Ingeniero, he venido...

ECHECOPAR: ¡No!

BENTÍN: ¿Cómo?

ECHECOPAR: Que no.

BENTÍN: Si todavía no he preguntado nada...

ECHECOPAR: Pero ibas a hacerlo.

BENTÍN: En efecto. He venido, ingeniero, a pedirle algo a lo que usted no puede negarse.

ECHECOPAR: Pues bien: me niego.

BENTÍN: Habla usted como si supiera lo que le voy a preguntar.

ECHECOPAR: ¿Te vas a callar? Tú has venido a preguntar si asistiré a la reunión sindical. Pues no, no voy a ir. Contigo, nada, ¿oyes? Tú no amas a nadie. Tú odias a los ricos, y lo que quieres es reventarlos, para hincharte tú mismo. Te mueres de envidia, eso es todo; te asfixias de resentimiento y de vanidad.

BENTÍN (*colérico*): Haré como si no lo hubiera oído, ingeniero. Pero antes de irme quiero decirle que en esa reunión se va a tratar de la cancelación de los contratos y del pago de las indemnizaciones.

ECHECOPAR: Me importa un bledo.

BENTÍN: Yo lamento sinceramente que un hombre de su situación sea sordo a las justas reclamaciones de los obreros...

ECHECOPAR: ¡Sordo! ¡Sordo! ¡Bellaco! ¿Pretendes tú que yo haga túneles, y que consuele a los obreros, y que diga misa, y que sea diputado? Que tus obreros hagan sin mí túneles como éstos, que unan ellos sin mí la costa con la selva. O hazlo tú, monigote sin pantalones, y reconoceré que soy sordo.

BENTÍN: Nadie niega, y yo menos que nadie, los méritos indiscutibles de su labor personal. Pero esos méritos no deben ser obstáculo para que usted colabore en la solución de los problemas nacionales.

ECHECOPAR: ¡Ajá! ¿De modo que construir caminos no es contribuir en la solución de los problemas nacionales?

BENTÍN: Me refiero al problema social de los obreros...

ECHECOPAR: Me importa un bledo. Yo quiero y aprecio a Pedro Mamani, a Jacinto Valdivia, a Huamán Quispe y a todos. Converso con ellos, nos tomamos unos tragos. Si necesito algo, se lo pido. Si quieren algo, se lo doy. Cada uno de ellos es para mí exactamente como cualquiera de los Quiñones. Sus compañeras y sus hijos son para mí exactamente como las esposas y los hijos de los señorones. Eso es todo. Si todos fuesen como yo, no existirían los problemas de que hablas y tú te irías al demonio.

BENTÍN: Está usted verdaderamente obcecado.

ECHECOPAR: Totalmente obcecado. Mi misión en la tierra es habilitar nuestro maldito país como morada del hombre, hacer su suelo transitable, abrir caminos para que los hombres se acerquen por ellos. Eso y nada más haré.

BENTÍN: No es lo que dije...

ECHECOPAR: Y créeme que mi obstinación no conoce límites. Estoy obcecado; además, soy gruñón, majadero, terco, sucio y retrógrado. Bueno; sal y verás un túnel. Sigue a la izquierda y verás otro túnel..., sigue y verás un puente, sigue y verás otro túnel y otro puente..., y otro..., y otro..., y otro. Soy un ingeniero de Caminos; bueno, ahí están mis caminos. Hoy o mañana pasará por aquí el primer camión que viene de la selva. De la selva al mar..., ¡se dice en dos palabras! Tú eres un revolucionario. Bueno, ¿dónde está tu revolución? ¡Contesta! ¿Dónde está?

BENTÍN: Una revolución es algo que los acontecimientos...

ECHECOPAR: ¡Qué acontecimientos ni qué niño muerto, hombre! ¿Dónde está tu patíbulo? ¿Dónde está tu osadía? ¿Dónde está tu amor? ¿Dónde está tu sacrificio? Sólo hay mentiras, y resentimiento, y envidia. Haz tu revolución como yo hago mis túneles y después hablaremos...

BENTÍN (*exasperado*): ¡Esto es el colmo! ¡Usted niega los más elementales derechos del hombre!

ECHECOPAR: No los niego, imbécil. Lo que niego es que tú y mis diez mil paisanos que se parecen a ti sean auténticos defensores de ellos. Me revientan los apóstoles de su propia conveniencia. Y otra cosa, que puedes creerme: jamás, mientras pueda evitarlo, moveré un dedo por los derechos del hombre en nuestro país. ¿Nueve millones de hombres oprimidos, extorsionados, sangrados por cuatro o cinco millonarios? ¿Un rebaño de elefantes acosado por un paralítico? ¡No me hagas reír, hombre..., no me hagas reír!...

BENTÍN: Es que los plutócratas y los aristócratas, amparados...

ECHECOPAR (*cortando*): ¡No me hagas reír, hombre! Sal y verás mis túneles y mis puentes. ¡Que vengan tus plutócratas y tus aristócratas a destruirlos! Por este camino que me ha quemado las pestañas ocho años mientras tú roncabas o discurseabas, pasarán alimentos y maderas para la costa, máquinas y medicinas para la selva. Este camino, que lo he hecho a pesar de tus huelgas y de la miopía de los directores, incorpora a la Humanidad millones de hectáreas de tierra feraz. ¡Ven tú a hablarme, ahora, de la situación europea de principios de siglo!

BENTÍN: Pero usted mismo tiene que reconocer que la plutocracia ha participado en la construcción de su camino...

ECHECOPAR (*furioso*): ¿Quién? ¿Qué has dicho? La Compañía Quiñones y Quiñones puso el dinero... ¿entiendes?, el dinero, que es lo más anónimo e impersonal que existe. Un millón de soles, venga de un santo o de un bribón, es siempre, fatal y únicamente, un millón de soles. Que se ponga cualquiera de los directores en la puna, cargado de millones y amanecerá en la panza de un buitre.

BENTÍN: Y si los desprecia tanto, ¿por qué trabaja usted para ellos?

ECHECOPAR: ¿Para ellos? Yo trabajo para mi país..., ¿entiendes?..., ¡para mi pueblo! (*Cogiéndolo de las solapas y zamaqueándolo*): ¡Niégalo! ¡Anda, atrévete! ¡Niégalo y te aplasto como a una cucaracha! ¡Te aplasto el hocico! (*Llaman al dictáfono*. ECHECOPAR, *arrastrando consigo a* BENTÍN, *que lucha por deshacerse*.) ¡Hable!

SOTO (*por el dictáfono*): ¿Echecopar?

ECHECOPAR: Sí, ¿Soto? ¿Adónde estás?

SOTO: ¡Qué importa ahora adónde estoy! ¿Sabes lo que acabo de ver en este momento?

ECHECOPAR: No sé nada; ¡habla!

SOTO: ¡Por Dios, qué bruto eres! ¿No se te ocurre?

ECHECOPAR (*colérico*): ¿Es algo de la laguna o no?

SOTO: No, Echecopar; ¡en Collacocha no pasa nada! ¿Sabes lo que acabo de ver en este momento? ¡El camión, Echecopar!

ECHECOPAR: ¿El camión?...

SOTO: El primer camión que une por nuestro camino la costa con la selva...

ECHECOPAR: ¿El camión, Soto? ¿El camión está llegando?

BENTÍN (*forcejeando por deshacerse*): ¿El camión?...

SOTO: ¡Acaba de entrar al túnel!

BENTÍN (*logra soltarse, va hasta la entrada del túnel y grita*): ¡Kammionmi chekamunam! (*Afuera, murmullos de la gente que llegó con el tren*.) ¡Kammionmi chekamunam!

UNA VOZ (*afuera*): ¡Kammionmi chekamunam...! (*Crece el murmullo*.)

UNA VOZ (*más lejos*): ¡Kammionmi chekamunam...!

VOCES (*afuera, acercándose cada vez más*): ¡Kammionmi chekamunam! ¡Kammionmi chekamunam! ¡Kammionmi cheka munam! (*Las voces crecen y se acercan, ellas deben continuar mientras ocurre la siguiente escena.*)

ECHECOPAR (*asomándose a la entrada del túnel*): ¡Kammionmi chekamunam!

(*Algunos indios ingresan del túnel y se reparten por la pared derecha del escenario gritando.*)

INDIOS: ¡Kammionmi chekamunam! (*etc.*)

ECHECOPAR (*tomando consigo a* BENTÍN *y acercándose a la boca del escenario*): ¡Máquinas y medicinas para la selva!

BENTÍN: ¡Alimentos y maderas para la costa!

ECHECOPAR: ¿Te das cuenta, monigote de mi alma?

BENTÍN: Me doy cuenta..., me doy cuenta; ¡no hay distancias en el mundo! Y donde las hay, los valientes las salvan. (*Los gritos decrecen.*)

ECHECOPAR: ¡Eso me gusta, Bentincito! ¿Quién construyó el camino? ¿Los derechos del hombre? ¿Tus sanguinarios plutó-cratas, desgraciado?

BENTÍN: Un ingeniero, ¡usted salvó las distancias!

ECHECOPAR: ¿Yo? ¡No, hombre, no! (*Señalando a los indios*): ¡Ellos! Ellos hicieron el camino... (*Avanzando hasta los indios y palmoteándolos.*) ¡Estos pestíferos amados de mi corazón! ¡Sin comer, sin dormir, sin quejarse, noche y día, día y noche, mien-tras tú y yo roncábamos, ellos hicieron el camino, ellos horadaron los túneles y tendieron los puentes!

BENTÍN (*declamatorio*): ¡Caminos de amor y confraternidad!

ECHECOPAR: ¡Calla, imbécil, que me recuerdas al cretino de mi hijo!

FERNÁNDEZ (*apareciendo*): ¿Qué pasa aquí? ¿Se han vuelto todos locos?

BENTÍN: Locos, locos de remate...

ECHECOPAR: El camión está llegando, ¿entiendes? ¡El primer camión que viene de la selva!

FERNÁNDEZ (*entusiasmado*): ¡Es formidable! (*Se abrazan.*)

ECHECOPAR (*va hacia el fondo y habla hacia el túnel*): Pero ¿qué pasa aquí? ¡Todo el día se lo pasan amarrando macho y tocando quena! ¿Y ahora nada? (*Una quena comienza a sonar.*) ¡Al viento las quenas de Collacocha! (*Más quenas se unen a la primera en un aire festivo y recio.*) ¡Tokaychik kenakunata!

(*Aumenta el coro de las quenas. También tocan los indios de la escena y comienzan a bailar. Se escucha el taconeo de la gente que baila en el túnel.* ECHECOPAR *quita la quena a uno de los indios e ingresa, tocando él mismo, a la barraca.* FERNÁNDEZ *y* BENTÍN *lo siguen.*)

BENTÍN (*al dictáfono*): ¡Aló, central uno!

SANTIAGO (*por el dictáfono*): Central uno.

BENTÍN: ¿Santiago? Habla Bentín.

SANTIAGO: ¿Dónde está usted, que hay tanto estrépito?

BENTÍN: Santiago, ¡el camión está llegando!

SANTIAGO: ¿El camión de la selva?

BENTÍN: El camión de la selva. ¡Avisa a todo el campamento!

(*Corta.*)

ECHECOPAR (*dejando de tocar y palmoteando la pared de roca de la ventana del abismo*): ¡Ande, Ande! ¿A qué te estará sabiendo esto?

UNA VOZ (*afuera*): ¡Kammionmi chekamunam! (*Las quenas dejan de tocar.*) ¡Kammionmi chekamunam!

(*Se hace un gran silencio. A través del silencio aparece el ronquido del motor del camión. Gran expectativa en todos los rostros. El ruido crece y crece, hasta que se oye al camión detenerse en el túnel. Se apaga el motor. Golpe de cierre de la portezuela. Todos gritan unánimemente.*)

TODOS (*jubilosamente*): ¡Ahhhhhhhhhh...!

(*Seguido de muchos indios, ingresa al escenario* JACINTO TAIRA, *quien entra a la barraca y se detiene en la puerta.*)

TAIRA (*a* ECHECOPAR, *llevándose la mano a la gorra*): ... días, patrón!

(*Los tres le devuelven el saludo con la mano.*)

ECHECOPAR: ¿Cómo te llamas?

TAIRA: Jacinto Taira.

ECHECOPAR: Jacinto Taira... ¿De dónde eres?

TAIRA: De San Pedro de Lloc.

ECHECOPAR: De San Pedro de Lloc... ¿A qué hora comenzaste a subir?

TAIRA: En la madrugada.

ECHECOPAR: ¿Y a qué hora piensas estar abajo?

TAIRA: P'al anochecer.

ECHECOPAR: ¿Oyes, Fernández? ¿Oyen todos? ¿No es acaso

formidable? Jacinto Taira, de San Pedro de Lloc, comenzó a subir a la madrugada y al anochecer estará ya abajo.

TAIRA: Así es, patrón.

ECHECOPAR (*parándose delante de* TAIRA): Así es, Jacinto Taira, de San Pedro de Lloc. Todo un cholo con sus patas cortas, su bufanda y su pucho. ¡Un trago para Jacinto Taira! (*Busca con la mirada.*) ¡Ah, ya se fue el desgraciado de Díaz! ¡Un premio para Jacinto Taira! Fernández, ¡jajajá, tus binoculares para Jacinto Taira, de San Pedro de Lloc! (*Cuelga del cuello del chófer los binoculares de* FERNÁNDEZ, *que estaban sobre su escritorio. Quitándose su reloj de pulsera.*) ¡Y mi reloj, para Jacinto Taira!

FERNÁNDEZ: Taira, es usted el primer hombre que cruza este camino...

TAIRA: Se hace lo que se puede señor...

ECHECOPAR: ¡Se hace lo que se puede! ¡Eso es! ¿No es cierto, Fernández? Se hace lo que se puede... y allí están los túneles, allí están los puentes, allí están los camiones, doblando las abras. ¿Y cómo está ese camino, Jacinto Taira?

TAIRA: Cómo va a estar, pues, patrón: como un espejo. Cuando arregle usted el arroyo a la entrada de este túnel...

ECHECOPAR (*interrumpiéndolo, a todos*): ¿Han oído? ¡Como un espe...! (*Se interrumpe, gira violentamente hacia el chófer y le pregunta, extrañado.*) ¿Un arroyo, dices? ¿De qué arroyo estás hablando?

TAIRA: Ese que hay aquí no más, patrón, en la quebradita entre este túnel y el otro...

BENTÍN (*a* TAIRA): Te aseguro que la próxima vez que pases por aquí no habrá arroyo que te fastidie...

ECHECOPAR (*que está demudado, al chófer y a los indios*): Salgan... (*Estos obedecen sólo lentamente.*) ¡Que salgan, digo! ¡Fuera! ¡Afuera todos!

(*Todos salen extrañados.* ECHECOPAR *cierra la puerta y queda detenido junto a ella, de cara al público, ensimismado y muy angustiado.* FERNÁNDEZ *y* BENTÍN *se miran desconcertados.*)

FERNÁNDEZ (*acercándose a* ECHECOPAR): ¿Se siente usted mal, ingeniero?

BENTÍN (*también acercándose*): Tiene usted mala cara... ¿No se siente bien?

ECHECOPAR (*después de una pausa, como para sí mismo*): El arroyo..., las grietas..., la laguna... ¡La laguna!... (*De pronto *grita, mirando en torno suyo.*) ¡Sotoooo! (*Abre la puerta y grita afuera.*) ¡Sotoooo! (*Avanza hacia la entrada del túnel y vuelve a gritar.*) ¡Sotoooo!

(*Entra al túnel y se le oye llamar una vez más.* BENTÍN *y* FERNÁNDEZ *se miran, encogiéndose de hombros.*)

TELÓN

Acto Segundo

(*El escenario, como en el acto anterior.* FERNÁNDEZ *y* BENTÍN *están sentados.*)

BENTÍN (*casi en son de mofa*): «El arroyo, las grietas, la laguna...» Verdaderamente, no sé qué demonios pueda significar eso.

FERNÁNDEZ: Algo debe de significar para él, porque cuando lo dijo estaba demudado.

BENTÍN: ¿Qué cree usted que sea?

FERNÁNDEZ: ¡Cómo lo voy a saber yo!...

BENTÍN: Usted comprende que, por más grande que sea un arroyo, jamás puede llegar a formar una laguna que amenace el camino. Después de todo, cualquier indio de acá sabe cómo se hace un drenaje.

FERNÁNDEZ: El ingeniero Echecopar no me parece un hombre que se deje impresionar así no más por cualquier cosa.

BENTÍN: Quizá. Pero en el fondo creo que así son estos hombres que se pasan la vida vociferando. Un arroyito, y salen volando como alma que lleva al diablo.

FERNÁNDEZ: Esa no es mi impresión. Pero, en fin, usted lo conoce mejor que yo...

BENTÍN: ¿Cree usted que es muy cuerdo ponerse a gritar: «¡Soto, Soto!» y largarse hacia el campamento cuando aquí todo el mundo sabe que Soto trabaja en la central de Collacocha?

FERNÁNDEZ: Puede haberse ofuscado. Se dará cuenta de su error y volverá.

BENTÍN: Hace ya diez minutos que se fue y aún no hay indicios de que vuelva. Más bien creo que, por si acaso, nos podríamos ir largando también. ¿Le parece?

FERNÁNDEZ: No. Mejor no. Esperemos.

BENTÍN: Pero ¿por qué? ¿No se ha ido él mismo?

FERNÁNDEZ: Estoy seguro de que volverá. Por lo menos, esperemos un rato más.

BENTÍN (*indicando el ambiente*): Esto no me gusta. Hay un ambiente especial. No me gusta.

FERNÁNDEZ (*cambiando de conversación*): ¿Cuánta gente trabaja aquí?

BENTÍN: En este campamento son cerca de cuatrocientos. Entre los dos campamentos, más de mil.

FERNÁNDEZ: Y, por lo general, ¿cuánto gana un obrero?

BENTÍN: De catorce a veintiocho soles.

FERNÁNDEZ: Es poco. Muy poco. Cuando pienso en la cantidad de veces que he gastado veintiocho soles sin necesidad...

BENTÍN: Mire: yo también soy un hombre de ideas avanzadas. Pero no hay que ser sentimental. Doblarles el sueldo sería duplicar las borracheras. Viven como bestias.

FERNÁNDEZ: No les hemos enseñado a vivir en otra forma.

BENTÍN: ¡Oh, son muy malos alumnos!

FERNÁNDEZ: O tienen muy malos profesores.

(*Entra precipitadamente* ECHECOPAR, *que queda parado en la puerta. Está sumamente agitado.*)

BENTÍN: Ingeniero...

ECHECOPAR (*interrumpiéndolo y para sí mismo*): ¡Sánchez, eso es! ¡Sánchez! (*al dictáfono*): ¡Central tres! ¡Central tres! ¡Sánchez, responde o te mato!

SÁNCHEZ (*por el dictáfono*): Sí. ¿Ingeniero? Diga.

ECHECOPAR: Sánchez, di a toda persona que esté trabajando en el túnel dos que deje lo que esté haciendo; que todos abandonen lampas, picos, ropa, todo, ¿entiendes?..., todo, y que vuelen al campamento. Pero que vuelen, ¿entiendes? ¡Que vuelen!

SÁNCHEZ: ¿Ocurre algo grave, ingeniero?

ECHECOPAR: ¡Gravísimo! Sánchez, por Dios, ¡que vuelen!

SÁNCHEZ: En el acto. (ECHECOPAR *corta.*)

BENTÍN: ¿Qué ha dicho usted?

FERNÁNDEZ: ¿Qué es lo que ocurre?

ECHECOPAR (*como distraído*): ¿Qué es lo que ocurre? No... Aún no ocurre nada. Pero puede ser que...

BENTÍN: ¿Qué...?

ECHECOPAR: Puede ser que, dentro de unos minutos, no quede nada de todo esto.

FERNÁNDEZ (*entre asustado y colérico*): Echecopar, explíquese. Está usted hablando con personas mayores y juiciosas.

ECHECOPAR: Bien, escuchen: ¿No han oído al chófer hablar de un arroyo a la salida de este túnel?

BENTÍN: Sí, habló de un arroyo...

ECHECOPAR: Pues ese arroyo no existía esta mañana.

(*Pausa, durante la cual* FERNÁNDEZ *estudia el mapa de la pared.*)

FERNÁNDEZ (*volteando violentamente hacia* ECHECOPAR): ¿Quiere usted decir que el agua de la laguna está saliendo a la quebrada en la que termina este túnel?

ECHECOPAR: Exactamente.

BENTÍN (*comprendiendo, atemorizado*): Entonces, ¿estamos perdidos...?

ECHECOPAR (*encogiéndose de hombros*): Nosotros no podríamos evitarlo. Ante un aluvión, el hombre es un grano de polvo en la tormenta. (*Sobreponiéndose.*) Pero muy bien puede no ocurrir nada. O todo puede ocurrir dentro de cien o dentro de mil años, o nunca. Nuestro país es así. Pero, en todo caso, yo debo actuar como si el peligro fuese inminente y pónganse a salvo en los cerros. Eso sí, tienen que ir a pie; el tren debe esperar a los obreros que vienen del túnel dos, que han trabajado toda la noche y estarán agotados.

FERNÁNDEZ (*asombrado*): Pero ¿piensa usted quedarse aquí?

ECHECOPAR: ¡Naturalmente!

BENTÍN: ¡Eso es una locura, ingeniero!

FERNÁNDEZ (*enérgico*): ¡No se lo permitiremos!

ECHECOPAR (*tranquilo y decidido*): Tengo que vigilar la salida de la gente. Tengo que estar en comunicación con Soto...

BENTÍN (*interrumpiendo*): ¡Pero si usted no sabe dónde está!

ECHECOPAR: Me acaban de decir que ha ido a su central. Tengo que estar en comunicación con Soto para que me avise lo que ocurre en la quebrada. Porque, si fuese necesario, volaría el túnel, para entretener un rato al aluvión, mientras la gente que huye y la del campamento se pone a salvo.

BENTÍN: Pero ¡usted puede volar el túnel a la salida del campamento!

ECHECOPAR: ¡Nunca! Eso sería alargar el camino de huida de los que vienen del túnel dos.

BENTÍN (*como buscando una escapada*): ¡Piense en su familia, ingeniero!

ECHECOPAR: Mi familia son estas piedras, estos indios, esta oscuridad.

FERNÁNDEZ: Además, usted no puede hacer solo todo lo que se propone.

ECHECOPAR: Tendré que hacerlo. Lo intentaré.

FERNÁNDEZ (*decidido, acercándosele*): ¿Puede usted necesitarme aquí?

ECHECOPAR (*sorprendido y casi con ternura*): Sí, podría necesitarte. Un hombre como tú es siempre útil. Pero ponte a salvo. Eres joven y no le debes lealtad a esta obra ni a esta gente.

FERNÁNDEZ: El valor no tiene edad, Echecopar.

(ECHECOPAR *le palmea el hombro.*)

BENTÍN (*tímido*): También me quedaré yo, ingeniero, si usted quiere...

ECHECOPAR (*admirado*): Sí, quiero. Ya es tiempo de que expongas el pellejo por tus trabajadores. (*Entusiasmándose*): Después de todo, los aluviones son las peores cosas del Perú... Bentín, da orden a los trabajadores de que se retiren, que huyan. Explícales el peligro. Pero el tren se queda aquí. (BENTÍN *se dispone a salir.*) ¡No, aguarda! Antes de ello, tú, Fernández, avanza el autocarril con la dinamita hasta unos doscientos metros antes de la quebrada. (*Entregándole un rollo que toma de la pared.*) Lleva mecha. Al salir, te vienes desenrollándola, ¿entendido? -

FERNÁNDEZ: Entendido. (*Toma el rollo y sale apresuradamente.*)

ECHECOPAR (*a* BENTÍN, *que está decaído*): ¿De dónde sacaste valor?

BENTÍN: No sé. A su lado me siento tranquilo. Además, con su actitud me ha hecho usted reflexionar sobre mí mismo.

ECHECOPAR: ¿No prefieres irte? (BENTÍN *niega con la cabeza. Se oye encenderse y alejarse el autocarril de* FERNÁNDEZ.) Ya pasó Fernández. Háblales ahora.

BENTÍN (*sale de la barraca y habla hacia el túnel*): ¡Oigan todos! (*Murmullo de gente que se acerca.*) ¡Oigan todos! Hay un derrumbe en la quebrada. Deben salir del túnel inmediatamente, pero en orden. (*Murmullo de voces alarmadas.*) Cuando lleguen al campamento pónganse a salvo, con sus cosas, sobre los cerros. (*Afuera, agitación tumultuosa.*) ¡No, no! ¡Deben ir a pie! (*A* ECHECOPAR): ¡Ingeniero, se están subiendo al tren! (*Hacia afuera*): ¡Baje todo el mundo del tren!

ECHECOPAR (*desde la puerta de la barraca*): ¡El tren no parte de ninguna manera! ¡Llámame al maquinista!

BENTÍN: ¡Quispe! ¡Quispe! (*A* ECHECOPAR): ¡Lo están subiendo a la fuerza a la locomotora! Es inútil: ¡están como locos!...

TAIRA (*entra tropezándose, como perseguido*): ¡No, no! ¡Patrón, yo me quedo con usted!... (*Entran algunos* OBREROS, *que lo cogen y arrastran afuera.*) ¡No!... ¡Patrón!... ¡Patrón!...

(*Ruido del tren, que parte. Pausa.*)

BENTÍN: Y nosotros..., ¿cómo vamos a salir de aquí?

ECHECOPAR: Pero si estás tan aterrado, ¿por qué no te largas con ellos?

BENTÍN: No puedo..., no puedo...

(*Ruido del camión que se aleja.*)

ECHECOPAR (*imitándolo*): ¡No puedo!

BENTÍN: Tengo una ideología, ingeniero...

ECHECOPAR: ¿Y qué me importan a mí las ideas? ¡Me importan los hombres! ¡Solamente los hombres! Sé generoso, honrado y valiente, y piensa como te dé la gana. ¡Ideologías!... Ahora, por ejemplo, eres una ideología que tiembla aterrada. ¿De qué me sirve a mí eso? ¡Lárgate, que el camión estará aún cerca! (*Llaman al dictáfono.*) Aló, central dos.

SOTO (*por el dictáfono*): Habla Soto. ¿Echecopar?

ECHECOPAR: Sí, en este momento te iba a llamar. ¿Qué ocurre?

SOTO: ¿Piensas estar en la oficina a las cuatro de la tarde?

ECHECOPAR: Sí..., nadando...

SOTO: ¿Cómo?

ECHECOPAR: Nadando..., n-a-d-a-n-d-o...

SOTO: No entiendo qué quieres decir con eso.

ECHECOPAR: Dime, Soto: ¿te has vuelto ciego?

SOTO: ¿Ciego? ¿Por qué?

ECHECOPAR: Toma tus prismáticos y mira hacia el camino que bordea la quebrada.

SOTO: Un instante.

ECHECOPAR (*a* BENTÍN): Ideologías, ¡bah! Se nos está viniendo un aluvión encima; a ver, ¡detenlo con tus ideas! ¿No puedes? Pues yo sí lo voy a detener y, con todo, no tengo partido político. ¿Por qué no vas a la laguna y le cuentas lo que me estabas diciendo de los derechos del hombre?

SOTO: ¡Echecopar, el camino se ha inundado en un tramo de casi veinte metros! El fondo de la quebrada está cubierto de agua.

ECHECOPAR: ¡Ajá!

SOTO: Dos indios están tratando de cruzar; van con el agua a la cintura. ¿Puedes mandarme un caterpillar?

ECHECOPAR (*furioso*): ¿Un caterpillar? ¿No quieres que te

mande mejor una caja de cintitas celestes? (*Cambiando de tono.*)
Oye, Soto: ¿recuerdas lo que me dijiste hace un rato de la laguna?

SOTO: ¿Crees que...?

ECHECOPAR: Exactamente; eso creo.

SOTO: Entonces, ¡estamos perdidos!

ECHECOPAR: ¿También tú te vas a poner a llorar como Bentín?
Escucha: naturalmente, puede sobrevenir una catástrofe de un
momento a otro. Pero ni tú ni yo podemos movernos de aquí
hasta haber puesto en seguridad a los indios que están trabajando
en el túnel dos.

SOTO: Temo que, dentro de unos momentos, no será posible
vadear la quebrada...

ECHECOPAR: Les he hecho avisar con Sánchez. Antes que
hayan pasado, no nos podemos mover ni tú ni yo, ¿entendido?

SOTO: Bueno, bueno... Pero, si ocurre algo, ¿cómo salgo yo de
aquí?

ECHECOPAR: Te lo voy a decir, Soto: cuando la quebrada se
haya puesto absolutamente intransitable, cuando sea del todo
imposible que una persona más pueda salvarse, me lo dices, y
yo vuelo el túnel, para entretener un rato al aluvión, mientras
la gente del campamento y de los pueblos del valle se pone a
salvo sobre los cerros. Cuando oigas la explosión, huyes por las
punas a Huarmaca o a cualquier otro caserío, ¿entendido?

SOTO: Que sea como Dios quiera...

ECHECOPAR: Tenme al tanto de todo lo que ocurra.

SOTO: Pierde cuidado.

ECHECOPAR: Espera hasta lo último para darme la voz de
volar.

SOTO: Sí, sí...

ECHECOPAR: Y cuando oigas la explosión, huyes por las punas.

SOTO: Muy bien.

ECHECOPAR: Otra cosa: nunca he dudado de tu valor. Acuérdate, ahora, de que el verdadero valiente es el que defiende a
los demás.

SOTO: Puedes confiar en mí.

ECHECOPAR: Adiós, entonces.

SOTO: Adiós.

ECHECOPAR (*siempre al dictáfono*): ¡Aló, aló: central del
campamento!

ROBERTO (*por el dictáfono*): Central del campamento.

ECHECOPAR: Habla Echecopar.

ROBERTO: ¿Qué tal, ingeniero? Habla Roberto.

ECHECOPAR: Roberto, ocurre algo sumamente grave.

ROBERTO: ¿Algo grave, dice?

ECHECOPAR: Sí. Es muy probable que estemos ante un aluvión.

ROBERTO: ¿Un aluvión? ¡Aquí no notamos absolutamente nada!

ECHECOPAR: No, es un aluvión que viene de la laguna. Roberto, da orden a toda la gente del campamento que se ponga a salvo en los cerros.

SÁNCHEZ (*desde muy lejos, grita con desesperación*): ¡Echecopaaaaar!...

ECHECOPAR (*que un momento ha quedado, extrañado, escuchando el grito de* SÁNCHEZ): Algo más, Roberto: te suplico, te ruego por tu madre, o por lo que más quieras en el mundo, que tomes un autocarril y des la noticia a todos los pueblos del valle.

ROBERTO: Sí, sí, así lo haré.

ECHECOPAR: ¿Me lo juras?

ROBERTO: Se lo juro, ingeniero.

ECHECOPAR: Eres un gran cholo, Roberto. ¡Buena suerte!

SÁNCHEZ (*más cerca, grita*): ¡Echecopaaaaaar!... ¡Echecopaaaaar!

ROBERTO: Buena suerte. Pero... ¿usted se queda?

ECHECOPAR: Sí.

SÁNCHEZ (*más cerca, mientras ya se oyen sus pasos acercarse a la carrera*): ¡Echecopaaaar!

ROBERTO: Muy bien. Hasta la vista, ingeniero.

ECHECOPAR: Ojalá.

FERNÁNDEZ (*entrando y señalando hacia afuera*): Por allí viene un loco...

SÁNCHEZ (*más cerca*): ¡Echecopar!

ECHECOPAR (*a* FERNÁNDEZ): ¿Está la mecha perfectamente colocada?

FERNÁNDEZ: Puede usted encenderla delante de la puerta.

SÁNCHEZ (*irrumpe, gritando aterrado*): ¡Echecopaaaar! ¡Echecopar!

ECHECOPAR: Sánchez, ¡repórtate! ¿Qué es lo que ocurre?

SÁNCHEZ (*hablando con voz apagada y temblorosa*): ¿No han oído? (*Se lleva un dedo a la boca, como pidiendo silencio.*) ¿No han oído?

FERNÁNDEZ: No, no hemos oído nada.

BENTÍN: ¿Qué es lo que ha oído usted?

SÁNCHEZ (*gritando, presa del espanto*): ¡Fue como si la tierra se rajara! ¡Como si las montañas estuvieran estrujando lentamente el túnel! ¡Es horrible, horrible, horrible!

ECHECOPAR (*removiendo a* SÁNCHEZ *por los hombros*): ¡Es el miedo! ¡Aquí no hemos oído nada!

SÁNCHEZ: ¡Sí, sí! ¡Como si un río subterráneo arrastrara grandes piedras!

SANTIAGO (*por el dictáfono*): Aló, aló: ingeniero Echecopar...

ECHECOPAR: ¡Hable!

SÁNCHEZ (*grita*): ¡La tierra se está hundiendo! ¡Las montañas nos aplastan!

ECHECOPAR (*tratando de hacerse entender*): ¡Aló!..., ¿cómo?..., ¡aló!...

SÁNCHEZ: Nos aplastará como a gusanos..., ¡como a gusanos!

ECHECOPAR (*a* BENTÍN *y* FERNÁNDEZ, *señalando a* SÁNCHEZ): ¡Tápenle la boca a ese! (FERNÁNDEZ *y* BENTÍN *obedecen.*) ¡Aló!

SANTIAGO: Ingeniero, habla Santiago, de la central uno. La gente que ha pasado en el tren hacia el campamento se ha vuelto loca...

ECHECOPAR: No, Santiago; el túnel está gravísimamente amenazado.

SANTIAGO: Iban colgados del tren y de la locomotora. Dos de ellos han caído delante de mi puerta y el tren los ha deshecho. ¡El túnel está lleno de gritos de heridos y de alaridos de locos!...

ECHECOPAR: Vete, Santiago, vete immediatamente y ponte a salvo en los cerros. (*A* FERNÁNDEZ *y* BENTÍN): ¡Suéltenlo! (*A* SÁNCHEZ): ¡Lárgate!

SANTIAGO (*angustiado, por el dictáfono*): ¡Ingeniero! Ingeniero Echec...

ECHECOPAR (*cortándolo*): ¡Santiago! ¿No te has ido?

SANTIAGO: ¡El túnel se está anegando! ¡A dos metros de mi puerta se ha abierto un gran chorro en el techo! ¡Salgan inmediatamente! ¡No pierdan un segundo!

ECHECOPAR: Ya..., ya... ¡Vete, Santiago, vete...!

SÁNCHEZ: ¿Lo oyen? ¿Lo han oído? ¡Estamos atrapados en el centro de la tierra! (*Sale, se le oye alejarse por el túnel, gritando.*) ¡Estamos atrapados!... ¡Estamos atrapados...! ¡Estamos atrapados!...

(BENTÍN *se ha sentado tapándose los oídos. Pausa larga.*)

FERNÁNDEZ: ¿Qué vamos a hacer ahora?

ECHECOPAR: Aguardar.

FERNÁNDEZ: ¿No cree usted que ya sea el momento de irnos? Aguardar es temeridad, es locura, Echecopar.

ECHECOPAR: Vete tú, si quieres. Pero puedes saber que irse ahora es traicionar, es asesinar. Yo me quedo hasta que pasen los obreros, o reviento con el túnel.

BENTÍN: Pero... y si no pueden pasar, ¿a qué aguardarlos?

ECHECOPAR: Eso nos lo dirá Soto. (*Al dictáfono*): ¡Aló, Soto!

SOTO (*por el dictáfono*): Sí, ¿Echecopar?

ECHECOPAR: ¿Algo nuevo?

SOTO: Los obreros están pasando en este momento.

ECHECOPAR: ¿Cuántos son?

SOTO: Unos sesenta o setenta.

ECHECOPAR: ¡Faltan muchos!

SOTO: Sí. Hay una cuadrilla casi al final del túnel dos. Esos van a demorar todavía.

ECHECOPAR: ¿Y la inundación?

SOTO: Sigue igual. Ni sube ni baja.

ECHECOPAR: Cualquier cosa que pase, me avisas, ¿eh?

SOTO: Ya. (ECHECOPAR *corta*.)

BENTÍN (*tras una pausa*): Pero algo tiene que haber visto Sánchez para haberse puesto así...

ECHECOPAR: ¡Aquí no pasa nada! ¿Has oído lo que ha dicho Soto, o estás sordo?

FERNÁNDEZ: ¿Qué quiere usted que hagamos?

ECHECOPAR: Aguardar, como si no pasase nada. Siéntense. (FERNÁNDEZ y BENTÍN *se sientan*.) Fúmense un cigarro. Eso tranquiliza. (*Ofrece un cigarro a* BENTÍN.)

BENTÍN: No fumo.

ECHECOPAR: ¡Fuma! (BENTÍN *coge un cigarrillo*.) ¿Tiemblas?

BENTÍN: Sí.

ECHECOPAR (*encendiendo a* BENTÍN *el cigarrillo*): Yo también. Mira mi mano. (*Ofrece y enciende un cigarrillo a* FERNÁNDEZ y *le dice*): Y tú, ¿por qué no tiemblas?

FERNÁNDEZ: No tiemblo, pero tengo miedo.

ECHECOPAR: Es natural.

BENTÍN (*a* FERNÁNDEZ): ¿No le dije hace un rato que no me gustaba el ambiente?

ECHECOPAR (*a* BENTÍN): Bueno, no se puede decir que el ambiente sea encantador, ¿no? (*Animándose*): Pero, a ver, ¿qué es lo que ocurre? Bentín, ¿qué es lo que pasa? En realidad, no pasa nada. Casi nada...

FERNÁNDEZ: ¿Nada? ¿Y el arroyo que se ha formado en la quebrada?

ECHECOPAR: No podemos volvernos locos por cada arroyito que nos manda Dios, hombre.

BENTÍN (*esperanzado*): ¿Cree usted de verdad...?

FERNÁNDEZ: ¿Y el chorro de agua...?

BENTÍN (*cortando a* FERNÁNDEZ. *Asustado, a* ECHECOPAR): ¡Sí! ¿Y el chorro de agua que se ha formado en la central uno? ¿No lo acaba de decir Santiago?

ECHECOPAR (*a* BENTÍN): ¿Y las veinte mil filtraciones que has visto ya acá? ¡Ah! Una filtración puede desaparecer más rápido de lo que aparece. ¿O no?

FERNÁNDEZ: Bueno. Si es así..., entonces..., ¿qué es lo que ocurre? En realidad, nada grave.

BENTÍN (*a* FERNÁNDEZ, *agresivo*): ¿Nada grave? ¿Nada grave, no?... (*confuso*): Pero... sí. En verdad... no ha ocurrido nada grave... (*A* ECHECOPAR, *como buscando apoyo*): ¿No es verdad, ingeniero? Usted, que es un hombre experimentado, puede decirlo...

ECHECOPAR: Unas gotitas de agua, Bentín; ¿o has visto más tú?

BENTÍN: Unas... (*Ríe nerviosamente.*) Pero eso ha sido todo, en efecto. ¡Unas gotitas de agua! (*Ríe fuerte y largamente, con nerviosas carcajadas.* ECHECOPAR *ríe con él. Callan.* BENTÍN, *que ha quedado un momento abatido, se pone en pie violentamente y dice, tomando a* ECHECOPAR *por los hombros*): Pero ¿y Sánchez? ¿Y lo que dijo Sánchez? (*Con súbito pavor*): ¡ «Fue como si la tierra se rajara», gritó Sánchez! ¡Fue como si la tierra se rajara!

FERNÁNDEZ: Pero nosotros no hemos oído nada. Puede haber sido el miedo...

ECHECOPAR: El miedo o un temblor, maldita sea... (*a* BENTÍN): ¿No has oído un temblor en tu vida? ¿Qué clase de peruano eres, que nunca oíste un temblor?

BENTÍN: Un temblor, sí..., un temblor... O el miedo, quizá...

ECHECOPAR: Además, ¿quién te agarra aquí? Lárgate y se acabó el asunto.

BENTÍN: Perdónenme... Estoy muy nervioso, eso es todo. Perdónenme.

FERNÁNDEZ: No hay nada que perdonar, ¿no, ingeniero? Yo también casi pierdo los papeles. Lo confieso. Debe de ser el ambiente. Estar encerrado entre estas montañas. Es asfixiante.

ECHECOPAR: Es cuestión de acostumbrarse. Y cuestión de pantalones también.

BENTÍN (*a* ECHECOPAR): Pero, entonces, ¿por qué dio usted la alarma? ¿Por qué les dijo a los obreros que se fueran? ¡Usted sabía algo!

ECHECOPAR: Yo no tengo que darte explicaciones a ti.

BENTÍN: Dos personas han muerto en el pánico. Santiago lo dijo.

ECHECOPAR: Eso es asunto mío. ¡Y tú te callas!

BENTÍN: Además hay heridos. Si no pasa...

FERNÁNDEZ (*impaciente, interrumpiéndole*): ¡Por Dios! ¿No entiende que debe callarse?

ECHECOPAR (*a* BENTÍN): Mira: o te callas o te largas. Una de dos. Yo no soy tu institutriz, ¿entiendes?

BENTÍN: Es el ambiente, sí, Fernández. Tiene usted razón. Ojalá... Es el estar sepultado entre estas montañas, en medio de esta oscuridad...

ECHECOPAR: Si lo sabes, piensa en algo más alegre y déjanos en paz.

BENTÍN (*sentándose*): En algo más alegre... (*Se tapa los ojos con las manos.*) No es tan fácil... Pero no es difícil tampoco... Ahora, con los ojos cerrados, veo la campiña de Tarma..., los altos eucaliptos perfilándose contra los cerros rosados..., la retama al viento... Y esto, ¿qué es? (*Destapándose los ojos.*) ¿Dónde lo he visto? ¡Claro, claro! En Canchaque. ¡Los naranjales de Canchaque, los campos de café a la luz de la tarde! ¡Cuánta luz tiene el Perú! ¿Verdad, ingeniero?

ECHECOPAR: ¡Oh, la tierra es buena y hermosa en todas partes! Depende de los ojos.

FERNÁNDEZ: Es verdad. ¡Ah, oigan! Hace poco hice un viaje por la costa. El crepúsculo nos sorprendió poco antes de llegar a Chala...

BENTÍN (*con entusiasmo*): Yo también he visto eso.

ECHECOPAR: También yo. Es inolvidable.

FERNÁNDEZ: Era un universo fugaz de colores increíbles. El mar se pone rosado...

BENTÍN: Las dunas, violeta...

ECHECOPAR: El horizonte, rojo. Y hay rocas negras. Toda la playa blanca de espuma...

FERNÁNDEZ: No había formas. Todo era color... Parecía un jardín de colores suspendido en el aire. No, no hay como los crepúsculos de la costa...

BENTÍN: Usted habla así porque es costeño. ¿Pero ha visto usted en la sierra, cuando pasa la tormenta y sale el sol? Todo se pone dorado. Y la tierra humea y cruje de vigor. (*A* ECHECOPAR): Usted tiene que haber visto eso, don Claudio.

ECHECOPAR: Sí, es verdad. Pero también es verdad lo que dice Fernández. ¡Hum! En cuanto a mí, será porque hace años que vivo metido en túneles y en quebradas sin luz, áridas; pero ¿saben cuál es el paisaje que añoro? ¿Conocen esas abras de los Andes, desde donde se divisa toda la selva? ¡Toda la selva, con su exuberancia tibia, infinita! Y uno presiente la marcha quieta de los grandes ríos, la vida apacible de los pueblos ribereños...

BENTÍN: Una vez navegué por el Ucayali...

FERNÁNDEZ: ¿Y los pueblecitos de la costa? La plaza desierta en la tarde... La iglesia cerrada... Un burro amarrado a un árbol..., el raspadillero. Y, en una banca, un cachaco dormido.

(*Todos ríen.*)

ECHECOPAR: No, no; país no nos falta. ¡Nos faltan hombres!

(*Los tres quedan callados, pensativos.*)

FERNÁNDEZ: Verdaderamente, nuestro país es, a veces, un paraíso y, a veces, un infierno.

BENTÍN (*nervioso*): Un infierno, sí. Como ahora... Un infierno de silencio, frío y oscuridad.

ECHECOPAR: Eso que tú llamas silencio, frío y oscuridad son también flores del jardín de Dios.

BENTÍN: ¡Con tal que Dios no quiera regarlo ahora con un cataclismo!... Esas gotitas...

ECHECOPAR: ¿Vas a comenzar de nuevo?

(BENTÍN *niega con la cabeza.*)

SOTO (*por el dictáfono*): ¿Echecopar?

ECHECOPAR: Sí. ¿Soto?

SOTO: ¿No crees que el resto de los obreros se está demorando mucho?

ECHECOPAR: ¿No pasan todavía?

SOTO: Todavía. ¿Qué hacemos?

ECHECOPAR: ¿Qué hacemos? Pues esperar.

SOTO: Ya.

(ECHECOPAR *corta.*)

BENTÍN: ¡Esperar! ¡Esperar...!

ECHECOPAR (*tras una pausa*): Fernández, ¿en qué colegio estuviste?

FERNÁNDEZ: En la Recoleta. ¿Y usted, ingeniero?

ECHECOPAR: En Guadalupe. ¿Y tú, Bentín?

BENTÍN (*que estaba ensimismado*): ¿Yo? ¿Qué?

ECHECOPAR: ¿En qué colegio estuviste?

BENTÍN: Yo estuve en... (*Se oye un ruido terráqueo sordo y lejano.*) En..., en...

ECHECOPAR: ¿Dónde? Dilo inmediatamente o... (*De nuevo el ruido. Al dictáfono*): ¡Soto!

SOTO (*por el dictáfono*): ¿Echecopar?

ECHECOPAR: ¿Has oído?

SOTO: Sí.

ECHECOPAR: ¿Algo nuevo?

SOTO: No, pero la quebrada se sigue llenando...

ECHECOPAR: Tú me avisas, ¿eh?

SOTO: Sí, yo te avisaré.

(*Pausa. Silencio. A* BENTÍN *se le ve tembloroso y agitado.* FERNÁNDEZ *da cuerda a su reloj de bolsillo.*)

③ ECHECOPAR: ¿En qué colegio dijiste, Bentín?

BENTÍN (*volviendo en sí*): En Tarma... Recuerdo...

ECHECOPAR: ¿Qué?

BENTÍN (*evocando*): El patio..., los árboles..., el aula..., la campana...

ECHECOPAR: Eso es: ¡la campana! También yo recuerdo ahora la campana de mi colegio. Era algo fundamental... Llena toda la infancia la campana del colegio..., ¿no? (*Como esperando una respuesta.*) Y otra cosa: ¡qué país descomunal! ¡También por él se puede reventar! ¿Sí o no? ¡Respondan! (*Pausa.*)

BENTÍN (*grita, angustiado*): Pero si en este momento..., si precisamente en este momento estuviera...

FERNÁNDEZ (*estallando*): ¡Cállese! ¡Cállese o lo mato!

ECHECOPAR (*acercándose a* BENTÍN, *casi paternalmente*): Escucha, Bentín, oye bien: había algunos indios que huían con el fango a la cintura. Eran indios pobres, miserables, harapientos, borrachos..., ¿me oyes? Y había tres hombres, tres hombres, Bentín, ¿no es extraordinario? Hubieran podido irse, huir, y nadie les habría dicho nada, porque los otros eran tan sólo unos indios miserables y harapientos, iguales a los que mueren por centenares todos los días, sin que nadie sepa por qué ni por quién... ¿Y qué hicieron, Bentín? ¿Qué hicieron? Escucha: ¡se quedaron! ¡Se quedaron, Bentín! ¿No es como para llorar?

BENTÍN: ¡Sí..., se quedaron..., se quedaron! Pero ¿qué hacer?

¿Qué hacer? ¡Que venga el aluvión, no importa! Pero esperar..., ¡esperar!...

FERNÁNDEZ (*a* ECHECOPAR): Es usted un gigante, Echecopar... ¡Bendita sea la hora en que nació!

ECHECOPAR (*después de una pausa, va hacia la ventana y se dispone a regar las flores*): Nunca te perdonaré, Fernández, que arrancaras una flor de mi jardín. Te imaginas... (*Se oye de nuevo el ruido anterior, algo más fuerte. Algunas piedrecillas caen sobre el techo de calamina de la barraca. Durante el ruido se ve que la barraca toda tiembla un momento. Mientras dura el ruido,* ECHE-COPAR, *como para opacarlo, habla cada vez más fuerte.*) ¿Te imaginas el esfuerzo que les costaría crecer entre estas piedras, en medio de esta oscuridad? Es muy interesante, Bentín, todo lo que nos contabas de los árboles, los patios, el aula, la campana... Pero, sobre todo, ¡los patios!..., ¡los patios, al mediodía, abandonados al sol..., callados!...

(*El ruido cesa.*)

FERNÁNDEZ (*tras una pausa*): Ha reventado la cuerda de mi reloj...

BENTÍN (*se pone en pie, pálido, aterrado, y grita*): ¡Noooooooo!

(*Afuera se oyen pasos de gente que se acerca a la carrera. Algunos indios entran al socavón y quedan allí jadeantes.*)

ECHECOPAR (*desde la puerta les grita*): ¡Corran, corran! (*Los indios desaparecen y se oyen sus pasos a la carrera.* ECHECOPAR *desaparece casi hacia el túnel, gritando*): ¡Corran! ¡No se detengan! ¡No se detengan!

SOTO (*en el dictáfono, grita, angustiado*): ¡Echecopar! ¡Echecopar!

ECHECOPAR (*al escuchar la llamada de* SOTO, *corre hacia la barraca. Casi al entrar en ésta, una gran cantidad de tierra cae, desde lo alto, a su lado. Al dictáfono*): ¡Sí, Soto! ¿Qué hay?

SOTO: Echecopar, por todas las grietas de la quebrada está saliendo agua y lodo! ¡Esto se hunde dentro de pocos minutos!... ¡Yo me voy, Echecopar!

ECHECOPAR (*apaciguador y convincente*): ¡No, Soto, no!

(BENTÍN *se desliza hacia la puerta.*)

SOTO (*casi claudicante*): Sí, Echecopar..., sí...

ECHECOPAR: ¿Ha entrado alguien más en el túnel?

SOTO: Sí, una muchacha, hace un momento. Pero es imposible que llegue.

ECHECOPAR: Tenemos que esperarla, Soto. ¿Cómo la vamos a encerrar?

SOTO: ¡Vuela el túnel, Echecopar! ¡Vuela el túnel! ¿Qué es una vida, comparada con miles de vidas?

ECHECOPAR: ¿Quién lo sabrá, Soto, quién lo sabrá? Unos momentos más, Soto, a ver si llega la última patrulla. Sólo tú puedes decirme lo que ocurre en la quebrada! Sólo tú puedes decirme si alguien más se puede salvar, ¿no te das cuenta?

SOTO: Bueno, Echecopar. Pero sólo unos instantes.

(ECHECOPAR *corta. Levanta la cara y sorprende a* FERNÁNDEZ, *que está mirando a* BENTÍN, *que ya está en la puerta. Se vuelve violentamente hacia éste.*)

BENTÍN (*con voz apenas perceptible*): Yo..., yo... (*Abre la puerta y sale de prisa. Se le oye alejarse a la carrera.*)

ECHECOPAR (*después de haberse mirado un momento con* FERNÁNDEZ, *como sondeándose*): Fernández, eres todo un hombrecito. Pero si quieres... (*Le señala la puerta.*)

FERNÁNDEZ (*terminante*): No. ¿Y usted?...

ECHECOPAR: No.

FERNÁNDEZ: ¡Pero usted tiene hijos...!

ECHECOPAR: Mis hijos son estos indios, esta india que está llegando, a la que no conozco. (*Pausa, en que pasea la habitación. Deteniéndose ante* FERNÁNDEZ.) ¿Qué tiene tu reloj, dijiste?

FERNÁNDEZ: Con los nervios, le he reventado la cuerda...

ECHECOPAR: No entiendo nada de relojería... (*Pausa.*) ¿Tienes novia?

FERNÁNDEZ: Ella siempre estuvo de acuerdo con todo lo que yo hacía...

ECHECOPAR: ¿Te das cuenta, Fernández? ¡Si en el Perú hubiese mil hombres como tú!

FERNÁNDEZ: O como usted.

ECHECOPAR (*sonriente, pero con un acento de tristeza*): No, como yo, mejor no. He sido demasiado solitario. Ahora comprendo que no se puede vivir solitario en medio de los hombres. Tú me lo has enseñado.

(*Se oyen pasos menudos que se acercan a la carrera.*)

MUCHACHA (*desde afuera, cada vez más cerca*): ¡Taita!... ¡Taitaaa!... ¡Taitaaa!...

ECHECOPAR (*corre hacia la puerta y grita*): ¡Súbete al autocarril! ¡Sube! ¡Sube!

SOTO (*por el dictáfono*): ¿Echecopar!

ECHECOPAR: Sí, Soto.

SOTO: ¡Toda la pared del lado de la laguna se está inclinando! ¡Todo se hunde! ¡Todo se hunde!

ECHECOPAR: ¿Y los demás?

SOTO: ¡No han llegado!

ECHECOPAR: ¡Deben de haberse ido por otro lado! ¡Huye, Soto, huye! (*Corta. A* FERNÁNDEZ): Fernández, ahora escucha bien: tú te sientas en el autocarril, al comando. Yo enciendo la mecha. Cuando te grite: «¡Ya!», ¡arrancas! Ya veré yo la manera de treparme. (*Salen rápidamente. Se oye encenderse el motor del autocarril. Luego, la voz de* ECHECOPAR.) ¡Yaaa!

(*El autocarril arranca. Pasa a la carrera. Se escucha un ruido sordo, las luces titilan, la barraca tiembla.*)

SOTO (*por el dictáfono*): ¡Todo se hunde, Echecopar! ¡Todo se hunde! ¡Estoy perdido, Echecopar! (*El ruido se hace mucho más fuerte. De lo alto caen grandes cantidades de tierra por todas partes. El plano de la pared se desprende. Piedras sobre el techo de calamina.*) ¡Echecopaaaar!

(*Cae tierra sobre el techo de la barraca y esta se hunde.*)

TELÓN

Acto Tercero

(*Escenario igual a los actos anteriores. El dictáfono ha sido retirado y los muebles son distintos, aunque su distribución es la misma. Al levantarse el telón está el* MUCHACHO *indio colocando vasos y una botella encima de un escritorio. Se oye el ruido de un autocarril que se acerca y se detiene a la puerta de la barraca. Entran* FERNÁNDEZ *y* BENTÍN. *Aunque jóvenes aún, en su aspecto se nota que han pasado algunos años.* FERNÁNDEZ *está vestido de campo,* BENTÍN *lleva ropa de viaje.* EL MUCHACHO *sale, cerrando la puerta tras de sí.*)

BENTÍN (*deteniéndose, sorprendido, y después de haber observado todo lo que le rodea*): Pero... Fernández..., ¡esto es idéntico a como era antes!...

FERNÁNDEZ: Parece. Si miras bien, te darás cuenta de que todo es distinto. Nuestra barraca debe de haberse podrido ya en algún lugar del Océano Pacífico.

BENTÍN: ¡Es increíble! ¿Te acuerdas de lo que pasamos aquí hace cinco años?

FERNÁNDEZ: Eso nunca lo podremos olvidar.

BENTÍN: Ese día conocí el terror...

FERNÁNDEZ: También yo. Pero no pensemos más en eso. Estamos aquí para festejar.

BENTÍN (*mirando detenidamente la silla del escritorio de Echecopar*): Sí..., esta silla no es la misma. (*Reparando en que falta el dictáfono*): Y falta el dictáfono. Fuera de eso, todo parece exacto.

FERNÁNDEZ: Ese fue el deseo de Echecopar, o el «Viejo de las Montañas», como se le llama ahora en la región. Lo primero que hizo al llegar fue pedirme que aquí mismo hiciera una barraca igual a la que había antes. En realidad nunca me he atrevido a decirle que va a obstaculizar el tránsito de los vehículos en el túnel. Pero, ¡qué quieres! Las obras de Collacocha están ahora

246

a mi cargo. Él no ha aceptado ningún trabajo. Pero, en el fondo, es y seguirá siendo siempre mi jefe.

BENTÍN: Has hecho muy bien, Fernández. Es necesario que Echecopar tenga aquí todo lo que necesite para ser feliz.

FERNÁNDEZ: Es lo que trato siempre. ¿Te tomas un trago?

BENTÍN: Esperemos mejor a que llegue él. Además, no me siento muy bien. Con los cinco años en Lima me he desacostumbrado un poco a la altura.

FERNÁNDEZ: ¿No quieres sentarte?

BENTÍN (*sentándose*): Antes que llegue Echecopar, háblame de él. Tus cartas han sido siempre muy lacónicas. ¿Cómo llegó aquí? ¿Qué piensa de la catástrofe, de los muertos? ¿Qué hace? ¿Cómo ha cambiado en los cinco años que no lo he visto?

FERNÁNDEZ: Bueno..., bueno; vamos por partes...

BENTÍN: Antes de verlo, quiero saber algo de él. Es el hombre que más aprecio en el mundo.

FERNÁNDEZ: Pues bien: llegó aquí..., sí, el mes entrante hará dos años.

BENTÍN: ¿Y de dónde venía? ¿Dónde estuvo metido esos tres años?

FERNÁNDEZ: Yo mismo no lo sé muy bien. Tú sabes que él nunca cuenta nada de sí mismo.

BENTÍN: Sí, eso es verdad.

FERNÁNDEZ: Creo que venía de la selva. A veces, refiriéndose a Collacocha y a los Andes en general, me dice: «Fernandito —así me llama ahora—, éste sí es un paisaje de hombres verdaderos. A mí no me vengan con cafetales perfumados ni bosquecitos de naranjos».

BENTÍN: ¡Me parece oírselo decir! Por lo que veo, no ha cambiado mucho.

FERNÁNDEZ: Sí, sí ha cambiado mucho. Físicamente es casi un anciano. Pero es muy fuerte todavía.

BENTÍN: Alguna vez me escribiste algo de eso. Pero también me decías que te preocupaba..., no sé..., algo de su carácter.

FERNÁNDEZ (*tras una breve pausa*): Mira, Bentín: tú y yo somos amigos, ¿no es verdad?

BENTÍN: ¡Hombre! Así lo creo. (*Pensativo*): A veces bastan unos minutos para conocer y llegar a querer a una persona, Fernández.

FERNÁNDEZ: Así es. Y, además, uno no puede callar algo toda la vida, ¿no?

BENTÍN: Claro que no. Pero ¿qué es lo que quieres decir?

FERNÁNDEZ (*casi angustiosamente*): Bentín: Echecopar es, en el fondo, un hombre absoluta y totalmente desesperado. El corazón me lo dice.

BENTÍN: ¿Cómo? ¿Él?

FERNÁNDEZ: Sí, él. Desde el día del aluvión, Echecopar está roto por dentro, ¿entiendes?, partido, liquidado. (*Con rabia*): Y eso no se puede tolerar. Porque las ciudades están llenas de canallas y de sinvergüenzas que son felices y tienen todo.

BENTÍN: Nadie puede remediar eso. Los que vimos lo que ocurrió aquí, jamás podremos librarnos del recuerdo. Pueden pasar muchos años, diez, veinte. Es igual.

FERNÁNDEZ: No, no. No es eso. Él no es el hombre al que un aluvión pueda destruir. Todavía hay en él la fuerza para agarrarse a patadas con los Andes durante mucho tiempo.

BENTÍN: Ya sé qué es lo que debe de tenerlo desesperado. Una vez que lo vi en Lima, me dijo: «Estoy harto de todo esto. Harto de vagar por los ministerios y los directorios. Harto de que tanto rufián ignorante me hable de patriotismo y de moral».

FERNÁNDEZ: No, no es eso tampoco. Son los muertos. Sobre todo, Soto. Echecopar se siente responsable de la muerte de Soto.

BENTÍN: ¿Él? ¿Y por qué demonios precisamente él?

FERNÁNDEZ (*recordando*): ¡Ah, no! Es que tú no puedes saberlo. Tú ya te habías ido... (*Se detiene, sabiendo que el recuerdo debe de ser penoso para* BENTÍN, *quien, en efecto, se ha tapado la cara con las manos.*) No he querido herirte...

BENTÍN: ¡Qué cobarde fui! ¡Qué cobarde!

FERNÁNDEZ (*convencido*): ¿Cobarde? Pero ¿qué disparate estás hablando? Tuviste los riñones de quedarte casi hasta el final.

BENTÍN: Pero ustedes dos, hasta el final mismo.

FERNÁNDEZ: Esas son otras quinientas. Echecopar y yo sabíamos por qué nos quedábamos. Tú, no. Reconócelo. Uno no se puede engañar a sí mismo toda la vida.

BENTÍN: Quizá... (*Entusiasmándose.*) Pero una cosa te aseguro, Fernández: mis ideas no han cambiado, pero vivo y siento en otra forma. «Sé generoso, honrado y valiente, y piensa como te dé la gana», me dijo Echecopar el día del aluvión... Pero, a propósito del aluvión, ¿qué es lo que pasó, cuando yo ya me había largado?

FERNÁNDEZ: Soto quería irse de su puesto. Veía que los cerros comenzaban a hundirse alrededor de su central. Y Echecopar lo convenció de que se quedara. Y se hundió con las montañas.

BENTÍN: Sí, lo supe todo. Pero el deber de Soto era quedarse. ¿Quién si no él podía avisar el movimiento de los obreros? Él era el único que podía dar la voz de volar el túnel. Echecopar tenía que exigirle que se quedara.

FERNÁNDEZ (*queriendo interrumpirlo*): Claro..., claro...

BENTÍN: Y fue porque Soto se quedó que se salvaron casi todos los obreros del túnel dos...

FERNÁNDEZ: Naturalmente...

BENTÍN: Y la muchacha...

FERNÁNDEZ: Eso lo sabemos perfectamente tú y yo. Pero él mismo lo duda, ¿comprendes?

BENTÍN: ¡Pero si es absurdo...!

FERNÁNDEZ: Lo sé tan bien como tú... Pero él, en el fondo, se pregunta si tenía el derecho de decidir quiénes se deberían salvar. Lo mismo me pasaría a mí, o a ti.

BENTÍN: Es verdaderamente grave...

FERNÁNDEZ: Claro que es grave. Si no lo fuera, no haría la vida que hace.

BENTÍN: ¿Qué vida hace?

FERNÁNDEZ: Echecopar se ha construido, con su propia mano, una casa en la quebrada, es decir, en lo que antes era la quebrada, al lado del cementerio de la víctimas de la catástrofe.

BENTÍN: Pero ¿cómo has podido permitir que viva así?

FERNÁNDEZ: ¿Permitir? ¿Y quién soy yo para decidir sobre su destino? Además, nunca pasa un mes sin que le llegue alguna propuesta de las mejores firmas constructoras.

BENTÍN: ¿Y?

FERNÁNDEZ: ¿Y? ¡Nada! Una vez, en su casa, después de haber roto una de esas cartas, me dijo, señalando hacia el cementerio: «Claudio Echecopar, aquí, junto a sus cholos».

BENTÍN: ¡Qué hombre extraño!

FERNÁNDEZ: Con sus propias manos cuida y limpia las tumbas. Y se ha hecho una para sí mismo. Fuera de eso, su modo de ser es igual que antes. Todas las mañanas entra a los túneles. Desde aquí oigo sus gritos: «¡Buenos días, buenas noches, buenos túneles, hombres del futuro!» Bromea con los obreros, carga piedra, vocifera, se ríe a carcajadas y manda a todo el mundo: hasta a mí mismo.

BENTÍN: ¡Qué hombre formidable!

FERNÁNDEZ: ¡Ah, y los domingos! Ahí va don Claudio por los cerros, por las punas, por las gargantas, por el cementerio, rodeado de todos los niños del campamento. Cuando los veo sentados todos en torno de él, ya sé que les está contando cómo era Soto, cómo eran Sánchez, Roberto. Lo adoran.

ECHECOPAR (*de lejos*): ¡Echecopaaaaaaaar...!

BENTÍN: ¡Él!

FERNÁNDEZ: Sí, él.

BENTÍN: ¡Qué emoción, Fernández! Después de cinco años...

FERNÁNDEZ: Bueno, bueno, no te enternezcas demasiado. Estamos aquí para celebrar. Hoy hace cinco años que nacimos de nuevo los tres. Y, para celebrarlo, te tengo una sorpresa.

BENTÍN: ¿Para mí? Bueno, suéltala.

FERNÁNDEZ: Todo a su debido tiempo, amigo. Todavía tienes que esperar un rato.

(*Se escuchan, desde afuera, los pasos de* ECHECOPAR. FERNÁNDEZ *sale a recibirlo. Un momento después, ingresan ambos al socavón. Allí permanecen unos instantes, en los que* ECHECOPAR, *entre riendo solo y gruñendo, contempla las paredes, los intrumentos de trabajo. Luego entran a la cabaña.* ECHECOPAR *viste de poncho. Tiene la barba y el pelo grises y muy crecidos. Lleva en la mano un grueso bastón. Le falta un brazo.*)

ECHECOPAR (*a* FERNÁNDEZ, *sorprendido al reparar en* BENTÍN): Fernandito, ¿es ésta la sorpresa de que me hablaste ayer?

FERNÁNDEZ: No. Esta es otra.

ECHECOPAR (*señalando a* BENTÍN): ¡El campeón mundial de los monigotes! ¡El tirifilo máximo de la historia americana!

BENTÍN: ¿De modo que nunca se resolverá usted a tomarme en serio?

ECHECOPAR (*extendiendo el brazo*): Ven para acá, muchacho. (*Se abrazan largamente.*) ¿Y qué nos vas a contar hoy de la situación europea de principios de siglo, eh? Y, sobre todo, ¿cómo están tus hermanitos de Beluchistán, eh?

BENTÍN: Siempre me mandan saludos para el «Viejo de las Montañas». Bueno, Fernández, sirve copas. Quiero tomarme unos tragos con el constructor de Collacocha.

ECHECOPAR (*entre colérico y sombrío*): Yo no soy el constructor de Collacocha. Y si has venido aquí para hacer bromas estúpidas, tómate tu trago y lárgate.

FERNÁNDEZ (*a* ECHECOPAR): ¿Me puede usted decir quién construyó Collacocha, si no fue usted?

ECHECOPAR (*a* FERNÁNDEZ): ¡Ajá! ¿De modo que tú también,

entonces? Si quieres saberlo, tus directores de Lima, don Alberto Quiñones y Quiñones. (*A* BENTÍN): O los Derechos del Hombre, me es igual. Yo soy el asesino de Collacocha.

FERNÁNDEZ: Echecopar, no hable usted así, por favor.

ECHECOPAR: El asesino, sí. Los médicos asesinan a sus pacientes, los generales asesinan a sus soldados y yo asesiné a mis obreros. ¿Tiene eso algo de raro? A todos ustedes se lo dije: Estoy dispuesto a asfaltar este camino con mis huesos y con los de ustedes. ¿Recuerdas, Bentín?

BENTÍN: Sí, recuerdo.

ECHECOPAR: ¿Lo hice o no?

BENTÍN: No.

ECHECOPAR: Sí, sí lo hice. Y si yo no morí, no es culpa mía.

FERNÁNDEZ: ¿Puede alguien tener la culpa de estar vivo?

BENTÍN: Ningún valiente puede avergonzarse de estar vivo.

ECHECOPAR: Pero, si fuese necesario, lo volvería a hacer todo igual. ¿Entienden? Lo que pasa es que hoy nadie quiere ofrecer su felicidad por nada. Ya sólo hay héroes a foetazos. ¿O no? Todos viven con el terror de perder un puesto, un sueldo, una casa, una reputación. Yo expuse mi vida por el progreso de un país casi salvaje, a merced de todos y de todo. Y el que expone su propia vida puede exponer la felicidad de unos cuantos para asegurar la felicidad de muchos, su redención de la muerte y la enfermedad y la miseria.

BENTÍN: Eso no puede ser... Su filosofía es inadmisible...

ECHECOPAR: ¡Cómo! ¿Eres tú un apóstol de la multitud o un profesor de filosofía?

FERNÁNDEZ: Tampoco creo que la felicidad de unos hombres pueda comprarse con la desgracia de otros. Usted mismo se lo dijo a Soto: «¿Puedes fijar el precio de una vida inocente?»

ECHECOPAR: ¿Y no eran inocentes las vidas que devoraba la tuberculosis, y el paludismo, y la fiebre amarilla, y la lepra, y la miseria, a la misma hora en que ejércitos de holgazanes no sabían cómo matar el tiempo? ¿Cuál era su pecado? ¿Haber nacido en la miseria? El Destino también asesina..., y el que no hace nada contra el destino es cómplice de sus crímenes. Porque para dejar morir se necesita tanta crueldad como para matar... No, ustedes no han descubierto la capacidad de fe a que puede llegar el hombre.

FERNÁNDEZ (*acercándosele*): Y, con todo, es con fe que estamos reabriendo el camino que usted trazara...

(*Pausa.* ECHECOPAR *queda como arrobado, soñador. Los otros le contemplan.*)

ECHECOPAR (*a* FERNÁNDEZ, *sin mirarle*): ¿Fernandito, es verdad que uno de estos días...?

FERNÁNDEZ: Sí, Echecopar; uno de estos días, cuando terminemos un tramo que queda a cosa de setenta kilómetros, comenzarán a pasar por aquí autos y camiones...

ECHECOPAR: ¡Es sencillamente extraordinario! Hay una laguna; un cerro la aplasta. Luego un río se lleva al cerro. Un año después, allí está la laguna, un kilómetro más allá... ¡Qué quieren! Es el país. Mil hombres hacen un túnel. Trabajan ocho años..., y el túnel los aplasta. Y otra vez los cataclismos lo borran..., y otra vez los hombres lo perforarán en la entraña de la tierra. Así hasta que un día el hombre habrá dominado su suelo y estará parado firme y para siempre sobre él. ¡Es grandioso, fenomenal! Los que vendrán después no lo sabrán. ¡Qué se va a hacer! Hay que trabajar no solamente para nosotros, sino también para los hombres del futuro.

FERNÁNDEZ: Hay que tener paciencia unos cuantos días más...

ECHECOPAR: Y desde ese mismo día, el «Viejo de las Montañas»...

BENTÍN (*interrumpiéndole*): ¿Se retirará usted a descansar, supongo?

ECHECOPAR: ¿A descansar yo? ¿Con este puño que me queda todavía? ¿Y de qué quieres que descanse? No. Desde ese día comenzaré a trabajar de nuevo.

BENTÍN: No entiendo.

FERNÁNDEZ: Tampoco yo.

ECHECOPAR (*confidencial*): Desde ese día, amigos, mis buenos y únicos amigos, el «Viejo de las Montañas» será un hombre feliz...

FERNÁNDEZ: ¿Qué es lo que piensa usted hacer?

ECHECOPAR (*soñador, como hablando para sí mismo*): Me sentaré a la puerta de mi casa, en Collacocha, y observaré el lento despertar de mi camino a la vida. Seré el testigo de la justificación de todo. Y cada mañana, al levantarme, me diré: «Ayer pasaron sesenta camiones..., ayer pasaron ciento cincuenta camiones. Llevaban fruta, medicinas, madera, maquinaria...» ¿Comprenden ustedes eso?

FERNÁNDEZ y BENTÍN: Sí.

ECHECOPAR: Veré cómo, día a día, todo se anima, cómo todo

crece y crece y crece, cómo el alma del país circula sobre los cadáveres de ayer... Las cáscaras, los periódicos y los cigarrillos que arrojen los chóferes al pasar irán cubriendo las tumbas de Collacocha... (*Pausa.*) Los motores zumban..., los hombres pasan... Van a conocerse, a casarse, a negociar... (*Animándose.*) Los chóferes subirán a visitarme. Les invitaré a un trago. Les contaré..., les hablaré de ustedes... ¡Ah! Cuanto más viejo me hago, tanto más me doy cuenta de que no se puede vivir solitario en medio de los hombres. (*Se interrumpe. Enfureciéndose.*) ¡Qué hombres! ¿Adónde estaban? Sólo había piedras, y silencio, y frío, y oscuridad... ¡Había que gritar en el túnel para que los oídos no se pudrieran de silencio! ¿Entienden? Cada vez que pase un camión, le gritaré: «¡En Collacocha no ha pasado nada!» Después de todo, ¿tengo yo la culpa de estar vivo?

FERNÁNDEZ: No.

ECHECOPAR: No, claro. Pero, mientras lo esté, quiero ser testigo de la justificación de todo.

BENTÍN: ¡Pero si no hay nada que justificar! ¡El país es así!

ECHECOPAR: ¿No hay nada que justificar? ¿De modo que ciento ochenta vidas no son nada?

MUCHACHO (*desde afuera, mientras se oyen sus pasos acercarse a la carrera*): Taitas..., taitas..., taitas..., taitas! (*Entra, jadeante, señalando hacia afuera.*) Taitas, ¡kammionmi chekamunam! ¡Kammionmi chekamunam!

(*Se oye llegar, de muy lejos, el ruido del camión que se acerca.*)

ECHECOPAR (*que había quedado como paralizado*): ¿El camión? ¿Qué camión, Fernández?

FERNÁNDEZ (*desbordante de alegría*): ¡El primero que viene de la selva! Esa es la sorpresa: ¡desde hoy está expedito nuestro camino! ¡De la selva al mar: se dice en dos palabras!

ECHECOPAR (*como quien no puede comprender*): ¿El camión? ¿El camión está llegando?

BENTÍN: Sí, «Viejo de las Montañas»: ¡kammionmi chekamunam!

ECHECOPAR (*dando furiosos golpes de puño sobre un escritorio*): ¡El camión está llegando! ¡El camión está llegando! ¡Soto, el camión está llegando! ¿Lo oyes? (*Hablando por la ventana del abismo, hacia afuera*): ¿Lo oyen todos? (*Va hacia el lugar en donde estaba antes el dictáfono y hace como si hablara por él.*) Aló, aló..., ¡todas las centrales!, ¡todas las centrales! Central uno, central tres, central del campamento, central de Collacocha, centrales del túnel dos y, sobre todo, central del cementerio..., oigan todos, los vivos y los muertos..., Soto, Sánchez, todos: ¡en Collacocha no ha pasado nada! ¡Absolutamente nada!

FERNÁNDEZ: ¡Nada! Simplemente, la vida se ha instalado...

BENTÍN: ¡Nada más! Unos hombres han abierto un camino...

FERNÁNDEZ: ¡Nada más!

(*El ruido del camión ha ido creciendo y cubre ya las voces. Se detiene en la puerta. Se apaga el motor. Golpe de cierre de la portezuela.*)

TAIRA (*entrando y después de saludar con la mano*): ... tardes, patrón...

ECHECOPAR (*se le acerca lentamente y le pone la mano sobre un hombro*): Jacinto Taira, de San Pedro de Lloc... El mismo que hace cinco años comenzara a subir a la madrugada..., el que debió llegar abajo al atardecer... ¡Qué demonios! Aquí está el mismo, ahora, hoy, al mediodía de hoy... ¡Es como si no hubiera pasado nada! Jacinto Taira...

TAIRA: El patrón no se ha olvidado de mí...

FERNÁNDEZ: Antes nos olvidaríamos de nosotros mismos...

BENTÍN: Claro.

ECHECOPAR: Eso. Porque tú Jacinto Taira, eres el hombre que cantó el himno al progreso donde nunca antes se escuchara...

TAIRA (*avergonzado por el elogio*): ¡Patrón...!

ECHECOPAR (*entusiasmado*): Tú pasarás hoy el primero por estas punas desoladas y estos caseríos ateridos, por estos tremendos abismos y estos túneles helados. Y por donde pases, tu motor, rugiendo y gimiendo, cantará nuestro esfuerzo y embellecerá nuestra miseria y nuestra muerte.

BENTÍN: ¡Un trago para Jacinto Taira, el caballero rodante!

ECHECOPAR: Eso es: un trago para todos antes que partas. (BENTÍN *se dispone a servir y repartir copas.*) Y, Taira, ¿qué traes en tu camión?

TAIRA: Platanito, patrón. (*Señalando a* FERNÁNDEZ): Es un regalo del ingeniero para un hospital de Lima.

(ECHECOPAR *mira a* FERNÁNDEZ *con honda ternura. Este, al reparar en ello, baja la vista.*)

BENTÍN: Este es un día inolvidable, Fernández...

ECHECOPAR: Bueno, ¡salud!

(*En el momento en que se aprestan a beber se oye un lejano y débil temblor. Todos bajan los vasos, sin haber bebido, y se miran.*)

TAIRA (*a* ECHECOPAR, *algo asustado, pero tranquilo*): ¿Qué fue eso, patrón?

BENTÍN: Ha sido un temblor.

FERNÁNDEZ: Un temblor como hay muchos por acá.

ECHECOPAR: ¡Claro! Es la Tierra, que brinda con nosotros. (*Vertiendo al suelo unas gotas de su vaso.*) ¡Salud, Pachamama! (*Otro ligero temblor de tierra. Acariciando el suelo con el bastón.*) Bueno, ya callando, vieja. Tú dedícate a tu yuca y a tu trigo y déjanos beber en paz. ¡Salud, todos!

(*Todos beben.*)

FERNÁNDEZ: Taira, tienes que seguir ya. Hay treinta y dos camiones esperando el paso.

(TAIRA *saluda con la mano y sale. El motor se enciende y el camión se aleja.*)

ECHECOPAR (*tomando la botella y regando su contenido, primero en el suelo y luego, a través de la ventana, hacia el abismo*): Un trago para Jacinto Taira y ciento ochenta tragos para todos..., para todos...

FERNÁNDEZ (*que desde la puerta de la barraca ha estado despidiendo con la mano al camión que se alejaba, entusiasmado*): Recién ahora lo comprendo... Lo verán pasar por los pequeños pueblos..., los pastores lo señalarán..., la gente se parará al lado del camino y le dirá adiós con la mano... Y si es de noche, los hombres se incorporarán sobre sus pellejos y se dirán unos a otros: «Oye..., oye: ¡el primer camión está pasando!»

BENTÍN: ¡Y el cholo Taira, con la bufanda hasta la nariz, rumbo al Pacífico!

ECHECOPAR: Un poco de tierra, un poco de amor, un poco de sudor y fe, ¡y millones se entrelazan en nuestro Perú amado (*señalando hacia el abismo*) y terrible!

BENTÍN: ¡Ojalá!

FERNÁNDEZ (*convencido*): Sí, así será. (*Cambiando de tono.*) Bueno, ahora tenemos que ir a la Alcaldía; los notables nos esperan.

ECHECOPAR (*extrañado*): ¿Adónde?

FERNÁNDEZ: A la Alcaldía. A las doce hay un gran banquete.

ECHECOPAR: Yo no voy.

FERNÁNDEZ: ¡Cómo! ¡Tiene usted que tomarse una copa de *champagne* con todos!

ECHECOPAR: ¡¡Yo beber con esa banda de ladrones!!

BENTÍN: Tiene usted que venir. Sería un desaire imperdonable...

ECHECOPAR: Los que yo quería que me perdonaran me han perdonado ya.

BENTÍN: ¡Es usted intolerable!

FERNÁNDEZ: Otra vez comienza usted...

ECHECOPAR: ¡Otra vez, sí, otra vez! Miren: yo hice un túnel..., un aluvión se lo llevó, y tú, Fernández, volviste a abrirlo. ¿Es eso motivo para que cuarenta cretinos se pongan a discursear en el vacío? No voy, y se acabó el asunto. Soy un hombre libre, que hace lo que le da la gana; tan libre, que he preferido morirme de hambre por mi propia voluntad a que otros me obliguen a ser feliz. ¡Lárguense!

(BENTÍN *y* FERNÁNDEZ *se miran, se encogen de hombros y salen.*)

BENTÍN (*regresando, desde la puerta*): Adiós, gigante de Collacocha...

(ECHECOPAR *le amenaza con el bastón.* BENTÍN *sonríe y se retira. Se enciende el motor del autocarril y se escucha alejarse a éste.* ECHECOPAR *apaga la luz. La iluminación de la barraca se torna irreal.* ECHECOPAR *se asoma a la ventana del abismo. Pausa.*)

VOZ DE SOTO (*habla pausadamente, casi alegre, pero con un matiz de irrealidad*): Buenos días, ingeniero... (ECHECOPAR *gira violentamente hacia el centro de la barraca.*) Buenas noches, ingeniero...

ECHECOPAR: ¡Soto!...

VOZ DE SOTO: Buenos túneles, mejor... (*Ríe suavemente.*)

ECHECOPAR: Soto..., ¡por fin llegas! Eras el único que faltaba... Todos los demás habían venido ya a mí...

VOZ DE SOTO: ¿No riegas hoy tus flores, viejo amigo?

ECHECOPAR: ¡Ya no hay flores en Collacocha, Soto!... ¡Ya no hay flores en la ventana del abismo!

VOZ DE SOTO (*con unción profética*): Volverán a salir... ¿Te imaginas el trabajo que les costará crecer entre estas piedras, en medio de esta oscuridad?

ECHECOPAR: ¿Y llegará el día en que nuestros huesos confundidos serán una piedra olvidada entre las piedras de la tierra...?

VOZ DE SOTO: Eran seis..., pero Fernández arrancó una.

ECHECOPAR: Y el aluvión...

VOZ DE SOTO: Y el aluvión arrancó todo lo demás...

ECHECOPAR: ¿Y llegará también el día en que todo un pueblo

joven se acercará por nuestro camino para encontrarse en la fiesta del amor verdadero?

VOZ DE SOTO: Ese día llegará. Duerme hoy tranquilo, Echecopar.

ECHECOPAR: ¡Entonces el anillo se ha cerrado! Lo que vivió y murió ha nacido nuevamente. El eterno ciclo se ha cumplido y Echecopar es un hombre feliz.

VOZ DE SOTO: ¿Oyes los camiones? (*De lejos se escucha acercarse el ruido de motores y bocinas de la caravana que se acerca.*) Son exactamente treinta y dos camiones que van a pasar. Sobre ellos vienen treinta y dos tractores para cultivar la selva.

ECHECOPAR: ¡Es grandioso y fenomenal! ¡Soy un hombre feliz!

VOZ DE SOTO: ¡Ah, pero la laguna se está formando de nuevo!

ECHECOPAR: ¡Qué importa! Vendrá otro hombre, y otro, y otro, y muchos más. Y un día nuestros hijos estarán parados firmes y para siempre sobre el suelo que supimos conquistar.

VOZ DE SOTO: Ya veo las luces del primero.

ECHECOPAR: Y quedará instalada la era de las cosas buenas y hermosas..., ¿verdad?... ¡Soto!... ¿Verdad? (*El estrépito de los camiones que comienzan a pasar al lado de la barraca, apaga su voz. Los faros pasean su luz por el escenario.* ECHECOPAR *sale de la barraca y, agitando el brazo hacia el túnel, grita*): ¡En Collacocha no ha pasado nada! ¡Absolutamente nada!

TELÓN

A. CUESTIONARIO

1. ¿Cuáles razones personales tiene Fernández para venir a la mina?
2. Describa el ambiente de la mina, según Díaz.
3. ¿Cuál es la actitud de Echecopar hacia la soledad?
4. ¿Cómo critica Echecopar a sus familiares en Lima?
5. ¿Cómo concibe Echecopar de su trabajo y su razón de ser en la vida?
6. ¿Por qué están todos felices cuando llega el camión de la selva?
7. ¿Qué puede significar el arroyo a la entrada del túnel?
8. ¿Qué papel clave tiene Soto en la misión de rescate?
9. Describa la personalidad y las creencias de Bentín.
10. ¿Por qué se siente Echecopar responsable por la muerte de Soto?
11. Cinco años después del desastre, ¿cuál es la sorpresa que tiene Fernández para Echecopar y Bentín?

B. TEMAS DE DISCUSIÓN Y COMPOSICIÓN

1. Comente sobre las siguientes citas de Echecopar:

   «No hay sino dos cosas, hombre: los grandes apóstoles, que ni tú ni yo lo somos, y las grandes mentiras y la conversación, y el negocio y el arribismo.»

   «Sé generoso, honrado y valiente»

   «El verdadero valiente es él que defiende a los demás.»

   «No se puede vivir solitario en medio de los hombres.»

2. Para Ud., ¿qué representa la figura de Echecopar? ¿Conoce Ud. a otros hombres o mujeres como él? Descríbalos.
3. Echecopar, Fernández y Bentín describen paisajes exuberantes y monumentales que han visto en su tierra natal, Perú. Describa unas experiencias impresionantes Ud. que ha tenido con la naturaleza.

C. EJERCICIO

Llene los espacios en blanco con el tiempo apropiado de los verbos entre paréntesis.

1. ¿Te (*ir*) _____ a callar? Tú has (*venir*) _____ a preguntar si (*asistir*) _____ a la reunión sindical. Pues no, no (*ir*) _____ contigo. Tú no (*amar*) _____ a nadie. Tú (*odiar*) _____ a los ricos, y lo que (*querer*) _____ es reventarlos para hincharte a ti mismo. Te (*morir*) _____ de envidia. Te (*asfixiar*) _____ de resentimiento y de vanidad.

2. Un año después, allí (*estar*) _____ la laguna, un kilómetro más allá. ¿Qué (*querer*) _____? Es el país. Mil hombres (*hacer*) _____ un túnel. (*Trabajar*) _____ ocho años. . . Así hasta que un día el hombre (*haber* _____ dominado su suelo y estará parado firme y para siempre sobre él. Los que (*venir*) _____ después no lo (*saber*) _____ .

3. Los chóferes (*subir*) _____ a visitarme. Les (*invitar*) _____ a tomar un trago. Les (*contar*) _____ , les (*hablar*) _____ de ustedes. . . ¡Ah, cuánto más viejo me (*hacer*) _____ , tanto más me (*dar*) _____ cuenta de que no se (*poder*) _____ vivir solitario en medio de los hombres.

XAVIER VILLAURRUTIA

¿EN QUÉ PIENSAS?

Misterio en un acto

NOTA PRELIMINAR

Xavier Villaurrutia nació en México en 1903. Siendo muy joven inicia su actividad literaria como poeta. Huyendo de las directrices del Modernismo, Villaurrutia crea una lírica de intenso acento personal en la que lo difuso, lo inefable, lo ambiguo y lo misterioso son notas prominentes. A los treinta años escribe Villaurrutia su primera obra teatral, *Parece mentira*. Muere este ilustre escritor mexicano en 1950.

Además de la obra mencionada hay que señalar las siguientes: *Ha llegado el momento* (1928), *Sea usted breve* (1938), *El amante* (1937), *La hiedra* (1941), *Invitación a la muerte* (1941), *El yerro candente* y *Juego peligroso*.

¿En qué piensas? es un misterio en un acto en el que el autor explora las dimensiones temporales del sentimiento humano. En esta obra el pasado, el presente y el porvenir se conjugan hasta convertirse en partes inseparables de esa unidad que es el ser humano.

PERSONAJES

CARLOS
VÍCTOR
RAMÓN
MARÍA LUISA
UN DESCONOCIDO

(Todos menores de treinta años.)

Acto Único

En el estudio de CARLOS. *Un diván, un sillón, mesa y sillas. Dos o tres cuadros. La antesala, en el fondo, comunica por una puerta sin hojas. A la derecha, la pared se halla casi totalmente sustituida por una vidriera. A la izquierda, puerta que da al cuarto de* CARLOS. CARLOS *espera; enciende un cigarrillo, toma la revista. Se oye el timbre de la puerta de entrada.* CARLOS *pasa a la antesala con el objeto de abrir la puerta. Se oyen las voces de* CARLOS *y* VÍCTOR.

ESCENA PRIMERA

CARLOS y VÍCTOR

LA VOZ DE CARLOS: ¡Ah!, ¿eres tú?

LA VOZ DE VÍCTOR: Sí, yo. ¿Te sorprende?

CARLOS: ¿Sorprenderme? Precisamente, no.

VÍCTOR (*entrando*): Pero no me esperabas, ¿verdad?

CARLOS: Claro que no.

VÍCTOR: Naturalmente.

CARLOS: Siéntate.

VÍCTOR: Pero esperabas a alguien, ¿verdad?

CARLOS: Siéntate.

VÍCTOR: ¿Por qué no me respondes?

CARLOS (*sonriendo*): ¿Por qué no te sientas?

VÍCTOR (*se sienta*): ¿Esperabas a alguien?

CARLOS: Esperar precisamente, no.

VÍCTOR (*pausa. Se levanta*): Y, sin embargo, todo en ti y fuera de ti parece estar dispuesto a esperar: la bata, la revista que no has leído, a pesar de que la tomaste para distraer los minutos de espera; el cenicero que muestra los cadáveres de tres cigarrillos apagados antes de tiempo; el nudo de la corbata en su sitio, el peinado perfecto, con todos sus brillos. No puedes negar...

CARLOS (*se levanta. Interrumpiéndolo*): Tampoco tú puedes negar.

VÍCTOR (*interrumpiéndolo*): Yo no niego; afirmo.

CARLOS: También yo afirmo.

VÍCTOR: Tú niegas.

CARLOS: Yo afirmo y tú no podrás negar que espías.

VÍCTOR (*descubierto; lentamente; se sienta*): Yo no espío; observo, eso es todo.

CARLOS: Vienes aquí todas o casi todas las noches, y nunca antes de hoy has hecho observaciones tan agudas y tan desinteresadas.

VÍCTOR: No te enfades.

CARLOS: No me enfado; observo, eso es todo. (*Se sienta.*)

VÍCTOR (*jugando el todo por el todo*): Pero esperas a alguien, ¿verdad?

CARLOS (*después de un breve silencio*): Sí. (*Otro silencio.*) Tú me espías, ¿verdad?

VÍCTOR (*pausa*): Sí. (*Pausa.*) ¿Me has visto desde la ventana? Yo te veía recorrer de un lado a otro el estudio, accionando, hablando con alguien. Entonces no pude resistir más tiempo y me impuse la decisión de subir.

CARLOS: Pero, ¿se puede saber por qué me espías?

VÍCTOR: ¡Oh, eso es más difícil aún!

CARLOS: Y, no obstante, has confesado que me espías.

VÍCTOR: Sí, he confesado.

CARLOS: Y, además, has subido.

VÍCTOR: Ya lo ves. (*Pausa.*)

CARLOS: ¡A lo que hemos llegado! Tú me espías...

VÍCTOR (*completando la frase*): Y tú me mientes.

CARLOS: Sin embargo, yo podría decirte por qué he mentido, por quién he mentido; no directamente, sino representando por medio de una letra lo que no es posible nombrar de otro modo. En cambio, tú no podrías, ni aún así, decirme por qué razón me espías.

VÍCTOR: Es verdad; ni aún así podría decírtelo.

CARLOS (*triunfante*): Ya lo ves.

VÍCTOR (*con rabia, rápidamente*): Pero en cambio puedo decirte, en cualquier momento, ahora mismo, quién es la persona cuyo nombre pretendes sustituir hipócritamente con un signo algebraico.

CARLOS: Tal vez.

VÍCTOR: Seguramente.

CARLOS: Seguramente; ya veo que eres capaz de todo.

VÍCTOR (*bajando la voz*): Se trata de María Luisa..., ¿verdad?

CARLOS: Eso dices.

VÍCTOR (*rápidamente, en voz alta*): No lo niega. No lo niega. Luego es ella.

CARLOS: Menos mal que te da gusto que sea ella.

VÍCTOR (*asombrado*): ¿Que me da gusto? ¿He dicho, he hecho algo que te haga pensar que me da gusto? Por el contrario... (*Se detiene arrepentido.*)

CARLOS: Por el contrario, te molesta, ¿no es así?

VÍCTOR: Desde luego que no me da gusto.

CARLOS: Entonces te molesta.

VÍCTOR: Me molesta, si quieres.

CARLOS: No, yo no quiero. Eres tú el que gusta de atormentarse con estas cosas.

VÍCTOR: ¿La quieres todavía?

CARLOS: Ya sabes que entre María Luisa y yo todo ha terminado.

VÍCTOR (*incrédulo*): ¿Todo? (CARLOS *no contesta.*) Y, no obstante, ella va a venir a verte.

CARLOS: Sí.

VÍCTOR: Y tú has dispuesto todo para esperarla como en otros tiempos.

CARLOS: Es la costumbre y sólo la costumbre. Tú sabes que yo me arranqué voluntariamente esa pasión por María Luisa. Aquello fue, como tú decías, una mutilación.

VÍCTOR: Sólo que, por lo visto, del mismo modo que el enfermo a quien han amputado una mano, aún sientes la presencia de esa mano; te duele y quisieras consolarte consolándola; acariciarte acariciándola.

CARLOS: ¿Y si así fuera...?

VÍCTOR (*irónico*): Es verdad, yo no tengo derecho a despertarte. Sería inhumano contribuir a que dejes de seguir creyendo que aún tienes la mano que ya no tienes.

CARLOS: ¡Imbécil! (*Luego, afectuoso*): ¡Cómo tendré que explicarte que un día me dije: «Todo esto debe acabar», y que desde ese día...!

VÍCTOR (*después de recorrer con la mirada el estudio*): ¡Ya lo veo!

CARLOS: ¿No me crees?

VÍCTOR: No. No te creo porque no es posible, cuando se trata de María Luisa, decir: todo se ha acabado. Sí, por el contrario, cerca de ella todo parece dispuesto a nunca acabar: la mañana, la noche, la conversación, la alegría..., la duda.

CARLOS (*soñando, involuntariamente*): Es verdad, es verdad.

víctor: ¡Lo ves!

carlos (*despertando*): Y, no obstante, yo me dije: «Esto debe acabarse», y se acabó.

víctor: ¿Se acabó?

carlos: Se acabó, créeme. Es inútil que espíes... Por lo menos, es inútil que me espíes.

víctor: Quieres decir... María Luisa en persona me dijo que hoy vendría a verte.

carlos: ¿Y tú que le dijiste?

víctor: Que no viniera, porque, de lo contrario, todo acabaría entre nosotros.

carlos: ¿Y qué te dijo?

víctor: Dulcemente, suavemente, me dijo que vendría a verte y que, además, no acabaríamos. Si la hubieras visto en el momento en que dijo esto, habrías comprendido que nunca, nunca acabaremos.

carlos: ¡Y a pesar de eso, la espías!

víctor: No, no es a ella a quien espío, te lo juro.

carlos: No necesitas jurarlo, es a mí a quien espías.

víctor: Quería saber si la esperabas.

carlos: Y cómo la esperaba.

víctor: Eso es.

carlos: Entonces, ahora que sabes que la espero y cómo la espero, te irás.

víctor (*inmutable*): No sé.

carlos: ¿Como, «no sé»?

víctor: No sé si podré irme. No sé si tendrás el valor de obligarme a que me vaya.

carlos: No seas tonto. Te he dicho que eso de María Luisa me lo arranqué para siempre.

víctor: Pero..., ¿no la sientes? ¿No te duele? ¿No te hormiguea?

carlos: ¿Qué?

víctor: ¡Esa mano!

carlos: ¿Qué mano?

víctor: ¡Ya lo ves! Se te olvida que ya no es tuya, que ya no la tienes. Involuntariamente crees que aún eres dueño de ella, que ella sigue formando parte de ti. Involuntariamente te has preparado para recibirla como cuando era... (*Se detiene.*)

carlos (*continúa*): Mía.

víctor (*con esfuerzo*): Eso es: tuya.

carlos: Si te dijera que nunca tuve la sensación de que María Luisa fuera mía, ¿me creerías?

VÍCTOR: Si lo dices para consolarme...

CARLOS: No lo entiendes. Quiero decir que María Luisa se me escapaba siempre, insensiblemente, cuando estaba cerca de mí. Con frecuencia tenía yo la sensación de que se ausentaba en el pensamiento; yo le preguntaba: «¿En qué piensas?», y en vez de contestarme como contesta todo el mundo, con la sonrisa de quien vuelve a la realidad: «En nada», me respondía con la misma sonrisa, volviendo de su ausencia a la misma realidad: «En ti». ¡En ti! Pero, ese ti, ¿era yo? No, seguramente. Este ti eras tú, era otro, era quién sabe quién o quién sabe qué. Y, no obstante, nada podía yo decirle, porque su respuesta era irreprochable.

VÍCTOR: Pero, ¿es posible?

CARLOS: Si quieres convencerte, cuando esté sola, a tu lado, abstraída, pregúntale: «¿En qué piensas?»

VÍCTOR (reaccionando): No, nunca se lo preguntaré. Quieres atormentarme.

CARLOS: Por el contrario, pretendo tranquilizarte haciéndote saber que ella no me quiso nunca.

VÍCTOR: Pero a mí sí me quiere.

CARLOS (con el veneno más dulce): ¿Lo dices porque piensa «en ti»?

VÍCTOR: Tienes razón: no sé cómo he podido afirmar que me quiere. Si así fuera, no vendría a verte esa noche, y, no obstante...

CARLOS: Vendrá. Pero eso no prueba que no te quiera. Bien puede venir y seguir queriéndote, si te quiere.

VÍCTOR: Es incomprensible.

CARLOS: Pero así es. No hay remedio.

VÍCTOR: ¿Estás seguro?

CARLOS: Completamente seguro. (Pausa breve.)

VÍCTOR: Contigo... ¿era también así?

CARLOS: No. Tenía otra manera de quererme; es decir, de no quererme. «Sabes—me decía—, esta noche rechacé una invitación de Antonio. Antonio es delicioso. Estoy segura de que me habría divertido mucho; pero, ya lo ves, te quiero y aquí me tienes a tu lado.» Al poco rato, su imaginación viajaba, y era entonces cuando yo le preguntaba: «¿En qué piensas?», y cuando ella me respondía: «En ti».

VÍCTOR: Pero eso es horrible.

CARLOS: Sí, horrible, pero irreprochable. (Un silencio.) Creo, sinceramente, que si yo tuviera que escoger, preferiría, al modo como me quería, el modo como dices que te quiere.

VÍCTOR: ¿Qué cosa?

CARLOS: Al menos a ti parece decirte: «Me voy con otro; pero pierde cuidado, allí estaré pensando en nuestro amor».

VÍCTOR: ¡Si alguien me asegurase que eso es verdad, que estando aquí piensa en nuestro amor...!

CARLOS (*de pie. Rápidamente*): ¿Me dejarías solo con ella? ¿Te irías? (VÍCTOR *no contesta*, CARLOS *se sienta; y dulcemente*): Ni yo ni nadie puede asegurártelo. Nada concreto, nada cierto sabemos de María Luisa. Cuando decimos que no piensa lo que dice...

VÍCTOR (*interrumpiéndolo*): Eso es concretamente: no piensa lo que dice.

CARLOS: Déjame terminar. Damos a entender que en otras ocasiones María Luisa piensa...

VÍCTOR (*interrumpiéndolo*): Cuando no dice lo que piensa, por ejemplo.

CARLOS: Pero, ¿estamos seguros de que María Luisa piensa? Pensar, lo que se llama pensar, esto que hacemos ahora nosotros: dudar, afirmar, deducir, perseguir y rodear la verdad, ¿crees que ella lo hace alguna vez? (*Pausa.*) ¿Por qué no contestas? No te atreves a decir que nunca lo hace. Pues bien: yo creo que si María Luisa pensara un minuto, un minuto solamente, se le enronquecería la voz, se le abrirían los poros, le brotaría un vello superfluo en la cara...

VÍCTOR: Sería horrible.

CARLOS: Sí, horrible; pero no hay ningún peligro de que esto suceda. (*Se oye el timbre de la puerta de entrada. De pie*, CARLOS *y* VÍCTOR *quedan suspensos. Luego*, VÍCTOR *vuelve a acomodarse tranquilamente en su asiento, ante la doble sorpresa de* CARLOS, *que, nerviosamente le dice*): Pero ¿no has oído?

VÍCTOR: Sí, he oído.

CARLOS: ¡Y no te mueves! Supongo que querrás irte. Puedes hacerlo por aquí (*indica la puerta de la izquierda*), sin que ella te vea, o bien...

VÍCTOR: Puedes abrir la puerta. No es ella.

CARLOS: ¿No es ella? Pero si no espero a nadie más.

VÍCTOR: Tampoco a mí me esperabas. Te digo que no es ella. Estás inquieto y tienes dos esperanzas que te impiden ver otra cosa: la esperas a ella y esperas que yo me retire. Yo sólo espero que ella no venga. Estoy celoso, y los celos me dan una lucidez increíble. La llamada, que en un principio me pareció, como a ti, de María Luisa, no es, no puede ser suya. (*Se oye otra vez el timbre.*) ¿Oíste? Es una llamada fría, indiferente.

CARLOS: Te aseguro que es ella.

VÍCTOR: No es ella... todavía. Si no abres, abriré yo mismo y te convencerás.

CARLOS (*resignado, yendo a abrir la puerta*): Está bien, iré. (VÍCTOR *queda inmóvil sin volver la cabeza. Se oye la voz de* CARLOS.) ¡Ah! ¡Eres tú! (*Entran* CARLOS *y* RAMÓN.)

ESCENA II

VÍCTOR, CARLOS y RAMÓN

VÍCTOR (*a* CARLOS): ¿Ya lo ves?

RAMÓN: ¡Qué! ¿Me esperaban? ¿Hablaban de mí?

CARLOS: No.

VÍCTOR (*simultáneamente*): Sí.

RAMÓN: ¿Por fin?

CARLOS: Sí.

VÍCTOR (*simultáneamente*): No.

RAMÓN: Siquiera por cortesía, pónganse de acuerdo. (*Silencio. Se quita el abrigo y lo deja en el diván.* CARLOS *y* VÍCTOR *cambian una mirada de cómplices ante la desdicha que ahora les une.*) Ya veo que estorbo. No obstante...

CARLOS: No obstante...

RAMÓN: Me quedaré. Pero sólo por un momento. (*Se sienta. Pausa breve.*) ¡Y pensar que estuve a punto de venir acompañado!

CARLOS: ¡Solo eso nos faltaba!

VÍCTOR (*alzando la cabeza. Interesándose. Casi al mismo tiempo*): ¿Acompañado? ¿Por quién?

RAMÓN: Por María Luisa. (CARLOS *hace un gesto de asombro.* VÍCTOR *sonríe.*) Nos encontramos precisamente en la puerta de la casa. Me preguntó si venía a verte, y aunque yo no lo había pensado, me pareció que, en efecto, no era una mala idea, y le dije que sí. Le pregunté si ella también venía a verte, y me dijo que no, que iba de compras.

CARLOS: ¿Te dijo que no?

VÍCTOR: ¿Te dijo que iba de compras?

RAMÓN: Me dijo ambas cosas.

CARLOS (*a* RAMÓN): Entonces, ¿crees que no vendrá?

VÍCTOR: Claro que no vendrá: mientras Ramón esté aquí con nosotros, contigo, pero apenas lo vea salir...

RAMÓN: ¿Qué quieres decir?

CARLOS (*a* VÍCTOR): ¿Luego tú crees que, a pesar de todo, vendrá?

VÍCTOR (*no contesta. A* RAMÓN): ¿Te ha dicho algo más?

RAMÓN: Me preguntó si Carlos me esperaba.

CARLOS: ¿Qué le dijiste?

RAMÓN: La verdad: que no.

VÍCTOR (*a* RAMÓN): ¿Te preguntó si tu visita a Carlos sería larga?

RAMÓN: No, eso no me lo preguntó: se lo dije yo. «Quiero que me preste algo que leer y me iré en seguida a casa. Me siento fatigado», le dije.

VÍCTOR (*casi para sí, otra vez. Con los codos en las piernas. Con la cabeza en las manos*): ¡Es horrible!

CARLOS (*a* VÍCTOR): Entonces, ¿crees que María Luisa no ha desistido?

VÍCTOR: No ha desistido: vendrá.

RAMÓN (*que ha comprendido algo, muy poco, de lo que sucede. A* CARLOS): Dame, pues, un libro. Me iré. (*Se levanta. Toma su sombrero y su abrigo.*)

CARLOS (*aparentando tranquilidad*): ¿Qué libro quieres?

RAMÓN: Cualquiera. Un libro cualquiera. Ya veo que lo importante es que me despida de ustedes y salga a la calle con un libro en la mano: el autor no importa.

CARLOS: Como quieras. Se hará lo que gustes.

VÍCTOR (*a* RAMÓN): Entonces, quédate.

CARLOS: No, no se quedará. Ha comprendido; debe irse.

RAMÓN: He comprendido que debo irme, pero me gustaría quedarme.

CARLOS: ¡Sí! Voy en busca del libro. (*Sale.*)

ESCENA III

VÍCTOR y RAMÓN

VÍCTOR (*rápidamente*): Si pudieras quedarte con cualquier pretexto.

RAMÓN: Si permanezco más tiempo en el estudio, abrirá la puerta y me echará a la calle.

víctor: Es verdad.

ramón: Pero ¿qué sucede? Dímelo en pocas palabras.

víctor: ¿En pocas palabras? Imposible.

ramón: Se trata de María Luisa, ¿verdad?

víctor: Si tú quisieras, al salir podrías decirle..., porque ella estará en la esquina o en la tienda o en cualquier otra parte de aquí, esperando que salgas..., podrías decirle...

ramón: ¿Qué cosa?

víctor: ¿Lo harías por mí? (*Sin ser visto, con un libro en la mano, aparece* carlos *en el umbral de la puerta y se detiene al oírlos hablar en tono confidencial.*)

ramón: ¿Qué debo decirle? Dilo pronto...

víctor: Que estoy aquí, que no debe subir. ¿Se lo dirás?

ramón (*al darse cuenta de la presencia de* carlos): ¡Hum!

ESCENA IV

VÍCTOR, RAMÓN y CARLOS

carlos (*desde el umbral, a* ramón): No. (*Arroja el libro sobre el diván. A* víctor): No se lo dirá. (*A* ramón): Has dicho que te gustaría quedarte aquí y te daré gusto.

víctor: Me parece muy bien. Nos quedaremos.

carlos: Se quedarán aquí en su casa. Soy yo quien se va a esperar, en la puerta, a María Luisa.

víctor: ¿Serás capaz?

ramón: Yo no puedo quedarme. Vine a pedirte un libro...; me siento mal.

carlos: En la otra pieza tendrás todos los libros que gustes. Y, en último caso, puedes pasar aquí la noche. (*A* víctor): En cuanto a ti...

víctor (*de pie*): Saldremos juntos.

carlos: Por ningún motivo. Saldré solo. Te quedas en tu casa.

víctor: ¿Debo entender que estás decidido a hacerme una mala jugada?

carlos: Debes entender que, puesto que no puedo esperar a María Luisa aquí, en mi estudio, he decidido esperarla en la puerta de la casa. Así no le darán tus recados. María Luisa y yo iremos a cualquier parte, no sé...

víctor: Eso quiere decir que me has mentido, que aún la quieres.

CARLOS: Eso quiere decir que si me ha prometido venir es porque quiere hablar conmigo a solas.

VÍCTOR: ¿Hablarte? ¿De qué pueden ustedes hablar ahora?

CARLOS: No lo sé. Justamente, si la espero es para saberlo.

VÍCTOR (*amargamente*): Y no temes que María Luisa no sólo venga a hablar contigo...

RAMÓN: Eso no se teme. Más bien se desea.

VÍCTOR (*a* RAMÓN): ¡Imbécil!

CARLOS: Si yo no bajo a esperarla, ella no subirá y nunca sabré el objeto de su visita.

VÍCTOR: Es verdad, nunca lo sabremos.

CARLOS (*triunfante*): Luego estás de acuerdo en que debo bajar.

VÍCTOR: Creo que es irremediable.

CARLOS: Entonces, bajaré. (*Empieza a quitarse la bata y sale por la puerta que da a su pieza.*)

ESCENA V

VÍCTOR, RAMÓN y la voz de CARLOS

VÍCTOR (*rápidamente*): ¿Crees que sea capaz de decirme luego la verdad?

RAMÓN: Si la verdad es en favor suyo...

VÍCTOR: Tienes razón, sólo así.

RAMÓN: En su caso, ¿le dirías toda la verdad? (VÍCTOR *no responde.*) Vamos, dilo francamente.

VÍCTOR: No. Creo que no.

RAMÓN: Si yo pudiera hablarle. Si ella me tuviera confianza o yo se la inspirara... le preguntaría por qué viene a visitar a Carlos. Y luego...

VÍCTOR: Me dirías la verdad.

RAMÓN: Naturalmente.

VÍCTOR: Entonces... (*Se oye en este momento el timbre de la puerta de entrada. Un sonido breve, ligero, anuncia a María Luisa.*) Un momento..., es ella.

LA VOZ DE CARLOS: ¡Qué! ¿Han llamado?

VÍCTOR (*a* CARLOS, *gritando*): No han llamado. Es tu conciencia. (*A* RAMÓN): Recíbela tú. Háblale; pregúntale la verdad. Yo impediré que Carlos salga antes de que tú lo sepas todo. Lo convenceré. (*Sale al cuarto de* CARLOS. *Cierra la puerta.* RAMÓN *sale a abrir la puerta de entrada. Se oye la voz pura, cándida, dulce, benévola, a veces como de niña, a veces como de estatua, de* MARÍA LUISA.)

ESCENA VI

RAMÓN y MARÍA LUISA

LA VOZ DE MARÍA LUISA: ¡Oh! ¿Usted aquí?
LA VOZ DE RAMÓN: Pase usted, María Luisa. (*Entran.*) ¿No esperaba encontrarme? Me disponía a salir. Ya ve usted. Aquí está el libro. Aquí mi abrigo... y mi sombrero.
MARÍA LUISA (*indiferente*): Ya los veo. ¿Y Carlos?
RAMÓN: Se está vistiendo.
MARÍA LUISA (*inocente*): ¡Qué! ¿Estaba desnudo?
RAMÓN: Sí, en el baño.
MARÍA LUISA (*como para sí*): Es curioso.
RAMÓN: ¿Qué?
MARÍA LUISA: Nunca antes había imaginado a Carlos desnudo.
RAMÓN: Luego... ¿también ustedes imaginan?
MARÍA LUISA: ¿Qué se imagina usted? (*Como para sí*): Pero a Carlos... Es curioso, no puedo imaginarlo sin cuello siquiera. Cierro los ojos y lo veo con la corbata siempre en su sitio, con el pañuelo en el suyo; irreprochable. (RAMÓN *se ha compuesto impensadamente la corbata, el pañuelo. Se sientan.*)
RAMÓN: Y a Víctor, ¿cómo lo imagina usted?
MARÍA LUISA: No sé... En traje de «sport»... En traje de baño.
RAMÓN (*sin malicia*): ¿En traje de baño?
MARÍA LUISA (*representándoselo*): Sí, en traje de baño.
RAMÓN: ¿Y a mí?
MARÍA LUISA (*sin enojo*): Qué tonto es usted. A usted no lo imagino de modo alguno. Usted...
RAMÓN: Yo...
MARÍA LUISA: No existe.
RAMÓN: ¿Que yo no existo?
MARÍA LUISA: Al menos, para mí. (*Pausa breve.*) Usted no me ha amado nunca, usted no me ama, luego...
RAMÓN: No existo.
MARÍA LUISA: Eso es.
RAMÓN: Es verdad que no la he amado nunca, que no la amo, pero...
MARÍA LUISA: ¿Qué?

RAMÓN: He amado a otras mujeres..., a otra mujer.

MARÍA LUISA: ¿Es posible? (*Transición*). ¡Qué tonta soy! Usted ha amado a otra mujer, luego...

RAMÓN: Existo.

MARÍA LUISA: Tal vez. Pero, ¿dice usted que ya no la ama?

RAMÓN: Pero la amé.

MARÍA LUISA: ¡Oh!, entonces quién sabe si la ama usted aún.

RAMÓN: No sé, tal vez; la verdad, no comprendo...

MARÍA LUISA: ¡No comprender! Yo, por ejemplo, no tengo que amar a Carlos, puesto que ya no me ama, y, no obstante, no comprendo por qué, para qué estoy aquí, en su estudio.

RAMÓN: Entonces, ¿usted ama a Carlos?

MARÍA LUISA: Si es que lo amo, no comprendo por qué lo amo.

RAMÓN: Pero, ¿a Víctor?

MARÍA LUISA (*con cansancio*): Es fácil saber por qué lo amo; me cela, me sigue, me obedece, me acaricia...

RAMÓN: La cansa, ¿no es verdad?

MARÍA LUISA: No, no es verdad. Es decir: me cansa; pero, sobre todo, me ama.

RAMÓN: En cuanto a Carlos...

MARÍA LUISA: Me evita, me olvida; le soy indiferente...

RAMÓN: Y, no obstante, usted lo ama.

MARÍA LUISA: No lo sé. He venido a saberlo, quizás. Eso es: he venido a saberlo. Pero ya ve usted, Carlos no está aquís. Carlos no quiere verme.

RAMÓN: Sí está. Sí quiere verla.

MARÍA LUISA: Pero está desnudo; es decir, invisible para mí. Si entrara en este momento, tendría yo que cerrar los ojos.

RAMÓN: Y, no obstante, hace un momento, con los ojos cerrados, lo imaginó usted, a pesar suyo, desnudo.

MARÍA LUISA (*cerrando los ojos, estremeciéndose*): Sí, desnudo, delgado, ¡horrible!

RAMÓN: Tal vez se equivoque su imaginación.

MARÍA LUISA: Imposible. Nuestra imaginación no se equivoca. Usted, por ejemplo, desnudo...

RAMÓN (*temeroso*): No, por Dios. No lo diga usted.

MARÍA LUISA (*con su voz más cándida*): ¿Tiene usted algún defecto físico? Pero, no se preocupe. Usted..., usted no existe. Me olvidaba de que usted no existe. (*Pausa.*)

RAMÓN: ¿Y es muy difícil existir para usted? (MARÍA LUISA *no contesta. Se ha quedado pensando en otra cosa.*) ¿Por qué no me responde?... ¿En qué piensa?

MARÍA LUISA (*despertando*): En ti. (*Se asombra de su frase.*) ¡Oh! ¿Qué he dicho?

RAMÓN (*tímidamente*): Ha dicho que pensaba en mí.

MARÍA LUISA: No, no es posible. Cuando usted me preguntó: «¿En qué piensa?», yo le respondí: «En nada». En nada; ¿en qué otra cosa podía pensar?

RAMÓN: Tal vez...

MARÍA LUISA: ¿Lo duda usted?

RAMÓN (*dudando más que antes*): No, no lo dudo.

MARÍA LUISA: ¿Verdad que he dicho que no pensaba «en nada»?

RAMÓN: Es verdad.

MARÍA LUISA: Qué bueno es usted.

RAMÓN: Es verdad. (*Asustado de su frase.*) No quise decir eso.

MARÍA LUISA: No quiso decirlo, pero es verdad. (*Pausa.* RAMÓN *se ha quedado pensativo.*) ¿En qué piensa?

RAMÓN (*despertando*): En nada.

MARÍA LUISA: Dígalo usted. Téngame confianza. (*Se acerca a* RAMÓN.)

RAMÓN: No digo más que la verdad.

MARÍA LUISA: Entonces diga: «Pensaba en mí».

RAMÓN: «Pensaba en mí».

MARÍA LUISA: No en usted: «En mí».

RAMÓN: Eso es: «Pensaba en usted».

MARÍA LUISA: «En ti».

RAMÓN: «En ti».

MARÍA LUISA: Ya lo ve usted. Sin darse cuenta, sin saberlo, pensaba usted «en mí».

RAMÓN (*arrobado*): Es verdad, sin darme cuenta.

MARÍA LUISA: Y, además, sin pensarlo, me ha hablado de tú.

RAMÓN: Sí, de tú. (*Luego, despertando.*) Dispénseme, María Luisa.

MARÍA LUISA: No has cometido falta. Ya ves, también yo, sin pensarlo, te hablo de tú.

RAMÓN (*como un eco*): ... de tú.

MARÍA LUISA: Hablémonos, desde ahora, de tú. De todos modos, algún día, o quién sabe, mañana...

RAMÓN: Algún día, o mañana...

MARÍA LUISA: Me amarás.

RAMÓN: Sí..., te amaré. (*Despertando.*) Pero, ¿y Carlos?

MARÍA LUISA: Carlos me amó.

RAMÓN: ¿Y Víctor?

MARÍA LUISA: Víctor me ama. Pero tú me amarás. No ahora, no; algún día.

RAMÓN (*arrobado*): Sí, algún día..., mañana tal vez.

MARÍA LUISA (*como un eco*): Tal vez.

RAMÓN: Pero si Carlos te amó y Víctor te ama...

MARÍA LUISA (*continuando la frase*): Tú me amarás.

RAMÓN: Pero ¿tú a quién amas?

MARÍA LUISA: Yo amo simplemente. Amo a quien me ama.

RAMÓN: Pero ¿no crees que es preciso optar, escoger? ¡Porque los tres a un tiempo...!

MARÍA LUISA: A un tiempo, no; en el tiempo.

RAMÓN: ¿Cómo?

MARÍA LUISA: En el pasado, en el presente, en el mañana.

RAMÓN (*arrobado*): No sé...

MARÍA LUISA: Necesitaría morir para no amar a Carlos, que me amó; a Víctor, que me ama... (RAMÓN *se encoge, baja la cabeza*); a ti, que me amarás.

RAMÓN (*tímidamente*): Entonces, cuando yo te ame así, como ahora Víctor, en presente, ¿amarás a otro, al que te amará?

MARÍA LUISA: Sí. Tal vez. ¿Por qué no?

RAMÓN: Pero eso será horrible.

MARÍA LUISA (*acercándosele. Poniendo su mano en el hombro de* RAMÓN): No pienses, no sufras. No olvides que aún no me amas.

RAMÓN (*recobrando el valor*): Es verdad. Ahora es Víctor el que debe sufrir porque tú me amas ya. Porque tú me amas, ¿no es cierto? (*Se toman las manos.*)

MARÍA LUISA: Sí, te amo porque me amarás.

RAMÓN: Porque te amaré. (*Durante la última frase del diálogo,* VÍCTOR *y* CARLOS, *en traje de calle, han entrado sin ser vistos.* CARLOS *se adelanta hacia* MARÍA LUISA *y* RAMÓN. VÍCTOR, *avergonzado, disminuido, se oculta a medias.*)

ESCENA VII

RAMÓN, MARÍA LUISA, CARLOS y VÍCTOR

CARLOS (*con su voz más firme*): ¡María Luisa!

MARÍA LUISA (*sin inmutarse*): ¡Ah!, eres tú, Carlos. ¿Por qué has tardado tanto? (*Al ver a* VÍCTOR.) ¿Tú aquí, Víctor? ¿Por qué te ocultas?... (*Pausa breve.*) ¡No me dicen nada!

CARLOS (*fríamente*): Nada.

VÍCTOR (*colérico y vencido*): No hace falta decir nada.

MARÍA LUISA (*serena, plácida*): Yo les diré una cosa. (*A* RAMÓN):

Si tú me lo permites, Ramón... (*A* VÍCTOR *y* CARLOS): Me siento dichosa.

VÍCTOR (*rápidamente*): Ya lo sabemos.

MARÍA LUISA: No sabes nada, Víctor. Nunca sabes nada; dudas, imaginas, investigas, pero nunca sabes la verdad.

CARLOS: Has dicho que te sientes dichosa.

MARÍA LUISA: Porque Ramón...

CARLOS: Te quiere.

MARÍA LUISA: No, no me quiere. (*A* RAMÓN): ¿Verdad que no me quieres?

RAMÓN (*en el colmo del amor*): No, no te quiero.

MARÍA LUISA: ¿Ya lo oyen? No me quiere; me querrá.

VÍCTOR: Pero eso no es posible, María Luisa.

MARÍA LUISA: Sí es posible. Tú bien sabes que es posible. Cuando Carlos me amaba, como tú ahora, no sabías que ya me amabas, pero yo te amaba desde entonces, porque sabía que un día me amarías.

CARLOS (*colérico*): Y ahora le ha tocado a Ramón su turno.

MARÍA LUISA: No me entiendes. No quieren entenderme. No es su turno, no. No es que uno esté detrás o después del otro en mi amor. Según eso, tú no existirías ya para mí, puesto que ya no me amas. No obstante, yo te amo, no porque hayas dejado de amarme, sino porque un día me amaste.

VÍCTOR: Está bien, ¿pero a mí?

MARÍA LUISA: A ti te amo, eso es todo.

VÍCTOR: Luego Ramón sale sobrando.

MARÍA LUISA (*sin oírlo*): Pero Ramón, que no me ama todavía, me amará, estoy segura, y sólo por el hecho de saberlo, ya lo amo.

CARLOS (*despechado*): No cabe duda; eres precavida. Si uno te deja de amar...

MARÍA LUISA: No me entiendes aún. ¿Qué quiere decir que me dejen de amar cuando yo sigo amando?

VÍCTOR: ¿Quieres decir que nos amas a los tres a un tiempo?

MARÍA LUISA: No como tú lo entiendes. A un tiempo, no; en el tiempo.

VÍCTOR: Pero si Carlos ya está en el pasado.

MARÍA LUISA: Es verdad. Y tú en el presente y Ramón en el futuro. Pero ¿qué son, en este caso, pasado, presente y porvenir, sino palabras? Si yo no he muerto, el pasado está como el presente, y del mismo modo que el futuro, en mí, dentro de mí, en mis recuerdos, en mi satisfacción, en mis deseos, que no pueden morir mientras yo tenga vida. (*Pausa breve.*) ¿Verdad que ahora me comprenden?

CARLOS (*como a pesar suyo*): Sí, te comprendo. (*Toma asiento.*)

VÍCTOR: ¡Tal vez! (*Toma asiento.*)

RAMÓN: No, no te comprendo; pero no importa; un día comprenderé. (*Toma asiento.*)

MARÍA LUISA: Todos han comprendido. Tú, Carlos, que ya no me amas, confiesas. Tú, Víctor, que me amas, dudas todavía. Y Ramón, que aún no me ama, espera que un día comprenderá. (*Se oye el timbre de la puerta. Con excepción de* MARÍA LUISA, *los demás parecen no haber oído.*) Han llamado (*A* CARLOS): ¿Esperas a alguien más?

CARLOS: A nadie. ¡Es extraño! (*Sale a abrir. Se oye casi en seguida la voz del* DESCONOCIDO.)

ESCENA VIII

MARÍA LUISA, RAMÓN, VÍCTOR, CARLOS y EL SEÑOR DESCONOCIDO

LA VOZ DE DESCONOCIDO: ¿La señorita? ¿Tiene usted la bondad de avisar a la señorita?... A la señorita que entró hace un rato...

MARÍA LUISA (*de pie, dándose súbitamente cuenta de su olvido*): ¡Es verdad! ¡Lo había olvidado!

LA VOZ DE CARLOS: Pase, pase usted. (*Entra con* CARLOS *un* SEÑOR JOVEN, *increíblemente aliñado, increíblemente tímido y, en consecuencia, increíblemente ridículo. Lleva en la mano tres paquetes grandes.*)

CARLOS (*a* MARÍA LUISA): El señor pregunta por ti.

MARÍA LUISA (*al* DESCONOCIDO): ¡Perdóneme, perdóneme! ¡En qué estaba pensando!

EL DESCONOCIDO: Yo hubiera querido... esperar más tiempo. Pero temía..., que usted..., que usted...

MARÍA LUISA: Lo hubiera olvidado. Así fue. Dispénseme. (*Se apresura recoger los paquetes, que* CARLOS, VÍCTOR *y* RAMÓN *le quitan a su vez y que ya no abandonarán.*) No volverá a suceder. Y muchas gracias. Pero debe de estar rendido. Tome asiento, acérquese usted.

EL DESCONOCIDO (*azorado, cohibido, nerviosísimo*): No, muchas gracias. Debo irme. A sus órdenes, señorita. (*A todos*): Buenas noches. (*Sale aturdido.*)

ESCENA IX

MARÍA LUISA, RAMÓN, VÍCTOR y CARLOS

MARÍA LUISA (*respirando plenamente*): Lo había olvidado. ¡Pobrecillo! (*Pausa.*)

CARLOS (*tomando asiento*): ¿Quién es?

MARÍA LUISA: No sé quién es.

VÍCTOR (*tomando asiento*): Pero ¿no sabes quién es?

RAMÓN (*tomando asiento*): No sabe quién es.

MARÍA LUISA (*en el centro del grupo*): Lo encontré al salir de la tienda. Se me acercó, y con toda la timidez del mundo me rogó que le permitiera llevar los paquetes. Me miraba de un modo tan sumiso, que me pareció cruel no concederle lo que pedía. Eché a andar y, naturalmente, me siguió, sin hacer ruido, sin atreverse a hablar. Entré en esta casa, y debo de haber subido muy de prisa, o a él se le cayó un paquete, no sé; el caso es que, al entrar aquí, lo olvidé por completo... (*Pausa.*) Pero, ¿por qué callan? ¿Hay algo de malo en todo esto?

CARLOS: Nada, yo creo que nada. (*Pausa breve.*)

VÍCTOR: Es posible que nada. (*Pausa breve.*)

RAMÓN (*temeroso, haciendo un gran esfuerzo, se atreve*): Pero, ¿no pensó usted, María Luisa, al verlo tan dócil, tan inofensivo, que bien podía ser el hombre destinado a quererla?

MARÍA LUISA: No, no lo pensé entonces; o, si lo pensé, no lo recuerdo; o, más bien, oculté mi pensamiento en seguida.

RAMÓN (*con tristeza*): ¡Lo ve usted!

MARÍA LUISA: Pero en caso de que así hubiera sido, ¿no ha visto usted que él no supo esperar?

RAMÓN (*con alegría, satisfecho*): Es verdad. No supo esperar. (*Pausa. Una misteriosa luz cenital invade el estudio. Todos permanecen inmóviles, abstraídos. Ellos, con un paquete cada uno en la mano. Ella sonriente, dichosa, ausente. De pronto, VÍCTOR se le queda mirando y le pregunta con firmeza.*)

VÍCTOR: María Luisa, ¿en qué piensas? (*Todos esperan, anhelantes, la respuesta.*)

MARÍA LUISA (*despertando, en voz baja, casi impercertible*): En nada.

VÍCTOR: ¿En nada? No es posible. (*Baja la cabeza.*)

CARLOS: No es posible. (*Baja la cabeza.*)

RAMÓN: No, no. (*Baja la cabeza.*)

MARÍA LUISA (*sin salir del centro del grupo, acaricia los cabellos de cada uno*): Aquí, a tu lado, Víctor; al lado de Carlos; junto a tí, Ramón, me siento dichosa; ¿quieren saber en qué pienso? (*Todos la miran ansiosos, esperanzados.*) En nada. Soy feliz. No pienso en nada. (*Bajan todos la cabeza, acarician involuntariamente el paquete.* MARÍA LUISA *sonríe feliz, como una diosa feliz, mientras cae el*

TELÓN.)

A. CUESTIONARIO

1. Describa la diferencia entre esperar y observar, según la obra.
2. ¿Cómo es María Luisa? Describa su personalidad y su parecer.
3. ¿Cómo definen Víctor y Carlos el concepto de pensar?
4. ¿Por qué ha venido María Luisa a la casa de Carlos?

B. TEMAS DE DISCUSIÓN Y COMPOSICIÓN

1. Carlos habla de cuando María Luisa «era mía.» ¿Cómo reacciona Ud. a la idea de que alguien pertenezca a otra persona?
2. Describa el concepto que tiene María Luisa del amor. ¿Cómo figura el tiempo en su filosofía de amor?
3. ¿Cómo describiría Ud. la imagen de la mujer que resalta de la obra? ¿Tiene poder María Luisa? ¿Por qué o por qué no? ¿Es una mujer moderna? ¿Representa ella un estereotipo de la mujer? Explique.

C. EJERCICIO

Cambie las siguientes frases al tiempo imperativo, según las indicaciones entre paréntesis.

> *Ejemplo*   Él envió la carta.
> Envía la carta. *(Familiar Singular)*
> Envíe la carta *(Formal Singular)*

1. ¿Por qué no te sientas?   *(Form. Sing.)*
2. No podrás negar que espías.   *(Fam. Sing.)*
3. No me enfado.   *(Fam. Sing. Neg.)*
4. He mentido.   *(Form. Pl. Neg.)*
5. Van a despertar a María Luisa.   *(Form. Pl.)*
6. Me iré.   *(Form. Pl. Neg.)*
7. Nunca se lo preguntaré.   *(Fam. Sing.)*
8. Te quiero.   *(Fam. Pl.)*
9. Haré lo que quieres.   *(Fam. Sing.)*
10. Él me lo dice en pocas palabras. *(Fam. Sing.)*

Vocabulario

Abbreviations

adj	adjective	*fig*	figurative
arch	architecture	*Fr*	French
bot	botany	*m*	masculine
coll	colloquial	*n*	noun
elec	electricity	*naut*	nautical
f	feminine	*pl*	plural

This vocabulary intends to be complete except for the following items: exact or easily recognizable cognates; numbers; common pronouns, prepositions, and conjunctions; regular and irregular forms of most common verbs; the infinitive when the regular past participle is given; adverbs ending in *-mente* when the adjective is given; diminutives when the noun or adjective is included; and basic words a first-year student is expected to know. Idioms are listed under the key word(s) in the phrase.

abalanzarse to pounce
abanicarse to fan oneself
abanico fan
abelmosco *(bot)* abelmosk, a resinous plant
abordar to approach
aborrecer to hate
aborrecible hateful
abotonarse to fasten oneself
abrigo overcoat
abrumado overwhelmed
abuchear to boo, jeer at
acariciar to caress
acarrear to carry
acaudalado wealthy, opulent
acceder to acquiesce
acunar to cradle
achacar to attribute
achaque *m* ailment

achicar to diminish
achicharrarse to get overheated
adefesio ridiculous spectacle; fool
adentros *m pl* insides
adulón *m* flatterer
afeitar to shave
aferrarse a to cling to
affiche *(Fr)* poster, handbill
afín related
afligido grieved
aflojar to let go, loosen
agacharse to crouch
agarrón *m* grab, grasp
agasajado splendidly entertained
agobiado in anguish
aguardiente *m* strong liquor

ahuyentar to frighten away
ajustado tight, close-fitting
alambre *m* wire
alarido scream, howl
albañal *m* cesspool, sewer
alcahuetería chicanery, trickery
alcantarillado sewer
alejarse to draw away
alelado stupid
alféizar *m* windowsill
alfeñique *m* person of a delicate constitution
algarabía *(coll)* uproar, hubbub
aliñado groomed, dressed
alma gemela kindred spirit
almendruco green almond
almidón starch
almidonar to starch
almilla short, tight-fitting jacket or blouse worn under one's clothing
almorejo *(bot)* foxtail
altanero haughty
altivo proud
alucinado hallucinating
aluvión *m* mudslide
amapola poppy
amargura bitterness
amarrar to fasten, tie
amenazar to threaten
amortiguar to cushion
amparado sheltered, protected
analfabeto *adj & n* illiterate
anaquel *m* shelf
andillo time-wasting
andrajo rag
anegarse to become flooded, inundated
anhelante breathless
antiparras *f pl* eyeglasses
  antiparras cabalgadas sobre la nariz ciceroniana eyeglasses resting on a distinguished nose
antojo whim

añoranza longing
apacible placid
apaciguador pacifying
apagón *m* blackout
apalear to beat
aparentar to pretend to be
aplastar to crush
apoderarse to take over
apodo nickname
apretujar to crowd
apuesta bet
apuesto handsome
araña spider
arañar to scratch
arete *m* earring
arrebatarse to snatch
arremeter to attack
arremolinarse to crowd
arrepentirse to repent
arriesgar to risk
arrobado ecstatic
arrodillarse to kneel
arrollar *(coll)* to run over, knock down
arroyo stream, brook
arrugado wrinkled
arrugararse to shrink, shrivel up
asco disgust, repugnance
aseo cleaning, straightening up
asidero grip
asomarse to lean out
áspero rough
atado de ropa bundle of laundry
atareado toiling, busy
atenerse a to depend on
aterido stiff, numb with cold
atinado correct; shrewd
atisbar to spy on
atolondrado hare-brained, reckless
atragantarse to choke, gag
atreverse to dare
atrio courtyard
audífono earphone

aullar to howl
aureola aureole, halo
autocarril *m* electric or diesel
railway car
avasallador submissive
avergonzado embarrassed
axila armpit
azar *m* chance; hazard
azorado bewildered
azotarse to be whipped around
azufre *m* sulfur

babieca *m & f* stupid person
bacalao codfish
bala bullet
balbucir to stutter
balón *m* tank
balleta (bayeta) floor mop
bambolearse to sway, wobble
bandeja dish, platter; tray
bandoneón *m* large concertina
or accordion, used esp. in
Argentina
barullo uproar, disorder
barraca cabin, hut
barrer to sweep
barrigudo pot-bellied
bastidores *m pl (theat)* scenery
bata bathrobe
beato prudish
bellaquería cunning,
wickedness
bemoles, tener to be difficult,
problematic
biliar, cálculo gallstone
bilis *f* bile
biombo folding screen
bledo, me importa un it
doesn't matter to me at all
blonda lace made of silk
bocina phonograph horn
bodegón *m* saloon
boñiga cattle manure
borrachín *m* drunk

borracho *n & adj* drunk
borra sucia dirty dregs
bosquejo sketch
bostezar to gape; to yawn
boticario drugstore, apothecary
bragas *f pl* breeches
bravata bravado, boasting
brequero *(Am)* brakeman on a
train
bribón *m* rascal, scoundrel
brisa breeze
brocha shaving brush
brotar to bud, sprout; to spring
forth, gush
bufanda muffler, scarf
buitre *m* vulture
bula bull, an instrument
despatched from the papal
chancery; edict
burbujear to bubble
buzón *m* mailbox

cabal perfect, exact
cabalgado mounted on
cabaña de troncos log cabin
cabecear *(naut)* to pitch
cachaco *(coll)* policeman
cadáver de cigarillo *m*
cigarette butt
cadenita jewelry chain
cadera hip
cadillo wild parsley or burdock
calamina, techo de zinc roof
calcetines *m pl* socks
cálculo biliar gallstone
calderilla coin of non-precious
metal
calzar *(coll)* to grasp mentally;
to wear shoes
camándula rosary
tener camándulas to be full
of tricks
cámara camera
cámara negra blacked out
stage set

en cámara lenta in slow
motion
campante cheerful
campiña countryside
canalla scoundrel, swine
canasta basket
candileja footlight
canoso grey-haired
capirote *m* hood, cap
capricho whim, fancy
carabinero customs guard
carátula title page
carcajada outburst of laughter
cargador *m* porter
caritativo charitable
carraspear to clear the throat
cartulario archivist
casaca coat
cascado wavering
casco helmet
caserío hamlet, country house
castaña chestnut
**sacarle a alguien las
castañas del fuego** to use
another person to accomplish
one's own purposes or solve
one's problems
castañetear to snap
castizo pure
casulla chasuble, vestment
worn by priests
catalejo telescope
Cataratas del Niágara *f pl*
Niagara Falls
cegar to grow blind
ceja eyebrow
fruncir las cejas to frown
celar to keep an eye on
celeste, cintita blue ribbon
celestina female procurer
cenital *adj* uppermost
ceño countenance, brow
cepo pillory, stocks, trap
cicatriz *f* scar
cinta tape, ribbon

cintita celeste blue ribbon
cirio wax candle
cirugía surgery
cirugía estética plastic
surgery
claudicante *adj* deliberating,
halting
clavel *m* carnation
coartada alibi
cochino pig
codo elbow
cofrade *m & f* member of an
organization
cofradía fraternity, organization
cogote *m* nape of the neck
cohibido restrained, inhibited
cojo lame person
colchón *m* mattress
colegiala schoolgirl
cólera anger
colmo heap, summit; limit
**para colmo, lo que es el
colmo** to top it off
columpio swing
comarca town
cómitre *m* galley slave
compás *m* measure, beat
seguir el compás to keep
time
componenda compromise,
settlement
compungido sorrowful,
remorseful
concursante *m & f* competitor,
contender
confitado confident
consabido aforementioned
constar to be on record
consuetudinario customary,
usual
contante *adj* ready
**dinero contante y
sonante** ready cash
convivencia cohabitation
copa alcoholic drink

cordel *m* cord, string
cordillera chain of mountains
cornisa *(arch)* cornice
coro chorus
correa strap
correveidile *m & f* go-between
cosquilleo tickling sensation
costeño of, from, or pertaining
to the coast
costura seam; needlework
cotejar to compare
covacha small cave
coz *f (pl* coces*)* kick
crepúsculo twilight
criado entre algodones
brought up in comfort
criadillas al jerez dish of
truffles in sherry
crío creature; baby
crispado twitching, trembling
crucigrama *m* crossword
puzzle
crujir to rustle, crackle
cubiertos *m pl* tableware
cubo bucket
cuerda watch spring
cuerdo sensible, prudent
cuerno horn
cueros, en nude
culito de rana *(coll)* frog's
buttocks

chacona ancient music and
dance of Spanish origin
chantajista *m & f* blackmailer
chapín de raso *m* woman's flat
clog with a cork sole
chapotear to splash
chicote *m* end of a rope; whip
chirona jail
chismoso gossipy, catty
cholo both derogatory and
affectionate term used by
Peruvians for each other
choza hut

dañino harmful, dangerous
degollar to behead
dejo aftertaste
delantal *m* apron
demente *m & f* insane person
dengue *m* affectation,
overniceness
derrumbado tumbled down,
collapsed
desaliñado messy
desatar to break loose
desconfiar to worry, mistrust
desdeñoso disdainful
desdicha misfortune
desechar to discard, cast aside
desembocadura opening
desenfadado easy,
unconstrained
desenlace *m* outcome, result
desfalleciente languishing,
pining
deshaga, no sea que me lest I
crumble
deshojarse to lose one's leaves
or petals
desistir to desist, give up
deslizar to slip
desmedido excessive
desmudado pale
despavorido terrified
despectivo disparaging
despechado spiteful, enraged
desplazarse to move
desplomarse to collapse
despojar to rob; to spoil
desprender to loosen; to fall
out
destrozado destroyed
desvergonzado shameless
desvestirse to undress
dicha good fortune
digerir to digest
discurrir to guess; to contrive,
invent
disfrazar to disguise

disimuladamente slyly
disparado running away, turning away violently
disyuntivo disjunctive (verb tense)
diuna vez *(coll)* **de una vez**
domar to tame, master
donaire *m* grace, charm
dorso back
dramaturgo playwright
drenaje *m* drainage
ducado old Spanish coin
ducho skillful
dulzura sweetness; pleasantness
durmiente *m* tie on railroad tracks

ebrio intoxicated
eclosión *f* appearance; birth
embalsamado embalmed
embellecer to embellish, beautify
embestir to attack; to charge (a bull)
embetunado blackened; covered with tar
emboscada ambush
embozarse to muffle oneself up to the eyes
embrujo charm; magic; spell
embuste *m* lie, fraud
embustes *m pl* trinkets
empalagoso sickening; annoying
empuñadura hilt of a sword or dagger
enagua petticoat; skirt
enajenación *f* alienation
enajenado alienated, uninvolved
enaltecer to praise, exalt, extol
enardecido excited; impassioned with anger
encapricharse to become infatuated

encaramarse to attain a high position, climb to the top
encartuchado in a cone-shaped position
encolerizarse to become angry
encorvarse to bend, stoop over
ene, ser de it goes without saying (that)
enésimo nth
enfrascarse to be engrossed
engomar to glue
enjaretar *(coll)* to introduce into a conversation
enjaulado caged, locked up
enjundia substance
enloquecido crazed
enlutado in mourning
enmienda correction or mending of one's ways
enredarse to become entangled, mixed up
ensanchar to enlarge
ensayado rehearsed, practiced
ensordecer to deafen
enternecerse to touch or move
entierro burial
envejecer to grow old
erguirse to straighten oneself up
erizado covered with bristles, spiny
escalofriante *adj* chilling, shivery
escarbar to scratch, poke, pick
escarpín *m* thin-soled open shoe
escobillón *m* cleaning brush
escosés, whisky *m* Scotch whiskey
escote *m* décolletage
escultural *adj* sculptural; statuesque
escupir to spit
esmalte *m* enamel
esparcimiento relaxation; diversion

espuma foam
estafa trick
estallar to explode
estirar to extend
estorbo disturbance
estrabismo squint; cross-eye
estremecerse to tremble,
  shake
estrenar to perform for the
  first time
estrépito noise, racket
estropajo mop
estruendo noise; pomp, show
estrujar to squeeze
etéreo ethereal
excusado bathroom
exprimir to squeeze, press
éxtasis *m* ecstasy
extrañado surprised
extraviarse to go astray, get
  lost; to go wrong

factible feasible
falsete *adj* falsetto
famélico famished, starving
fango mud, slime
faro beacon, lighthouse
fastidiar to annoy; to
  disappoint; to bore
febril feverish
feligrés *m* parishioner, church
  member
feraz fertile
feria fair
  en feria on exhibit
festejar to celebrate
ficha character
fierro iron pole
filatélico *adj* philatelic, related
  to stamp collecting
flatos gas, flatulence
forcejear to resist; to struggle
forjar to forge; to build
foro back of a stage
fracasar to fail

franquear to free; to clear; to
  cross
fregado *(coll)* mess
fregar to scrub
friso *(arch)* frieze
fruncir to wrinkle (the brow,
  nose, etc.)
  fruncir las cejas to frown
funesto regrettable, ill-fated;
  sad

gacela gazelle
gárgara gargle
  hacer gárgaras to gargle
gascón *adj* of, from, or
  pertaining to Gascony,
  France
gaviota sea gull
gavota gavotte (dance)
gemela, alma kindred spirit
gentío throng, mob
girasol *m* sunflower
golondrina swallow
goma de mascar chewing gum
gorra cap
gorrión *m* sparrow
grada stairs, steps
granangular *adj* wide-angle
grano pimple
gratis *adj* free of charge
greguescos de paño *m pl*
  flannel pantaloons (loose
  breeches gathered at the
  knee)
gremio guild, trade union;
  society
grieta crack, crevice
gruñir to growl
gruñón *m (coll)* grouch,
  crosspatch
guardián *m* watchman
guardilla attic
guinda sour cherry
guiñar to wink

hacinado piled, heaped
hallazgo discovery
harapiento ragged, tattered
harapo tatter, rag
haz *m (pl* **haces***)* beam
hazaña feat
hazmerreír *m & f (coll)*
laughingstock
hechizar *(fig)* to bewitch,
charm, enchant
hedor *m* stench
hembra *n & adj* female
herejía heresy; insult
herir to wound
hiel *m (fig)* gall, bitterness
hilvanados *adj pl* strung
together
hinchar to bloat; to swell
hinojos, de on one's knees
hocico *(coll)* sour face; snout
hombre-mono *m* apeman
horador to drill, pierce
hormiguear to make a person
feel tingly or itchy
hornacina vaulted niche in the
wall of an altar
huaquero one who digs for pre-
Colombian artifacts
huayco landslide resulting in the
flooding of streams
huella trail, footprint; trace

imprevisto unforeseen,
unexpected
incorporarse to sit up,
straighten up
incrustar to dig
indoloro painless
indumentaria apparel, clothing
infarto swelling (of the
stomach, etc.)
injerto graft, transplant
inmundicias *f pl* filth,
obscenities
inmundo filthy

insondable unfathomable
institutriz *f* governess

jadeante *adj* panting
jadear to pant, gasp for breath
jaspeado having a marbled
effect
jaula cage, cell
jorobado hunchback
jubón de tiritaña *m* doublet
(close-fitting jacket of thin silk
cloth)
juerga party, fiesta

laca lacquer
lacra blemish, fault, defect
ladrar to bark
lastimeramente mournfully
lata tin
dar la lata *(coll)* to pester
lavandera laundress
lechón *m* suckling pig
legaña eye secretion or
gumminess
lego lay person
lego confitado confident lay
person
lejía bleach
lenteja lentil
leña firewood, kindling
wood
levadura leavening, yeast
librea *adj* livery
licorera liquor bottle
liebre *f* hare
limosna alms
linterna spotlight
lío *(coll)* mess, muddle
lodo mud
lona canvas; burlap
lo que es yo as for me
lubricidad *f* lewdness
luctoso mournful
lúgubre lugubrious, dismal
lujuria lust

lumbre *f* light, brilliance
lumbrera luminary, renowned person
lunar *m* mole, birthmark
luto mourning

llagado sore, wounded
llanto sob
lloriquear to whimper, whine

macho *adj & n* male; pillar, hook, hammer
majadero *n* bore; dunce
maledicencia slander
malilla, hacer la *(coll)* to get the better of someone, to play a mean trick
maltrecho battered
malváceo *adj (bot)* malvaceous
malvado evil, wicked
malla bathing suit
mallas *f pl* tights (of an acrobat, dancer, etc.)
mamarracho *(coll)* mess, sight, ridiculous thing
manco cripple; old nag
mandrágora mandrake
manojo bunch
manoseo pawing, handling
manotazo strike with the hand
mantel *m* tablecloth
mantequilla butter
mantequillera butter dish
marca brand
mare *f (coll)* **madre**
marearse to get seasick, dizzy
marfil *m* ivory
marica *m & f (coll)* homosexual
marinero sailor
mariposa butterfly
marras, de of yore, long ago
máscara mask
masticar to chew
matarife *m* slaughterer, butcher

matiz *m* tint, shade, nuance
mecedora rocking chair
mecha fuse
mechón *m* tuft of hair
merengue *m* confection; sweetness
mierda *(coll)* excrement
miladis *f pl* miladies, gentlewomen
mimbre *m* wicker
mimoso affectionate, tender
minué *m* minuet
moco mucus
llorar a moco tendido *(coll)* to cry like a baby
mocoso *n* brat
mochuelo, cargar con el *(coll)* to get the worst of a deal
mofa mockery
son de mofa in a mocking tone
mohín *m* face, grimace
mohino melancholy
molicie *f* softness
monigote *m (coll)* bumpkin, person without skill or knowledge in his or her profession; idiot
morada dwelling; stay, sojourn
moraleja moral observation
morboso morbid; diseased
mordedura bite
mordisco bite, nibble
muda changed
mudanza change
mudar to molt
mueca grimace
muérdago mistletoe
muleta crutch
mulo mule
muñeca wrist
muñeco dummy, mannequin
murmullo murmur
musgo moss
mutis *m (theat)* exit

ná *(coll)* **nada**
nácar *m* mother-of-pearl
naftalina napththalene
nailon *m* nylon
nalga buttock
naranjal *m* orange grove
nata cream
  la flor y nata de the cream
  of
náufrago castaway,
  shipwrecked person
necio impertinent, foolish
negrita boldface type
nena baby, dear
neurasténico neurasthenic,
  suffering from nervous
  exhaustion
nevado *n* snowfall
niñería childishness, trifle
nitidez *f* clarity, sharpness
nuca nape of the neck

ña *(coll)* **niña**

obcecado blinded; obsessed
ofuscarse to make a mistake;
  to be confused
opacar to hide or mask
  something
orfebrería gold or silver work
orinar to urinate
orquídea orchid
osadía daring, boldness
ostentar to flaunt, display

pa adelante *(coll)* **para**
  adelante
pacotilla, de cheap, of inferior
  quality
Pachamama Peruvian Indian
  mother earth
paje *m* page, valet
paladear to savor, taste, relish

palmear to pat; to slap
palmito *(coll)* woman's face
palmoteo pat
paloma pidgeon; *(coll)*
  prostitute; mild person
palpar to touch, feel
paludismo malaria
panadería bakery; baking
  business
pandilla bunch, gang, band
pantorrilla calf of the leg
panza belly
paño cloth
  paño tibio *(coll)* ineffective
  solution to a problem
pañuelo handkerchief
parlamento speech
parto birth
pascuas, como unas *(coll)*
  bubbling over with joy, merry
pasillo hallway, corridor
pastilla tablet
pata paw
  a la pata la llana *(coll)*
  plainly, unaffectedly
patadas, sacarle a alguien a
  to throw someone out
patchoulí aromatic plant
patear to kick
patibulario repulsive, hair-
  raising
patíbulo gallows
patillas *f pl* sideburns
pavo real *m* peacock
payasada foolishness
pectoral *m* breastplate
pelotón *m* squad, platoon
peluca wig
pelucona type of coinage
pellejo animal pelt or skin used
  for sleeping
pellizcon *m* pinch
pendientes *m pl* earrings
perfilarse to stand out
pergamino parchment

pértiga balancing rod
pesadilla nightmare
pescante *m* front seat
pesquisa police; detective, investigator
pestaña eyelash
pestífero stinking
petate *m* mat used for sleeping
picardía knavery; mischief
picota pillory, device for publicly punishing offenders, consisting of a frame having holes through which the head and hands are thrust
pila *(elec)* battery
pillar to catch
pimpollo *(coll)* handsome girl
pintarrajear to put on make-up; to daub
pisco alcoholic beverage particular to Peru
pito, no importa un it doesn't matter a bit
pizca *(coll)* iota, trace
platea *(theat)* orchestra section
platino platinum
plumero feather duster
pócima potion
po Dios *(coll)* **por Dios**
podrido rotten
pormenor *m* detail, particular
poro pore
porquería *(coll)* filth
porrillo, a copiously, abundantly
portezuela *(coll)* small door
posarse to perch, rest
postizo false, artificial; adopted
postrimería last years of life; death
precavido guarded, cautious
predilecto favorite
premiado prized
premura urgency, haste, pressure

prenda garment; darling, loved one
prendarse de to become enamored of, take a liking to
prensar to press, squeeze
presagio omen
presentir to have a presentiment of, foresee
presidio penitentiary
préstamo *m pl* loan
prismáticos *m pl* binoculars
prodigio prodigy
proeza feat
proferir to utter
prójimo fellow being, neighbor
prole *f* offspring
pronóstico forecast
propasarse to go too far, take undue liberty
propinar *(coll)* to give
proscenio proscenium, place on the stage
prostíbulo house of prostitution
púa quill, spine
puchero grimace
  hacer pucheros to pout
pucho cigarette stub
pudor *m* modesty
pudorosamente modestly
pujanza might, vigor
pulido pretty, neat
puna cold, desolate plateau in the high Andes
puñal *m* dagger
puño fist
puras, por las just because
puro cigar
puta whore
  hijo de puta *(coll)* son of a bitch

quebrada ravine
quena Andean wind instrument similar to the flute

quermés *f* bazaar; village or country fair
quintal *m* hundredweight

rabo tail
rajarse to split, crack
ramera prostitute
rascar to scrape, scratch
raspar to scrape
raticida rat poison
rebajarse to stoop
rebaño flock
recamado *(fig)* embroidered
recapacitar to reflect; to refresh one's memory
recato modesty, reserve
reemplazar to replace
regazo lap
registrar to inspect, examine
reja bar (in a prison)
rejilla grid, grating
relámpago flash of lightning
relevo *(elec)* relay
reloj de pulsera *m* wrist watch
relucir to shine
  sacar a relucir to call attention to
relleno padding
rematado hopeless
  loco rematado *(coll)* raving mad
remecerse to rock, shake
remercerizado mercerized
remiendo mending
remono very neat; very pretty
remontar to surmount
remordimiento remorse
rencor *m* rancor, malice
rendija crevice, crack
rendir to produce
reojo, de out of the corner of one's eye
reparo objection, reservation, doubt
repollo cabbage

requilorios *m pl (coll)* hemming and hawing, excessive speech
resbalar to slip, slide
resbalarse to skid
resfriado cold
resonar to resound
restante *adj* remaining
restregar to rub hard
resuello hard breathing
retablo tableau
retahíla, soltar su to show one's wares
retama *(bot)* broom
retazo remnant
retorcer to wring, twist
retratar to portray
retumbar to resound, rumble
reventar to blow up, burst; to ruin
ribereño riverside
riel *m* rail
rigodón *m* rigadoon (dance)
riña quarrel
rocambor *m* card game
ronco harsh
roñoso miserly or stingy person
rozagante haughty, arrogant
rozarse to come in contact with
rufiano bawdy
rugido roar

sacarle a alguien a patadas *(coll)* to throw someone out
sacarle a alguien las castañas del fuego *(coll)* to use another person to accomplish one's own purposes or solve one's problems
sacudir to shake, jerk
sádico sadist
sainetesco *(adj)* having the qualities of a one-act farce
salivazo spit
salmuera salt water
salto mortal somersault

salvedad *f* reservation, exception

sandez *f (pl* -deces*)* foolishness, nonsense

santiguarse to cross one's self, make the sign of the cross over one's self

sarnoso mangy, scabbed

sarro dental plaque

sazón, a la at that time

sepultado buried, hidden

silbar to whistle

silbido whistle

sinvergüenza *m & f* shameless person

siquiera, ni not even

sobornado bribed

sobrentenderse to be understood, implied

sobreponerse a to overcome

sobresaltarse to be alarmed, frightened

socarrón mocking, sneering; sly

socavón *m* mine tunnel

Sociedad Anónima *f* incorporated

soga rope, cord

sol *m* basic unit of Peruvian money

solapa lapel

soltar su retahíla to show one's wares

solterona "old maid"

soltura agility, ease

sollozar to sob

sondear to sound; to explore

sorbo sip, gulp

sordomudo deaf-mute

sortija ring

sostén *m* brassiere

sotana cassock

súbitamente suddenly

subrepticiamente surrepti- tiously

sucre *m* Ecuadoran unit of money

sustentarse to balance oneself

taconeo clicking of heels

taladrar to pierce, perforate

tálamo nuptial bed

talegas *f pl (coll)* money

tambalearse to stagger

tambo barracks

tantear to feel out, probe, test

tapar to cover

tapiz *f (pl* -pices*)* tapestry

taquigrafía stenography, shorthand

tararear to hum

tarro jar

tartamudo stutterer

techo de calamina zinc roof

telaraña spider web, cobweb

temblor *m* tremor; earthquake

tenuemente faintly, softly

teodolito theodolite, a surveying instrument

terno suit of clothes

ternura tenderness

terráqueo terraqueous, containing both land and water

testarudo stubborn, pig-headed

tibio tepid

paño tibio *(coll)* ineffective solution to a problem

tierno tender, loving

tieso stiff, tense, hard

tina bathtub

tiniebla darkness, obscurity; gross ignorance

tintinear to jingle, clink

tiovivo merry-go-round

tira shred, strip

tiranizar to tyrannize

tirar to tug at; to throw

tirifilo coward

tiritona *adj* shivering
tiro al blanco target practice
tirón *m* tug, pull, jerk
tocayo namesake
tómbola raffle
toque *m* knock
tórax *m* chest, thorax
tosco coarse, rough
toser to cough
tóxico poisonous; grief, anguish
tragar to swallow
trajinado deceived
tramar to scheme, plot
tramo span, section
trampa trick
transeúnte *m* passerby
trapo rag
trasero rump
trastienda back room; cunning
trecho distance
treparse to climb, scale, clamber
tresillo ombre (card game)
trinchera trench
tripas *f pl* belching; gas
tripulación *f* crew of a ship
triquiñuela *(coll)* chicanery, cheating, fraud
trocatinta *(coll)* mix-up
trozo piece, slice
tuerto one-eyed
tumba tomb
túmulo burial mound
tunante *m* scoundrel, crook; bum, loafer

ultrajado abused
umbral *m* threshold
uté *(coll)* usted

vadear to wade through
vajilla set of dishes

varilla rib of a fan
ved see!
vedar to veil, obstruct; to prohibit
vejado abused
velatorio wake
velero sailboat
vello down, fuzz
ventosa *n (zool)* sucker
vergel *f* flower and fruit garden
versillo little verse
vértigo dizziness
vestuario wardrobe
víbora viper, snake
vidriera glass door or window
vientecillo light wind
vientre *f* belly
visillo window shade or curtain
vítor *m* triumphal exclamation; public rejoicing
vividor *m* one who unscrupulously takes advantage of one's circumstances
vo *(coll)* **voy**
vuesa *(coll)* **vuestra** (your, yours)

yacer to lie down
yegua mare
yuca South American vegetable

zafar to untie, loosen; to adorn, embellish
zamacueca Peruvian folk dance and music
zambra merrymaking
zanco stilt
  en zancos *(coll)* from a vantage point
zapatilla slipper

zarabanda saraband, Spanish
dance and music
zarpazo blow or strike with a
paw or claw
zumbido hum, buzz

zurcido patch
  de zurcidos y remiendos
    mended in bits and pieces
zurcir to mend